U0612415

财经大趋势

财经热点
怎么看，怎么办

北 京 电 视 台

财经锋汇栏目组 编著

北京理工大学出版社
BEIJING INSTITUTE OF TECHNOLOGY PRESS

版权专有　侵权必究

图书在版编目（CIP）数据

财经大趋势：财经热点怎么看，怎么办 / 财经锋汇栏目组编著. — 北京：北京理工大学出版社，2015.4
ISBN 978-7-5682-0129-2

Ⅰ．①财… Ⅱ．①财… Ⅲ．①中国经济－研究 Ⅳ．①F12

中国版本图书馆CIP数据核字(2015)第005209号

出版发行 / 北京理工大学出版社有限责任公司
社　　　址 / 北京市海淀区中关村南大街 5 号
邮　　　编 / 100081
电　　　话 /（010）68914775（总编室）
　　　　　　82562903（教材售后服务热线）
　　　　　　68948351（其他图书服务热线）
网　　　址 / http：// www. bitpress. com. cn
经　　　销 / 全国各地新华书店
印　　　刷 / 北京泽宇印刷有限公司
开　　　本 / 710 毫米 × 1000 毫米　1/16
印　　　张 / 23.75
字　　　数 / 313 千字　　　　　　　　　　　　责任编辑 / 徐春英
版　　　次 / 2015 年 4 月第 1 版　2015 年 4 月第 1 次印刷　　责任校对 / 陈　玉
定　　　价 / 49.80 元　　　　　　　　　　　　责任印制 / 李志强

图书出现印装质量问题，请拨打售后服务热线，本社负责调换

编委会名单

主　　编：赵多佳　　朱　江

执行主编：宗燕红　　岳　民

节目主创：梁　岚　　张一萌　　张　栩　　冯雪屏

　　　　　董　军　　彭　俐　　浦漫绫　　李　娜

策划执行：

谈话类电视财经节目《财经锋汇》

《财经锋汇》智库 （拼音排序）

1	曹远征	中国银行首席经济学家
2	陈　钢	北京大学新闻与传播学院副院长
3	陈金桥	工业和信息化部电信研究院副总工程师
4	陈　宇（江南愤青）	聚秀资本合伙人
5	柴洪峰	中国银联执行副总裁
6	戴　兵	中国光大银行信用卡中心总经理
7	董　敏	沱沱工社董事长
8	段　钢	北青传媒股份有限公司副总裁
9	段国圣	泰康人寿股份有限公司执行副总裁兼首席投资官 泰康资产管理有限责任公司总经理兼首席执行官
10	高　菁	中国平安信托常务副总经理
11	郭左践	北京保监局局长
12	韩晓平	中国企业投资协会金融企业投资委员会副主任 中国能源网首席信息官
13	胡乐天（宝玉）	阿里小微金融服务集团保险事业部总监
14	黄　震	互联网金融千人会创始会长 中央财经大学法学院教授 中央财经大学金融法研究所所长
15	黄德钧	艾格农业和艾格资本董事长兼总裁

16	黄宁宁	国浩律师（上海）事务所管理合伙人
17	霍建国	商务部国际贸易经济合作研究院院长
18	霍学文	北京市金融工作局党组书记
19	姜奇平	中国社会科学院信息化研究中心秘书长
		《互联网周刊》主编
20	季 旭	新浪前副总裁
21	李 斌	易车网 CEO
22	李柏霖	通邮集团董事长
23	李大霄	英大证券首席经济学家
24	李 丰	IDG 资本合伙人
25	李文泓	中国银行业监督管理委员会政策研究局副局长
26	廖 斌	银泰网原 CEO
27	刘加隆	招商银行信用卡中心总经理
28	刘 杉	《中华工商时报》副总编
29	陆玉华	北京保监局人身保险监管处处长
30	罗明雄	北京京北金融信息服务有限公司总裁
		上海交通大学互联网金融研究所所长
31	马喆人	腾讯副总裁
32	毛大庆	万科北京区域首席执行官兼北京公司董事长
33	那静林	那家餐饮集团董事长
34	潘向东	中国银河证券首席经济学家
35	裴晓辉	嘉实基金固定收益执行总监
36	秦 君	清控科创控股股份有限公司董事长
37	沈 鸿	北京市金融局副巡视员
38	苏丹萍	清华大学中国创业者训练营运营总监
39	陶景洲	美国德杰律师事务所亚洲区执行合伙人

40	童鹏飞	北京市经济和信息化委员会副主任
41	王东晖	阿米巴资本创始合伙人
42	王煜全	沙利文公司首席顾问
43	许善达	原国税总局副局长 北京联办财经研究院院长
44	闫小波	京东移动转售事业部总经理
45	杨燕绥	清华大学公共管理学院教授 就业与社会保障研究中心主任
46	杨 涛	中国社会科学院金融研究所所长助理
47	杨一夫	人人贷创始合伙人
48	叶大清	融360联合创始人 CEO
49	曾 刚	中国社会科学院金融研究所银行研究室主任
50	翟 崑	北京大学国际关系学院教授
51	张博江	华泰保险集团公司副总经理
52	张 峰	盈信瑞峰投资管理企业合伙人
53	张国华	万达酒店建设财务总监
54	张 克	美国亚洲金融协会主席
55	张彦翔（灯少）	流媒体网首席运营官
56	张燕生	国家发展和改革委员会学术委员会秘书长
57	赵 柱	新兴际华应急救援科技有限公司董事长
58	郑秉文	中国社会科学院世界社会保障中心主任
59	郑新立	中国工业经济学会会长
60	周 婷	财富品质研究院院长
61	周新旺	清控三联创业投资（北京）有限公司总经理
62	周 晴	北京王府井百货（集团）副总裁
63	周晓明	天弘基金副总经理

主创心语

作为十多年财经记者转型栏目制片人，有一个深刻的体会：财经，不仅仅是汇率利率市场行情；财经，更是一种态度，是客观理性研判趋势。所以，节目的内容涉猎极广；节目中的嘉宾，会从社会热点现象事件，透视其本质，探讨研判其未来发展的趋势以及现在可能采用的解决方案。高端节目，不是嘉宾们嘴里说着老百姓听不懂的专业术语；高端节目的高，是嘉宾对热点现象事件看得透、看得远、看得准。我自己希望《锋汇》能成为财经节目中的"奢侈品"，无关乎价格，而是执着于内心的坚守。

梁岚

制片人主编

张一萌

主持人

《财经锋汇》开播三年了，一路风雨一路成长，每一期与嘉宾的交流碰撞都是一次难忘的体验，一次生动的学习。作为节目的主持人，我可能是受益最多的人。这一次我们把精彩节目汇集成书，对我们团队的成员来说是一种珍贵的财富，也是一座坚实的里程碑。2015年我们将从这里出发，走向下一本书，下一个三年。

张栩

执行主编

从 2011 年底来到《财经锋汇》，2012 年 1 月 8 日节目开播。三年时间，我见证了《锋汇》一路走来的艰辛，《锋汇》见证了我的成长。

从最初对财经节目一知半解，到今天不敢说驾轻就熟，至少能够把握了。这样的成长是一期期节目的积累。感谢团队！感谢《锋汇》！

现在过的每一天，都是余生最年轻的一天。现在做的每一期节目，都是余生最用心的一期。三岁的孩子还是新生，三岁的节目已是"壮年"。希望《锋汇》和我继续共同见证彼此的成长！

从做第一期节目起耳边便有声音，"这个喧嚣的时代，没人会愿意坐下来听你们理逻辑、说原委、讲道理。"的确，这是个人人都只想立刻要结果的时代，但我们这帮人就是执着于想做点"奢侈品"。选题、嘉宾、提问、剪辑，每期节目，制片人都会带着我们这帮女兵反复修改，打破重来。《锋汇》就是努力在做一档"授人以鱼，不如授人以渔"的节目。希望您能喜欢这样的"奢侈品"。

冯雪屏

执行主编

高端财经就像珠穆朗玛峰，让人无限崇拜但只可远观，登者寥寥，所以注定是寒冷和孤独的。《财经锋汇》作为一名攀登者，面对巅峰，艰难攀登三年了。一路走来，喜悦与泪水相伴，收获与汗水相随。然而攀登总是辛苦的，当心力交瘁抬头看到遥不可及的巅峰时，愿"锋汇人"不要气馁，稍作休息，养足精神后继续出发。

董军
制片

来到《锋汇》一年多了，《锋汇》与我共同成长，作为一名年轻的编导，我在这个充满智慧和能量的团队里，努力汲取着营养，茁壮成长。过程中，也曾遇到过种种困难，但在团队老师们的帮助下，"锋蜜"们不离不弃，我一定会继续努力，大步向前。

新的一年，《锋汇》的节目一定会越来越有"人情味"，把原本稍显枯燥的财经内容，做得更加丰富多彩，也希望更多的"锋蜜"继续支持我们。

彭俐
编导

我看到这个大家庭里的每一个人都抱有一份责任感去尽心尽力地完成每一期节目，有了困惑，解决它！有困难，没有任何抱怨。读这本书，您也许能感受到每一期节目中我们的工作态度，每一期节目中我们想要呈现给您的精彩与深度。正是这里，让我更加体会到，奋进，才是未来可以收获硕果的利器。

浦漫绫
编导

李娜

编导

　　七年前，我第一次接触电视访谈类节目，当年的主编问我最关心谈话类节目中的什么，我说我关心的是谈话的人。简言之，就是本期节目邀请的嘉宾。话说着简单，做起来却不易。一路走来磕磕绊绊，一边摸索一边学习。

　　来《财经锋汇》半年，感受到了大家的热情和集体的智慧。从陌生到熟悉，《锋汇》记录了我半年来的学习与成长过程。希望未来《锋汇》继续秉承理念，经得起岁月的磨砺而熠熠发光。

　　在这里，一并感谢一起在栏目组奋斗过的田蕊、刘洋、杨洋、宋阳、乌竹木，以及所有帮助支持栏目组成长的同事们。

推荐序一：这是一个思考的时代

霍学文　北京市金融工作局党组书记

《财经锋汇》开播以来，一百多期，只要有时间，我都会关注。

开卷细读，既有影像留存，也有精华提炼，更有喧嚣后的深度思考。

重新审视《锋汇》这三年的选题，仿佛是重大财经事件的纪实档案，依然有很多参考价值，虽然历史事件热度不再，但是书中所辑录的嘉宾思考、观点、视角仍有很强的穿透力，重新读来，回响犹在。这是一档节目的内功，能为观众、读者和历史提供持续、有力的观点碰撞，用超前的眼光来看待变化万千的经济世界。

成功源自于定位。节目的成功源自于节目的定位。《财经锋汇》的"锋"字，代表一种新锐的角度、超前的思维、开放的精神；"汇"字，代表观点的汇集、智慧的汇聚、思想的汇合。因此节目一开始就希冀能站在时代的最高点，以前瞻的视野、回望的方式、冷静的思考，探讨发生在我们这个时代的、我们身边的、我们正在经历的、或许会影响这个世界的一系列经济、金融也包括科技发展前端问题，在纷繁复杂的财经事件中，耐心地抽丝剥茧，还原本质真相，提供常识和常识之外的分析框架。

所有热点都会冷却，所有经历都将成为历史，但具备生命力的财经话题往往都会成为人们回溯历史的一个个节点。这本书不乏热点，也将留下更多值得持续讨论的话题。节目的深度讨论，为本书增添了阅读价值和思考原料。

就像陨石撞击地球，任何一个财经事件都易引发一连串的后续效应。《财经锋汇》给出了一个独立事件的完整背景，又给了读者在观点碰撞后抽离出来独立思考的机会。

中国经济处在一个持续上升的时期，改革走进深水区，顶层设计逐步完善，老百姓关注的民生问题日益改善，创业者的机遇更多，投资者不断挖掘价值蓝海。这个走进互联网时代的文明古国，正在焕发出中国梦的青春和活力。每天都上演着成功的故事，展开着创业的喜悦，升华着正向的能量。每天都有无数的财经事件发生，来自互联网、移动终端、微信、电视、报刊等渠道的经济资讯吸引眼球，角度各异，怎么看，怎么办？

这是一个思考的时代。

《财经锋汇》以多维视角，关注经济改革，关注财经民生，关注未来趋势。

作为当初策划节目的一个参与者和观众，亲历了节目的成长，又有书的诞生，很是欣慰。

是为序！

推荐序二：匠心做节目

北京电视台副总编　朱江

　　《财经锋汇》到今天已经三岁了，手中的这本书，是三年来一份厚厚的诚意，提取了庞大的数据库中最有料、有用的内容送给我们的观众、读者。字里行间，嘉宾们的唇枪舌剑，光芒闪耀，愿如一盏明灯陪伴朋友们研读过去，看清未来。

　　三年多来，《财经锋汇》积累了几千万字的资源库，还原过的现场记录，反复打磨过的主持人手记、编导手记，还有上万张现场图片，希望能派上更大用场。

　　节目组一直特意留下了第一期节目的自制道具，至今还挺立在那个堆满资料的办公室里，活像一根能量支柱。

　　在某一个柜子里还珍藏着写满了嘉宾寄语的签名本，每期都要更新。

　　……

　　所有的准备都是为了保留碰撞的思想，记录成长，包括有一天用一本书的精度表达一个节目的态度。

节目组决定要出本书时，他们翻看现有的财经好书，重新策划定位，对所有材料再做了一遍整理，从一百多期节目中做了删减。这是一个艰难取舍的过程。电视媒体人每做一期节目都需要投入大量精力，舍弃陪家人的时间，在深夜或者周末，几个人抽着烟，喝着浓茶、咖啡，满脸油光聚在一起聊大纲，死磕每一个镜头。所以他们都想尽可能入选更多的节目，但篇幅有限，只能优中择优。删掉某一期节目，忍痛割爱，留下的则多一分闪光的智慧。

所有的观点都值得尊重，所有的现场感都值得还原。你来我往的对话更适合电视媒体，但成书则需要为读者整理出最容易阅读的流畅感，因此他们推翻了原先直接呈现的想法，重新划分每期主题，将每个嘉宾的对话形成独立的表达段落，虽然经过优化，但文章仍有很强的临场感，并用加粗形式突出每个嘉宾每次发言的重要观点。同时在每一期最后补充财经专业术语的权威解释。

同时，他们尝试为每一期节目嵌入二维码，重新整理视频，开发一个只供本书读者扫描观看的手机入口，尽可能呈现更优质的阅读、视听体验。

从初期的选题策划，到节目照片的挑选和精修，以及所有取得嘉宾的授权，最终内容付印，节目组前后投入了半年多的时间，几经修改，终于成书。

《财经锋汇》有一个敬业勤奋的栏目组，他们年轻、有活力、闪耀着创意的光芒，有几十位专业权威的智囊团成员在理论、政策、创业等方向提供深度意见，还有一个始终在默默支持节目、观看节目的粉丝群，这些朋友们，都有一个可爱的名字——"锋蜜"。

感谢"锋蜜"们的关注、支持，希望此书能带给大家不一样的视角和阅读经济问题的新思维，同时也作为《财经锋汇》的阶段小结。

C目录
ONTENTS

顶层设计的思考，
解读经济政策

TOP TAILKS
ON FORTUNE

林毅夫

2015 年 2 月 10 日
被李克强聘为国务院参事

有效市场需要有为政府

　　2013 年一季度中国 GDP 增长 7.7% 这一数据出来之后，国外投行纷纷唱衰中国。我们专门采访了世界银行前首席经济学家林毅夫教授，下面是林教授对于金融危机之后，整个国际经济形势以及经济学发展趋势的解读。

视角一：中国是未来的经济中心吗

20 年前，林毅夫和另外五位创始人一起，在未名湖西北角的朗润园成立了北大中国经济研究中心。如今，这里已更名为北大国家发展研究院。4 月 20 日，朗润园召开了国际中国研究联盟首届年会。来自全球的 28 名一流学者汇聚一堂，把脉中国经济。

众所周知，西方经济学是以 1776 年亚当·斯密的《国富论》出版为起点的。从亚当·斯密时期到 20 世纪 30 年代，大师级的经济学家大多是英国人或者是在英国工作的外国人。20 世纪 30 年代后，美国学者逐渐替代了英国人。然而，2008 年全球金融危机爆发后，全球经济学的研究中心再次出现转移，这一次会是中国吗？

林毅夫： 最近的国际中国研究联盟首届年会上，有很多国外的中国经济研究中心出席，比如牛津大学、斯坦福大学和悉尼大学等一流大学都专门设置了中国经济研究中心。其实，ICCS(国际中国研究联盟)最大的吸引力还在于中国，因为中国是全世界第二大经济体、第一大贸易国，而且很可能到 2020 年左右，就变成全世界最大的经济体。中国每年的经济增长，对世界经济增长的贡献率超过三分之一。所以发生在中国的经济现象对全世界有重要意义，外国学者当然就想了解中国。所以我们这个联盟的提出，得到了大家的响应。

从另一个侧面来理解，如同我所希望的，就是经济学的重心正在向中国或者说向东方转移。从亚当·斯密 1776 年发表《国富论》以后，一直到一战前后这段时间，世界的经济学中心是在英国，一战以后逐渐转移到美国，直至今日。从这种经济学研究中心大致产生的时间和地域的相对集中性，反映出一个事实，即世界的经济中心就是世界经济学研究中心。所以，**2020 年前后，中国可能变成全世界最大的经济中心，那么世界经济学研究中心也可能逐渐转移到中国来。**

盛行很长一段时间的西方经济学，在 2008 年金融危机后，面对着诸多问题，显露了自身的不足。经济理论是建立在对过去经济现象背后原因的分析上归纳出来的，但是经济是不断变动的，所以过去的理论不见得能完全适用于未来。现有经济理论对 2008 年金融危机的到来基本上可以预测到，可是，即便已经发生五年多，目前的经济理论还不能够真正帮助发达国家走出这场危机的影响。

发达国家有那么多著名的经济学家，经济学理论也不断前进、不断发展。国外的理论是根据国外的现象总结出来的，基本上都是一个相对理想的状况之下的理论。我国作为发展中国家，条件跟发达国家不一样。**我国是一个转型中国家，发达国家的理论不完全适用于我国。**中国本身的经济学家近水楼台先得月，应该根据我国实际情况提出新的理论、新的框架，这是一个很好的机会。说不定过一段时间，北大的学生会拿着一本东方经济学的书来上课。这是我们努力的一个方向。

基本上我的课题都是根据对中国问题的研究，解释现象背后的道理。很多我自己提出的东西，跟西方主流的看法并不完全一样，但是要想能够更好地解释中国过去为什么有那么多问题，为什么还能够推动经济不断发展，下一步应该怎么继续改革，怎么继续开放，需要一两代人去努力。作为较早回到国内工作的经济学学者，应该从回国后就开始致力于这些问题的研究。

视角二：林毅夫的"新经济结构学"

20 世纪 70 年代，林毅夫北大硕士毕业后赴美留学，师从诺贝尔经济学奖得主西奥多·舒尔茨教授。他的博士论文《中国的农村改革：理论与实证》被舒尔茨誉为"新制度经济学的经典之作"。

2008 年，林毅夫成为第九任世界银行首席经济学家。世界银行首席经济学家一向被看作是经济学家在国际上的最高位置。林毅夫之前的八任，都是西方发达国家的大师级学者。

在世界银行任职的 4 年里，林毅夫走访了世界银行 188 个成员国中的 60 个，去过 14 次非洲。任职期间，恰逢国际金融危机爆发，林毅夫反思了现有发展经济学理论，试图开辟新的研究领域。林毅夫在《经济学将东移》中写道："二战后的经验表明，依据发达国家盛行的理论来制定政策的发展中国家，基本上没有成功的。而成功国家的政策根据当时的主流理论来看似乎都是错误的。"

根据发展中国家的现实经验，林毅夫提出了"新结构经济学"。这个理论框架是对他以往关于比较优势、自然禀赋等观点的系统总结，与以往发展经济学相比更强调现实基础。

林毅夫： 我曾经认为 2008 年金融危机产生的原因是国际收支不平衡，东亚国家，尤其是中国，积累了太多外汇储备，用外汇储备去买美国国债，压低了利率。利率过低导致房地产泡沫，从而导致了美国的金融经济危机。但后来我仔细研究以后，发现真正的原因是美国从 20 世纪 80 年代开始允许金融机构高杠杆运作，因此增加了很多贷款，压低了利率，造成房地产泡沫。尤其在 2001 年以后，发生了互联网泡沫破灭，为了避免萧条，美国采取了非常宽松的货币政策，把存款利率从 6.5% 一下子降低到 1%。在这么低的存款利率下，加之有那么多的头寸，于是造成了美国房地产泡沫的出现。房地产泡沫出现以后，一般家庭就有了很大的财富，他们被允许套现消费，结果大大提高了美国家庭的负债。过度消费的结果造成美国贸易赤字。美元是国际储备货币，因此可以让这种贸易赤字维持很长时间。

我认为这场国际金融经济危机背后的主要原因就是美元作为国际储备货币的地位，以及美国国内政策失误造成的。 但现在的问题是，这次危机影响的不只是美国，而是全世界。

怎么应对这次危机呢？我在《从西潮到东风》里提出了一个替代方案：超越凯恩斯主义的全球复苏计划。如果能够在发达国家以及发展中国家进行大规模的基础设施投资，则这些投资短期内能够创造需求，创造就业，给发达国家进行结构性改革创造空间，长期来看还可以提高发达国家、发展中国家的经济增长率。经济增长率提高，政府财政收入就会增加，原来进行的全球复苏计划的投资就可以得到偿还。现在，经济理论我们已经想清楚了，只是要在国际上取得共识还需要一段时间。

"新结构经济学"理论的提出，主要根据"二战"以来，少数几个真正缩小了与发达国家差距的发展中国家的经验总结而来。比如东亚经验，首先要讲到日本和"亚洲四小龙"，他们在"二战"以后维持了二三十年的快速增长。其次，就是中国，借助改革开放，保持了三十多年的高速增长。至于越南、柬埔寨，他们在转型过程中，经济发展的速度相对于苏联和东欧国家来讲也快很多。

在经济发展的过程中，发展中国家如果能够充分利用与发达国家的技术差距、产业差距所带来的后发优势，去找准自身具有比较优势的产业，那么他进行技术创新、产业升级的成本就会非常低，经济发展的速度也可能比发达国家快。在这个过程中，要发展具有比较优势的产业，就必须具有一个有效市场。可是经济发展过程又是一个结构不断变迁的过程，所以应该让政府起到因势利导的作用，协调社会各个领域、各个方面不断完善发展。如果拥有一个有效市场跟有为政府去充分利用发展中国家与发达国家的技术差距所带来的后发优势，发展中国家应该有可能维持几十年的快速增长，然后从低收入国家变成中等收入国家，甚至变成高收入国家。

这个理论更适用于在赶超发达国家的发展中国家。当然经济发展的本质是技术不断创新，产业不断升级。我认为，中国经济学家有朝一日会拿到诺贝尔经济学奖，但大概不是我们这一代人，应该是我的学生，或是我学生的学生那一代。

谈到这个诺贝尔经济学奖，其实有些获得诺贝尔经济学奖的学者，对中国的未来是悲观的，比如克鲁格曼。当然，经济理论都是"盲人摸象"，每个人从自己的角度去了解经济现象，这种了解并不是全面的。作为诺贝尔奖获得者，克鲁格曼对中国问题的看法与我们有这么大的分歧，其实给我们一个很大的启示，就是不能太相信权威，对中国问题的研究，还要靠我们自己。

视角三：中国经济增速放缓的因果

2014 年是中国全面深化改革的开局之年，经济换挡、结构调整和前期政策的消化，同时交织，层层叠加，使得中国经济存在一定的下行压力。2014 年 4 月 16 日，国家统计局公布，2014 年一季度国内生产总值 128 213 亿元，按可比价格计算同比增长 7.4%，创 20 个季度以来的新低。

消息一出，"看空中国论"甚嚣尘上，似乎这些数据都成为"中国经济悲观论"者们的佐证。此前 3 月末，国际投行曾纷纷下调中国 2014 年的经济增长预期。其中，高盛将中国 2014 年全年 GDP 增速预期从 7.6% 下调至 7.3%，CPI 预期从 3% 下调至 2.6%。一些国外学者坚持认为，中国经济的问题是体制问题，是制度问题。

事实果真如此吗？中国经济放缓，是自身的体制问题还是全球的周期性问题？对此，国内外学者争论不休。病因的不同决定了药方的差异，究竟哪个药方能让中国摆脱经济增速下滑的困境呢？

林毅夫： 今年一季度时，包括瑞银、美林等一些投行对中国今年经济预期其实是不太高的，大概的预期增长速度是在 7.2% 到 7.3% 之间。

中国经济增长速度放缓是事实，从 1978 年到 2013 年这 35 年，我国 GDP 平均增长速度是 9.8%，而从 2010 年第一个季度开始，增长速度节节下滑。这段时期可以算是我国改革开放以来，经济增长速度不断减速持续最长的一段时期。

是什么原因造成长期的经济增长减速，国际上有很多争论。大多数经济学家认为是中国的经济内因造成的，而且这个内因不太容易改变。因此不仅国外很多投行的预测是比较低的，甚至有不少人认为中国经济即将崩溃。但我个人认为，**我国经济增长速度放缓是事实，但最主要的原因还是外部性的，是周期性的**。纵观全球，在同一段时期里，和我国相同发展程度的经济体，比如印度、巴西，也面临着经济增长速度放缓的问题，而且下滑幅度更严重。你总不能说是我国的体制机制造成了国家经济增长速度放缓，然后连带着把印度、巴西的经济增长速度也往下拉吧？

多个经济体在同时发生类似问题，其中一定有一个共同原因，我认为这个原因是外因，是周期性的因素。当然不是说我国没有体制、机制的问题，作为一个发展中国家，一个转型中国家，肯定有这方面的问题。只是中国有一句老话"对症下药"，所以既然经济增长速度下滑的主要原因是周期性因素，是外部性因素。因此在解决上，也应该沿着这个思路采取相应对策。

我在很多场合提过，我国要实现 7.5% 的 GDP 增长速度，这是有可能的。那应该靠什么来拉动内需呢？消费？消费很重要，但不能作为经济增长的主要动力。因为消费增长的前提是收入水平必须不断提高，如果收入水平没有不断提高，消费增长只会形成负债。一旦负债不断积累，最后还债的时候也就是危机来临的时候。

那应该如何让收入水平不断提高呢？这要求劳动生产力水平不断提高，劳动生产力的提高赖于技术不断创新、产业不断升级、基础设施不断完善。而技术创新、产业升级和基础设施的完善，都是需要投资的。因此，**在外需不足需要靠内需拉动经济的时候，我认为最主要的手段还是投资**。投资可以在短期创造需求，创造就业，就业率提高了，居民收入就会增加，消费自然也同步增加。

当然，说到投资，这段时间大家都很关注地方负债。其实地方负债的主要问题在于，它是借短债来进行长期项目投资，因此造成期限不配套的问题。其实地方政府所做的投资项目基本还是可以的。**从长期来看，应该允许地方政府发行地方建设公债，这种公债是长期的，用它来进行长期的项目投资**，就会形成配套了。当然要允许地方政府发债，我国法律就必须做出改变，这可能需要一段时间。但在法律没有改变之前，中央政府其实可以代替地方政府发债，或是地方政府的债务来源从当下普遍的影子银行回归到有监管的正规银行。

最后讲一下现在发展非常迅速的互联网经济，大部分传统企业家在谈到这个问题时都感到焦虑。我认为，这是一个新平台的技术，它影响的不只是一种生产方式，而是整个交易的方式。在这个大变动当中，每个企业只能适应而且利用它。如果能很好地适应并且利用它，就可以降低整个经济活动当中的交易成本、信息成本，也可以提高效率，获得更多机遇。但如果对它采取抵抗的态度，企业可能会被这个时代淘汰。企业的焦虑感是可以理解的，只是经济发展的过程，本身就是不断克服新挑战、把握新机遇的一个过程。

结束语：

2020 年前后，中国可能变成全世界最大的经济中心，与之伴随的，是世界经济学研究中心可能逐渐转移到中国。正是由于这种信念，林毅夫参与创立的北大国家发展研究院在朗润园召开了国际中国研究联盟首届年会，邀请来自全球的一流学者汇聚一堂，把脉中国经济。中国的经济话语权越来越大，但中国的经济发展还有颇多问题。对此，林毅夫提出的"新结构经济学"是否能帮助中国走出困境，还有待时间确证。

【锋汇词典】

国际储备货币： 是指一国政府持有的可直接用于国际支付的国际通用的货币资金，是政府为维持本国货币汇率能随时动用的对外作为国际储备货币的黄金支付或干预外汇市场的一部分国际清偿能力。

克鲁格曼： 美国经济学家，自由经济学派的新生代，理论研究领域是贸易模式和区域经济活动。他创建的新国际贸易理论，分析解释了收入增长和不完全竞争对国际贸易的影响。

头寸： 头寸指投资者拥有或借用的资金数量。也指市场上货币流通数量，即银根。

互联网经济： 互联网经济是基于互联网所产生的经济活动的总和，在当今发展阶段主要包括电子商务、即时通讯、搜索引擎和网络游戏四大类型。

曹远征

中国银行
首席经济学家

曾刚

中国社会科学院金融研究所
银行研究室主任

张峰

盈信瑞峰投资管理
企业合伙人

唱空中国背后的思考

　　在最近的巴菲特股东大会上，巴菲特的一句话"我在中国没有竞争优势"被媒体一字之差误读为"中国没有竞争优势"，这一误读把持续了一个多月的外资"抱团唱空"中国的浪潮推向顶峰。国际资本市场频频唱空中国，让信心尚未恢复的中国经济和中国股市更加迷茫。那么，他们唱空中国的可信度究竟如何？中国经济到底怎么了？

视角一：巴菲特是误读吗？

唱空中国的声音早已有之，但巴菲特的一句话，又掀起了一个小高潮。2013 年 4 月以来，国际机构和知名空投"抱团唱空"中国。先有惠誉对中国主权信用评级由 AA- 降至 A+；穆迪虽然维持中国主权信用评级不变，但将前景由"稳定"下调至"负面"；之后，摩根大通建议客户减持中国股票；评级机构的调降不禁让人怀疑，巴菲特的话真的只是被误读了吗？

张　峰：我参加过巴菲特股东大会，刚好利用这个机会，可以确定地说，巴菲特从来没有讲过做空中国。甚至，**从去年到今年，每次讲到中国的前景，巴菲特都是非常有信心的，直接说中国会成为下一个超级经济体**。所以我能肯定，他没有讲过这句话，这只是媒体的误读。

做空的背后有它的意图。这些做空人都很聪明，花这么多时间做研究，一定有自己的观察和思考。举个例子，外资以前买过很多年中国股票，所以中国公司在美国上市，市值涨得非常好。近两年又引发做空中概股浪潮，以致大家质疑中国经济。一来一去的，其中不同投资人有不同观点，很正常。对巴菲特的话更值得讨论的是，他究竟说了什么值得我们思考的，他说了什么是贴近事实的，面对这个事实我们又该怎么做？

曹远征：巴菲特这句话是媒体误读，但还是引起大家的思考和讨论。因为 2013 年第一季度的经济表现没有预期那么好，所以各种各样的预期都会出来。有人不太看好，就表示唱空了。有人觉得前景不错，就唱多了。**这只是一个正常的市场现象，不能过分地解读为一定要做垮中国。**

除了巴菲特的误读外，还有一些评级机构，确实调降了中国的信用评级。应该说，市场有些观点其实只是针对一个短期。比如，2012 年下半年时有很多人唱空中国的银行股。当时在中国香港市场上有人大举做空。之后银行股反而一轮大幅上涨，但现在似乎又开始下降，说明这就是个短期现象。不是说2012年末银行股一涨，我们的问题就没了，现在一降，我们的问题又来了。趋势和短期是两个不同概念，不能混为一谈。

视角二：做空中国只因为经济放缓吗

对于国际一些机构做空中国的原因，有的说是地方融资平台的风险，还有高盛说是经济增长放缓，等等。的确，内生动力不足、产能过剩、结构失衡等诸多隐忧正阻碍着中国经济前行的脚步。汇丰发布最新数据显示中国制造业2013年5月PMI初值为49.6，较4月的50.4环比下降，跌破枯荣线，创7个月新低。

2013年一季度的增速仅7.7%，低于预期，4月，数据再次低于预期，多项指标释放出疲软信号。中国经济短期的主要内生性风险包括地方融资平台、房地产泡沫、银行呆坏账等；主要外源风险因素包括国际大宗商品价格大幅波动，尤其是粮食价格上涨冲击，国际短期资本大举进出中国市场。

那么，究竟哪个因素更贴近当前中国的情况呢？又是什么原因引发大举做空中国的风潮？

曹远征：中国经济增长减缓的确是一个现实情况。2013年一季度的社会净投放量6万多亿，可GDP增速只有7.7%，明显下降了。

其实，**这是中国经济进入了一个新阶段。这个阶段意味着中国经济放缓，但这种放缓是不必担心的**。我们过去认为经济放缓会带来很大问题，现在发现并不尽然。2008年我们说，如果经济增速达不到8%，有两千万农民工会从沿海回到农村去。结果呢？2012年增速7.8%，2013年增速7.7%，但就业并没有出现问题。如果照经济学来解释，充分就业是经济政策的一个追求目标，而经过分析，只在经济增速百分之七点几的时候已经充分就业，那就没必要追求更高的速度了。甚至经济学有说法，如果是超出充分竞争的增长就是通货膨胀的增长，从这个意义上来说，中国经济正在发生深刻的转型。要习惯这种放缓，它只是一个表象，背后折射出的反而是质量的提高。

张　峰：其实投资者更关注的是有没有初步定价，即使真的是经济放缓、结构调整带来的暂时困难，如果资本市场上已经反映了，他是没法从这个想法中获益的。所以**关注速度并不足以说明问题，做空的关键点还在于，他认为市场上没有反映很多不确定性的负向风险。**

曾　刚：**投资者可能会担心经济放缓，这里头确实有金融和实体经济相脱节的一个重大问题，这是全世界都面临的问题。**中国有，美欧国家也会有。其实，现在中国单从银行业的角度看还不觉得经济有多大问题。2012 年的税后利润超过 15 000 亿，这数字很夸张。这意味着，我们一家银行的利润总额可能会超过日本五大银行集团的总规模。

视角三：要改革也要求稳

改革是化解经济运行风险的直接途径，当前中国经济的病因主要是经济结构失衡和内生动力不足所致，要解决这一问题，政府首先要做的是将监管和配置资源的权力进一步转向市场。

2013 年，国务院常务会议确定了当年的九大重点改革领域，即行政体制、财税、金融、投融资、价格、民生、统筹城乡、农业农村、科技领域；会议决定在第一批取消和下放 71 项行政审批项目等事项基础上，再取消和下放 62 项行政审批事项，并依法依规及时公布。

随后，英国投行巴克莱发布报告，中国新一届政府将在十八届三中全会上推出系列改革措施，包括金融改革、财税体制、土地使用权、生产要素价格、简化审批程序、收入不均与户籍制度等七个方面。巴克莱表示，目前已有工作小组正在起草相关的改革方案。

在金融改革中，巴克莱关于中国资本账户可兑换时间的判断是迄今为止最明确也最乐观的。报告称："政府可能把 2015 年之前实现资本账户基本可兑换以及 2020 年之前实现完全可兑换作为目标，此举意味着利率和汇率自由化改革将会加快。"巴克莱报告还称，"这些改革最终会降低政府对经济行为的干预，以及生产性因素成本的提升，这些改革将支持中国经济业转型。"

曹远征： 根据以往的经验，要克服困难只能靠改革。其实十八大已经定了方向，它指出了中国经济的不可持续、不协调、不平衡等问题，这些问题只能通过改革来解决，通过改革释放城镇化的红利，使中国由过去的投资和出口驱动模式，转成消费、内需驱动模型，使中国经济还能持续维持较高速度增长。

理论上说消费取决于居民收入，如果"十二五"规划、十八大规则能落实，理论上我国 13 亿人口的居民收入应该在 2020 年翻一番。13 亿是很庞大的市场，是一个强大的发动机，当然这需要 5 至 8 年的时间。但是，国际形势不太好，出口不发力，或者地方债务问题投资不能持续，等等，很多想象不到的因素可能导致消费涨不上去，结果新发动机还没有完全发动，老的发动机却熄火了，出现和美国一样的局面。这是现在市场最担心的风险。**所以说，改革要稳，关键在过渡，在衔接，这需要一个很高深的技术。**

金融改革在 2013 年 5 月 7 日国务院常务会上也有提到，特别提到了人民币资本可兑换的操作方案，说明这事也已经提到议事日程上来。中国金融结构必须得转变，也正在转变之中。社会融资总额中，贷款占社会融资的比重在持续下降。10 年前大概占 80%~90%，七八年前降到 70%~80%，2012 年末降到 52%，2013 年 4 月已经降到百分之四十多了，这意味着，中国金融结构正在发生变化。也就是说，至少有 50% 的资金不是来自原先的传统银行，而是来自资本市场。

曾　刚： **除了实体经济外，中国经济目前还存在一个问题，就是实体经济的模式和金融结构是错配的**。所以应该考虑，金融体系的改革在未来如何适应实体经济的改革。只有支持实体经济转型发展，才能缓解这种错配的紧张局面。否则，到下一个还款高峰时，大家又会惊呼：是不是再次出现债务危机了？

如何让改革过渡平稳，这其实就在考验调控的水平。现在等于是把调控和改革两个混在一起进行，所以显得很复杂。调控是短期的，就像输血一样，暂时维持生命。长期的改革就像手术一样，彻底解决问题。

张　峰： 改革转型，我以飞机作为例子，飞机飞行过程中换了引擎以后可以平稳地飞行上去吗？还是说它会往下滑行，甚至到地上扎一个跟头再上来？会扎到什么程度？这是投资人最担心的一个问题。如果说改革是换发动机，现在在空中换，这得多难啊！所以说，过渡调控就像飞机飞行的姿态，是一个特别重要的问题。

此外，改革需要每一个人都参与，它不仅仅是政府的事。从这个角度出发，中国梦确实是一个非常好的凝聚人心的做法。**让每个人都拥有经济发展的梦想，这也是改革非常重要的一部分。**

视角四：还有什么风险在等着我们

一直以来，唱衰中国的预言家发出的警告从没间断。1994 年，美国学者布朗提出"谁来养活中国"；2001 年，章家敦提出"中国经济崩溃论"，断言中国当时现行的政治和经济制度最多只能维持 5 年。

最近，关于中国经济前景的"争论"再次成为国内外媒体的关注焦点。争论的分歧在于，是中长期看好，还是中长期唱衰。不论是"唱衰"还是"捧杀"中国经济的声音，都不会影响下一阶段中国经济政策的选择。

作为全球第二大经济体，中国已经不是坐看美国金融海啸、欧洲债务危机的看客，启动经济改革也意味着自曝软肋的同时迎接外部风险。中国经济减速所带来的各种就业问题、债务问题如同裸泳者上岸一样暴露出来，国内经济横盘整理的日子或许才刚刚开始。

曹远征： 改革是一次革命，在占世界人口 1/5 的大国里发生这么一场变革，在人类历史上从未有过，所以会出现各种各样的评论。其实早在 20 世纪八九十年代就有唱衰中国和中国威胁论两种声音交替出现，在走到发展的十字路口时这些声音尤其强烈。现在中国经济进入一个新阶段，又来到一个新的十字路口。这时候，做空中国的声音自然格外强烈。所以，在骂声中成长，这可能是中国过去 30 年路程的一个真实写照，因此不必太介意。当然也要听听别人的声音，这有利于我们防范危机、增强免疫力。

此刻，**我国的经济困难时期还没有过去，国际市场上也还有很多不确定因素会引爆我国市场波动。** 美国量化宽松会不会退出，这是讨论最多的一个引爆点。如果退出，我会更多地担心印度。因为印度是个"双赤字"国家，进口大于出口，主要靠外资流入来支持进口，一旦外资流出，进口就难以维持了，国内很多经济自然也难以持续发展。

即使如此，中国也不可能调低经济增长的目标。因为从官方来说，全年经济增长 7.5%，这是肯定能达到的。

张　峰：对做空或质疑者，心态应该保持理性，不要轻易被利用。 做空者有个惯用手段，就是利用有影响力的人在媒体上发表惊人言论，引起价格变动，然后他短期内可以获利。但是这样就能做空中国经济吗？不可能，他们不能代表 13 亿人去劳动，他们对实体经济的影响微乎其微。

从最近的数据来看，我国经济的下行风险依然存在，困难期并没有过去。所以**我们要防守反击，要有一个对冲的做法，应对可能出现的经济困难**。投资上可以学习巴菲特，当出现股灾和经济困难时，这时候价格低于价值，"别人没钱"，但你有资金并且你知道哪个企业"伟大"，拥有这两点就能应对波动了。

国际市场上也有很多不确定因素会引发波动。这次我在年会上问巴菲特，人们最关心的一个问题是，如果美联储的量化宽松退出会怎么办？对世界有什么影响？巴菲特讲了一句话："美联储退出量化宽松的时候，全世界都会听到这个枪声。"他说这一定是一个惊喜，会引发资本市场的反应。

曾　刚：**美国量化宽松退出以后，我比较担心中国香港，因为中国香港房地产泡沫是很严重的，严重高于它应有的价值**。而且它是个自由港，更开放，资金进出来去如风。

结束语：

谈到国际唱空中国的声音，实际上谈的还是我国的改革问题。俗话说苍蝇不叮无缝的蛋，一方面要把国际上的声音作为一种参考、一个借鉴，更重要的是，应该尽快找到自己的漏洞并填补上。不要有"自己能说，别人说不得"的心态，基本面调理好了，市场自然而然就会发展。到那个时候，唱空、做空的声音可能也就烟消云散了。

【锋汇词典】

中概股：即中国概念股，概念股是指具有某种特别内涵的股票，而这一内涵通常会被当作一种选股和炒作题材，成为股市的热点。

量化宽松：即 QE，主要是指中央银行在实行零利率或近似零利率政策后，通过购买国债等中长期债券，增加基础货币供给，向市场注入大量流动性资金的干预方式，以鼓励开支和借贷，也被简化地形容为间接增印钞票。

潘向东

中国银河证券
首席经济学家

秦虹

国家住房和城乡建设部
政策研究中心主任

张占斌

国家行政学院
经济学部主任

 # 新型城镇化之路

截止到 2011 年，我国城镇化率达到了 51.3%，中国改革 30 年来，城乡结构发生了巨大变化，全国先后出现了多种城镇化尝试，涌现出了像天津、成都、广东、浙江等许多城镇化模式代表。如今新型城镇化作为新"四化"、新"三驾马车"中的重头戏闪亮登场。2012 年的中央经济工作会议明确提出，未来要积极稳妥推进城镇化，着力提高城镇化的质量。那么新型城镇化到底"新"在哪里，未来又会给我们的生活带来哪些机会和影响呢？

视角一：土地的城镇化

十八大报告明确提出："坚持走中国特色新型工业化、信息化、城镇化、农业现代化道路。"一时间，新型城镇化成为各方关注的焦点。那么，新型城镇化"新"在哪里？对于新型城镇化，经济学家则把眼光更多地聚焦到了土地、资金和人口要素的问题上。

从农民手里廉价征地的"土地经济"模式，成了中国过去 20 年城市发展的主旋律。此外，保护耕地和土地增值收益的再分配也是不容忽视的问题。从长远看，农村集体土地和城市土地拥有同等权利是改革的目标，但根据实际操作的经验，提高征地补偿是比较可行的办法，目前全国都在进行尝试。

如今当中国的城镇化率已经超过 50%，当提高效率和保护农民利益的呼声越来越高，当"土地经济"进退维谷之时，进一步深化改革势在必行。

然而，过去的各类创新能否适应新型城镇化的需要呢？在新型城镇化的面前，我国现有土地管理制度出现了严重的不匹配，土地利用效率不高、保护耕地与征地矛盾等都成了亟待解决的问题。

张占斌： 新型城镇化是一个非常重要的大问题，是工业化、信息化、城镇化和农业现代化的"四化"协调推动。我国城镇化应以生态文明、美丽中国作为奋斗目标，在城镇化的格局上应该实行一个科学合理的配置，城市群、大城市、中小城市，和小城镇协调发展，新型城镇化的本质应该跟人有关，体现人的发展，是人口的城镇化。

就土地方面而言，**如何能在市场经济的条件下，把国有土地和农村的集体土地在权利上慢慢调整到一个均衡水平，这是一个很重要的问题。** 还有一点，在征地过程中，如何更好地让农民分享土地增值的成果，这一点中央文件写得非常清楚，十八大文件也已经重点强调。还有集约利用土地也是一个非常重要的问题。我国城市确实土地利用很不集约。所以新型城镇化一个很重要的特点，就是应该考虑到土地集约利用、节约利用，资源也要集约利用。

秦　虹：新型城镇化的"新"字体现在几个方面，首先强调低碳和绿色，因为资源是中国今后发展所面临的一个重大考验。此外更重要的应该体现在集约和高效。我们要极大提高土地利用效率，因为中国人多地少，而且发展土地的制约程度是最大的，所以我们在城市化过程中最需要的就是土地。很多人都对 18 亿亩耕地的红线提出质疑，但是其实**我国城市现有的土地利用效率是远远不够的，和一些经济发达体的差距很大**。比如我国和美国国土面积相差不多，美国三亿多人，我们十多亿人，但是中国土地的集中使用程度远不如美国。美国的人口主要集中在东西海岸、五大湖，剩下的地方人很少。而中国，哪里都有人住，很分散，城市和建筑的容积率都很低。前些年扩大广场、扩宽公路，还建了很多花园式工厂、建筑，可实际上土地利用率真是非常低。这么低的集约程度，导致了基础设施建设的投资成本是巨大的。如果这样继续下去，地方政府根本无力承受基础设施的投资和维护，因为效率太低了。

在土地政策方面，现在我国最大的问题是同地不同权。同样是建设用地，如果是在农村，叫作集体建设用地，和在城市的建设用地，两者在价值、开发权利和所得回报上都是不一样的，所以叫同地不同权。哪怕一条公路之隔，这边是城镇，这边是集体，都是建设用地，这边不是耕地，也不是农业用地，就是建设用地，但是不能开发、上市、交易、抵押和流通，所以农民的房子和宅基地不是财产。从最根本上说，这是一个很大的问题。此外，政府低价征地，再用高价把地卖出去，在这个过程中农民所得利益和保护都是不够的。所以地方政府和开发商就分到更多利益，这也是一个很大的问题。这样的问题如果不解决，我国城镇化过程中在土地使用上受到的阻力会越来越大，农民受到的伤害也会越来越多。如此，所谓有"质量"的城镇化就成了空谈。

潘向东：过去我们一直说城镇化就是盖房子、修路，这是一种粗放式的道路。未来的"新"，其实还增加了一个城市消费，也就是我国经济的增长方式会由投资转为消费。在这点上，城市服务业的发展以及与其相关的城市改革配套措施的发展，与城市消费相关的收入分配制度的发展，包括养老和市民化过程，这些都与城镇消费密切相关。

我国在城镇化过程中，肯定要侵占一些耕地来实施城镇化战略，也会实施一些土地方面的改革。但是如果和以前一样采取地方政府推动的方式，往往会侵占农民的利益。所以**如何约束地方政府的行为，使其在推进城镇化过程中让农民受益，这是一个值得重视的问题。**

视角二：地方模式的思考

在提出"新型城镇"后，各地纷纷支着，以各种方法进行着城镇化尝试。

2010年，重庆引入300万农民工进城。要拿到重庆户口，必须放弃宅基地复耕农地。这样既为公租房提供了土地，也保证了足够的耕地面积。

天津则是"以宅基地换房"，先解决搬迁农民的安置问题，然后通过土地集约增值的收益发展地区产业，解决农村居民的就业问题。

在广东，珠三角的模式是通过产业集聚带动人口集聚，进而实现城市周边地区的快速崛起。

在这么多不同模式中，我们能够借鉴到什么？或者说，我们还可以如何进行改进？

张占斌：这种探索精神、创新精神是值得鼓励的，而且中央经济工作会议也强调，允许"摸着石头过河"。何况土地问题异常复杂，这种摸索可能还需要一段时间。此外，**各地在改革探索中都会根据当地的实际情况去开展，所以不太可能有全国推广的意义。**比如农村社区这样一种模式，有些地方可以实施，但有些地方没有产业支撑，把农民集中起来，还得让农民骑着自行车或者摩托车跑5里路、10里路去种地，没有现实意义。

农村的土地将来得让它动起来，就是资本市场和金融市场怎么能够结合起来，放大它的杠杆功能，让农民，包括进城农民工有更大的可控制资本，在这个过程中如何有序进行，不出大问题，这些都是需要研究的。正是基于这个角度，我觉得确权、土地的适度流转、农村的适度规模经营，可能都是将来发展的趋势。只是说在这个过程中如何能更加平衡，不出太大的问题，可能是我们需要注意的。

秦　虹：土地问题确实是地方政府需要破题的一个方面，**很多地方都做了各种尝试，目的就是一个，如何能够有效增加城镇建设用地的面积和比例，更多地在城镇化进程中实现城市多用地而农村少用地。**同时有一个很关键的问题就是，不能伤害农民的利益。其实这个问题很复杂，各个地方差别也特别大，但是无论怎样探索，有几条工作是必须要统一做的。

第一条就是农民宅基地和承包地的确权。虽然农村是集体建设用地，但是在集体建设用地中每个家庭或者每人所占宅基地的使用权还是要明确，如果不明确，居民的保护意识是不够的，也会产生很多浪费。而确权之后有利于今后逐步地在产权交易过程中体现量化价值，所以这些工作是基础性的。

潘向东：**明确农民宅基地的确权很必要，因为未来涉及土地的流转，是一个产权的流转，所以这个基础性工作是当前工作的重点。**但是讲到城镇化的土地问题，可能大家认为更多的是土地规模的扩张所带来的土地征用或补偿的问题，其实更多涉及的反而是农村宅基地以及耕地流转的一些土地问题，而这些方面可能更多涉及将来农民的迁徙。所以这些方面会是未来工作的一个重点。

视角三：新型城镇化的钱从哪里来

有测算认为，中国每年城市人口在总人口中的比重上升 1 个百分点，可以拉动 5 万多亿的内需。如果未来城镇化率提高 10 个百分点，则可以拉动 50 万亿内需，相当于再造一个目前的 GDP。

事实上，新型城镇化蕴含着深层利益结构调整，不仅仅是土地征地补偿，土地增值收益的再分配也是争论焦点。从另一个角度来讲，新型城镇化巨大的资金需求从哪里获取？

由于资金需求巨大，仅以地方财政投资显然难以完成。以往的城镇化发展中，地方政府并没有建立适应城镇化资金需求的多元化融资机制，融资方式仍以银行贷款为主，不仅难以满足巨大的资金需求，而且最终还款来源还是土地收入。

对城市来讲，土地是城市基础设施建设、城市运转的资金来源。土地补偿金方式暂时无法被取代。此外，发地方债、贷款、开辟多种融资渠道，也不能解决根本问题。因为几乎所有债务都是以土地的预期收益作为还款条件，地方政府还得去卖土地，这就是制度惯性。只有解决地方政府还款预期到底来自哪里的问题，对土地的依赖程度才会下降。

新型城镇化如果不能有一个新型的资金供给模式，那么中国未来的城市和城镇不仅可能会出现大量城市贫困人口，还会使城市病更加严重，并由大城市向中小城市蔓延，降低城镇居民的生活质量，丧失城镇化的本来含义。

秦　虹：市政公用基础设施的投资来源基本分三个部分：财政收入、银行贷款和企业投资。财政包括地方财政、中央对地方财政的支持、地方的税外收入，也就是"土地收入"，现在总的大概占市政公用设施投资的40%，其中一大半可能是来自"土地财政"。另外60%里大概有30%左右是银行贷款，还有30%左右是企业投资，比如城市的供水、供气，甚至有一些公共交通，还有北方地区的供热、供暖、污水处理、垃圾处理等等，还有一些是企业投资，大概格局是这样一个情况。

城市建设本身的投资应该是政府主导。政府收税就是为了提供公共服务，公共服务是城市运行的一个基础条件。现在政府的税收收入显然是不足的，很多地方政府就是"吃饭财政"，没有建设资金，怎么办？现在各地方政府想的办法就是土地出让，通过土地出让来解决财政收入不足的问题。

现在大家都在批评地方政府，说土地财政不对，有很多的弊病，抬高了房价，剥夺了农民的土地，等等。但是地方政府本身也面临着事权和财权不统一的问题。他有大量的建设事务，要保障城市的各种基础设施的提供、设施运行的基本条件，要实现当地市民的一些基本保障、公共服务、文化教育、医疗等等，财源是远远不够的。中国的财政体制是中央拿"大头"，地方留"小头"，这个时候就必须要破题解决了。

地方政府的难言之隐，一个是由我国财税体制不完全合理造成的，第二个很重要的原因是，全世界的地方政府都有土地财政，不光是中国，但他们的土地财政来自于每年征收的房产税，其本质就是在土地上征收的，而中国政府的土地财政主要来自新增转让土地，是这种一次性的，而不是每年的财产税。所以我们不能简单地批评政府的土地财政，一方面要解决财税体制不合理的问题，另一方面要把这种一次性的土地财政转变成常规的、每年征收的财产税，这样就可以保证地方政府的一个稳定资金来源。

第二部分就是贷款，30% 的地方政府建设资金是来自银行贷款的。这种负债建设对地方政府的基础设施建设是特别有必要的。因为基础设施运行有一个特点，就是必须一次投资完成才是有效的。但是中国的制度原因使我们缺少一个长期负债的资金渠道，如此说世界各个发达国家在城市化进程快的时候所采用的地方政府的市政债券。市政债券可以滚动发行，在发行开始的时候，前几年基础设施需要建的时候，他发的债券都用来建基础设施了。

银行贷款有很大的弊端，最主要的就是期限短，一般一两年就要偿还。可是基础设施一两年还没有产生效益呢，这时政府只好想别的办法，比如卖地偿还，等等。所以才说改革是下一步城市发展过程中面临的一个很重要的前提，我们一定要在财税体制上有所突破。

此外，城市的公用设施、基础设施、公共服务理论上都应该由政府来投资，但是也应该发挥企业投资的效益优势。企业是有效率的，政府是没有效率的，所以调动企业来参与，特别是对一些准公共基础设施，比如可以收费的一些项目，城市的自来水、污水处理、供热，甚至有些公共交通都是可以收费的，这些基础设施完全可以由企业来参与，来提供，从而大大减轻政府财政投入压力。而政府只需要做好监管，保证企业提供的服务可以满足市民需要。

城镇化和城市房地产发展之间的关系，并非是农民工进城就推动了房地产市场发展这么一个简单的关系，而是，在大城市打工的农民工买不起、租不起大城市的房子，但是挣钱后可以回到家乡的小城镇买一套房子，在那里定居，然后中小城镇有能力的人到省里的地级市去定居，地级市有能力的人到省会城市定居，全国各省会有能力的人到北京、上海等一线城市定居，两者的关系是这样一个循环。虽说城镇化的本质是农民工进城，但实际上在城市化的过程中，我们面临的是城市结构的变化。大、中、小城市人口在涌动，城市不断变大，大城市越来越大，中小城市变成大城市，是这么一个过程。这个过程对房地产市场的影响很大。

潘向东： **假如未来城镇化缺资金，其实有一个渠道，就是进一步扩大债券市场。** 因为地方融资平台这一块，有些是地方政府必须做的，可以不去考虑现金流和收入，但是作为地方融资平台是要考虑现金流和回报的。现在很多人都在质疑地方融资平台，但是在市政债券还不成熟的条件下，地方政府发市政债券几乎是没有约束的，这样只会引来更多麻烦。所以现在融资平台还是一个不错的选择。

此外，假如在市政开发的过程中，银行贷款有了一些负担，要还债，是不是可以考虑把这些负债市场化，来进一步扩充，弥补资金的不足。这主要针对的是粗放式的城镇化。但是当下是新的城镇化，是城市消费和服务业的发展，所以这一块就需要民间资本的参与了，包括教育、医疗这些方面，都应该把这些领域向民间资本开放。可以说，服务业的逐步提升为民间资本带来的投资机会是巨大的。

开始提到城镇化过程的时候，与建筑业相关的，包括水泥等一些周期性行业的发展都得到了一个表现。下一步资本市场会深一步挖掘，土地流转以及服务业的发展这些方面肯定都会体现出来。现在开始的城镇化还没体现到"新"，下一步肯定资本市场会朝向"新"的方向。

张占斌： 城镇化的资金，如果集合政策做得好，随着制度的改进和创新，可能会释放出改革红利。过去有人认为土地财政也是土地红利，现在这种说法可能不行了，但是据我估计，这种土地财政可能还能维持一段时间，在新型城镇化下必须对它进行适当调整和约束，同时要在其他领域探索更多的资金来源。

引进大量民间资本，这也是一个战略性的方向。 政府的很多公共事业、公共服务业可以通过市场化来解决。由政府制定标准，实行公共服务的外包，这方面国际上有很多经验，而我国还有很大的空间去改进。

城镇化和房地产市场发展之间可能会产生一些矛盾，对此，政府也在做一些保障性住房。市场保障和政府保障并行，对房地产市场是一个很重要的支撑。另外，城镇化的发展，随着人口增加可能会带来更多消费，包括道路拓宽、管网建设等，也会因此促进服务业和工业化的发展。而且服务业和服务业之间会创造出很大需求，同时带来很多投资机会。此外，信息化，包括农业现代化，都能带来很多的投资机会。

视角四：人口的城镇化

按照国际惯例，在城镇连续居住超过 6 个月便统计为城镇人口。

可是，在中国城镇化过程中，一个突出特点是，城镇建成区快速增长，而集聚的人口则明显滞后。城镇户口与农村户口的差别，阻碍了人口城镇化，造成了城镇化进程中土地与人口的不匹配。2011 年我国城镇化率达 51.27%，据此计算我国城镇人口应为 6.9 亿。但是，2011 年底中国农村户籍人口是 9.3 亿，城镇人口数量实际上仅为 4.2 亿。这意味着，我国仍有 10%~12% 的城镇人口是农民工及其家属，他们并没有充分享受到城镇的公共服务和社会保障。长期以来各个地方都把推进城镇化简单地等同于城市建设，如何让已经融入城市的农民工变成市民，也是需要解决的问题。

事实上，并不是所有农民都愿意成为市民。户籍背后绑着城乡不同的利益，城市户口的人有养老、医疗、教育、住房、就业"五件衣服"，但是农民的农村户口也有三个保障，就是宅基地、林权、承包地的承包权，农民如果放弃了农村户口，进了城里以后呢，如果政府没有那么大的财政支出满足他成为市民的"五件衣服"，这"五件衣服"供给不了，农村的"三件衣服"又没有了，他就要"裸"着身体，这时候农民也不愿意离开农村。

城市化不仅仅是物理上的城市化，即建高楼大厦，同样重要的是，民众权利的城市化，二者不可偏颇。探索新型城镇化，解决农民工变为市民后的社会保障以及未来就业，成为亟待解决的问题。

张占斌：农业转移人口的市民化，不仅仅是户口问题，而是理应享有与城里人一样的公共服务。 如此可能需要很多投入，所以有些地方政府显得很矛盾，一方面觉得这事很重要，另一方面限于财力有限，做起来没那么得心应手。所以中央经济工作会议把农业转移人口市民化作为我国城镇化下一步一个重要任务。把这个问题提到这个高度来讲，确实是时候了。

就业环境也是城镇化过程中需要考虑的一个重要问题。城镇化一个很重要的前提就是产业的发展，如果离开了产业支撑，城镇化很难继续下去。近几年职业教育培训中政府有所投入，收效就很好，很多人通过学习，可以在城里找到更好的工作，这本身就支撑了服务业和其他方面的发展。厉以宁先生说他不赞成人口红利减少这个概念，他认为中国今后将进入技工时代。他所谓技工时代其实就是过去进城务工的人员，通过人力资本的提升，有了一定的技术水平。将来这种新的人力资本还可以支撑我们的服务业和其他产业的发展。所以，政府要创造条件促进服务业的发展，从而支撑工业化发展，而且服务业本身可以创造很大需求，能够容纳大量就业，也最能解决中国就业这个大问题。城乡社会保障制度的重构和建立，对于就业问题的解决也是不可忽视的，它可能是将来中国城乡稳定的一个重要基石。

在解决就业的过程中，可能要分流一些资源，但同时可能也会增加一些新资源，资源会处在一个不断调整、平衡，再调整、再平衡的过程。作为一个城市人，应该以开放胸怀来看待大量农业人口进入城市。城市本身是开放的，南来北往的人都有，这样城市才有活力。所以说有质量的城镇化也应该是一个包容性的城镇化，不能说先来的是城市人，后来的就不是，也许你几百年前也不属于这个城市。从国家角度来讲，要想办法创造一些新资源，能够平衡资源之间的调整，以利于制度对接，而且制度对接要尽快消除制度之间的摩擦。

秦　虹：无论是城里人还是农村人，应该均等享有养老、医疗和教育这些基本公共服务。剩下的部分，包括宅基地、承包地，这些不能作为保障，应该作为财产，实现财产功能。

产业结构的升级和城镇化是一个互动过程。城镇化初期农民进城从事工业生产，工业化带动城市化的进程是相辅相成的。人口多了之后，小城市变成大城市之后，这么多人要吃、要喝、要娱乐、要购物，这就产生了服务业，服务业又需要大量的人去从事。所以工业化带动了城镇化，城镇化进一步创造了需求，创造了市场，又带动了下一步更高层次的城镇化进程。所以整个城市发展离不开工业化，这是第一步，第二步是服务业，第三才是产业升级的发展。

在就业问题上，农民工的教育、住房等都是可以纳入社会保障里的，所以社会保障是一个大口径，里面涵盖了很多丰富内容。**只有做到保障农民和市民没有区别，无论是从事第一产业、第二产业还是第三产业，大家都是同样的待遇，这就解决了身份歧视及待遇不平等的问题。**

当然，人口流入对城市资源分配肯定会有影响，在这方面，第一，我们要更多地在增量上做文章；第二，教育、医疗这些基本公共服务要均等，不能农民和市民在享受基本义务教育、基本医疗保障方面存在差别。而超过基本公共服务以外的部分还要体现在竞争上，只有竞争才能激发每个人的动力和创造性，毕竟我们不能只躺着等政府发饼，勤奋也是很必要的。

潘向东： 其实很多方面的改革都跟城镇化相关，所以城镇化的提出相当于打一个大包，然后呈现给大家。我们要考虑改革，包括养老保险、医疗制度和教育的改革，是不是能够全面覆盖，打破以前的二元体制，这是一个方面。第二个方面，要考虑农民的"三张皮"能不能流转，要考虑实现生产资料货币化的过程。所以，涉及方方面面改革的推进，才会加快城镇化进程。

作为城镇化的制度改革，主要还是四个方面。第一就是收入分配制度的改革；第二是土地制度的改革；第三是户籍制度的改革；第四是服务业的开放。这四个方面联为一体的制度改革，然后提升新型城镇化。

城市人口对外来人口都会排斥的，这就像公共汽车一样，先上车的人肯定排斥后上车的人，因为他们来和自己挤占资源了。所以，**如何把服务业民营化、市场化，提供更多差异化服务让大家去享受，这才是解决之道。**

结束语：

过去 10 年，中国在以前所未有的速度推动着全世界最大规模的城镇化进程。比速度和规模更让我们骄傲的应该是城镇化的质量，从城市优先到城乡协调，从土地城镇化再到最终人口城镇化，每个人都从中切实地感受到了生活质量的提高和幸福感。只有这样，"城市让生活更美好"才不简单地是一个标语、一个口号。

【锋汇词典】

新型城镇化： 与传统提法比较，更强调内在质量的全面提升，由偏重数量规模增加向注重质量内涵提升转变。是以城乡统筹、城乡一体、产城互动、节约集约、生态宜居、和谐发展为基本特征的城镇化，是大中小城市、小城镇、新型农村社区协调发展、互促共进的城镇化。

容积率：指一个区域内的地上总建筑面积与用地面积的比率。

宅基地：是农村的农户或个人用作住宅基地而占有、利用本集体所有的土地。

人口红利：是指一个国家的劳动年龄人口占总人口比重较大，抚养率比较低，为经济发展创造了有利的人口条件，整个国家的经济呈高储蓄、高投资和高增长的局面。

曹远征

中国银行
首席经济学家

黄宁宁

国浩律师（上海）事务所
管理合伙人

霍建国

商务部国际贸易经济合作
研究院院长

上海自贸区带来的改变

　　2013 年 9 月底，中国（上海）自由贸易试验区正式挂牌。从中央的高调宣布，到上海紧锣密鼓的筹备，铺天盖地的新闻和一个一个通往"自贸区"的新路牌，让"自贸区"这样一个概念飞入了寻常百姓家，也在人们的心头挂上了不少的问号。"自贸区"到底会给我们的生活带来怎样的改变？而"自贸区"的成立，能成为中国新一轮改革开放的起点吗？

视角一：自贸区是一种更高标准的开放

中国（上海）自由贸易试验区是什么样子的呢？有人形象地将它比喻为一个机场加一座大仓库加一个集装箱码头。原来叫保税区，现在叫自贸区，面积只有上海市的 1/226。这么丁点儿土地却吸引了全世界的瞩目，投资者们看重的是它背后蕴藏着的大希望。

对于上海自贸区，原则上要实行"一线放开，二线管住"的方针，所谓"一线放开"是指国境外及区内的货物可以不受海关监管自由出入国境；"二线管住"是指货物从自由贸易区出入非自由贸易区要征收相应税款。

这是一个管理观念的转变，在这片政府放权的新体制试验田里，企业家们的梦想真的要腾飞了吗？

黄宁宁：免税商品、电信增值业务、外商独资医院、外商独资保险和外商独资的娱乐场所，这些都是老百姓对这次"自贸区"最为期待的方面，尤其是很多女性，她们特别关心的问题是："自贸区"能买到免税的进口化妆品和一线品牌的衣服、鞋子和包包吗？就我所知，目前还不能。但是有一个好消息，这一次国务院的方案里面，提到要促进所谓跨境的电子商务的服务功能。可以理解为，要在"自贸区"建立一个电子商务平台。区外的人也可以登录到这个电子商务网站进行购物。这个平台上的商品，价格会比我们在国内实体店便宜很多吗？当然节省的不是税，是中间的费用。

至于外商独资医院、外商独资保险，还有外商独资娱乐场所，这些并没有突破性的放开，唯一可能的就是娱乐场所。 文化部曾通知，外商独资的娱乐场所是可以做的。当然，很多网民讨论会不会出现大型外资集团投资的赌场，比如金沙集团、威尼斯人等等。这是不会的。娱乐场所可能就是外国人开的酒吧、俱乐部、演出场地或剧院。

负面清单管理模式和准入前国民待遇也是大家比较关注的热点。所谓准入前的国民待遇，上海市政府的地方性规定的解读是这样的：外商投资项目的一个备案管理办法。从以前的外商投资项目的审批制度，转向以后在自贸区内要试行的备案管理，这是一个很大的变化。

至于负面清单，这是一个动态清单，就说 2013 年的共识，大家都感觉现在**这个负面清单从实质性内容上来讲，在市场准入方面并没有实质性的突破。但也要肯定它的作用，毕竟它是整个中国行政管理体制改革的一个重要步骤。**

这一次负面清单出来以后，我自己有切身体会。2013 年 9 月的最后两周，我在欧洲，很多外国客户向我打听这事，他们认为，"自贸区"有了改革方向以后，整个政府的职能，可能会从一个事无巨细的管理者，到一个服务者，再到一个风险的控制和监督者。

曹远征：为什么这次从"保税区"变成"自贸区"后，会更受重视。因为这次最重要的其实是一种更高标准的开放，是一种规则，一种体制。谈到高标准开放，其实如果跟这次的更高标准相比，会发现有两个缺陷：第一个是准入权的国民待遇；第二个是负面清单。希望上海自贸区的试验，能改善这两个方面。

正面清单规定只准做什么，而负面清单规定不能干什么，也就是说，你可以做的事不用我管。这是一个很重要的变化，是管理体制的重要变化。以前说是"市长"管还是"市场"管，现在自贸区说是"区长"管还是"市场"管，对于这点，"自贸区"有了大的突破。

在十八大报告中，就明确说要处理政府和市场之间的关系。这就需要政府职能的转变，要从过去的建设型政府，转变成一个服务型政府。"上海自贸区"恰恰在负面清单、准入前国民待遇方面做这种改变，刚好起到示范作用。

霍建国： 说到负面清单，**关键是先起步，能够突破思维模式的变化，这是非常不容易的。**所以这是最重要的转变，是观念的转变。

现在全球七十多个发达国家，基本上都是按照负面清单操作。我们跟美国的双边投资谈判协定，基本上就卡在负面产品清单上。现在如果不按这个思路操作，可能就会制约外资的投资，甚至我们到海外投资，也会受到一些影响。

视角二：金融开放的力度

"在风险可控的前提下，可在实验区内对人民币资本项目可兑换、利率市场化、人民币跨境使用方面创造条件，先行先试。"这是中国（上海）自贸试验区在金融领域的创新方向。

人们开始期待，"自贸区"里会变成像香港一样，可以用多种货币买东西，老外可以带着大量美元进来，老百姓也可以带着人民币在境内外自由投资。或者，同一家银行在上海分行和自贸区分行的利率不一样，因为自贸区内的银行利率是由银行决定，而不是政府指导价。

想象空间加上政策刺激吸引着国内外的金融机构蜂拥而至。有人打了个比喻："自贸区"好像是"金融租界"。那"自贸区"到底会开放到什么程度？

曹远征： "自贸区"这次更高标准的开放是指服务业的开放，服务业的核心就是金融业。**这次"自贸区"在金融领域方面就开放了三点创新，涉及货币和利率，分别是人民币资本项目可兑换、市场利率化、人民币的跨境使用。**人民币的跨境贸易结算，已经占了对华贸易的14%，预计再过两3年很可能会达到三分之一的水平，那时候就很方便了。

3年的时间，不仅仅只在"自贸区"，可能全国都会是这样一个景象。

到时你会发现，最乐观的想象，就是人民币全球通用，你出国的时候只要带上人民币，无须兑换成其他当地货币。

霍建国： 现实经济当中，对人民币的需求量是比较大的。而且我国双向的结算制度，滞留在境外的人民币比较多，特别是香港和新加坡结算中心。这样我们就面临很大的问题：如果这些钱不能流回来，如何继续发展这种业务？所以要开一个投资口。**打开这个投资口，一步难以做到，所以"上海自贸区"会在资本项下放开、人民币国际化以及利率汇率市场化上做一个大胆尝试，有选择性地向前突破。**

这是一个过程，需要一定时间。在"上海自贸区"可能3年会到位，如果不到位，如何继续推进？但就全国来看，3年很可能只是先迈出去一步。

黄宁宁： 我有很多客户，他们都考虑境外投资，**现在我们已经走出了第一步，境外投资的审批向备案的转变，这对他们来讲是一个重大利好**。然后，再逐步推进到资本项目可兑换，我相信国际并购市场上，将不会存在原来那种所谓的"中国劣势"了。

视角三：金融开放与套利风险

"自贸区"金融开放的政策很好，但是如果"自贸区"的市场没有准备好，也许会产生不良后果。该政策容易导致国际资本，尤其是没有真实贸易背景的游资快进快出，通过这一平台进行疯狂套利。还有一个观点涉及利率市场化，认为在存款保险制度和金融机构退出制度尚未建立的前提下，在"上海自贸区"内实现完全的利率市场化，"上海自贸区"成为我国金融体系稳定水桶的最短板完全有可能。

那么，"上海自贸区"的金融开放，是否存在巨大的风险？又该如何解决？

曹远征： 2009 年 7 月 2 日，我们开始人民币跨境贸易结算。随着人民币的流出，在海外形成一个人民币金融市场。现在鼓励外商以人民币进行投资，这个条件逐渐跟人民币现状相配合，这就叫资本项目可兑换。在这个过程中，一定会有套利套汇现象的产生，这个现象的结果是利率市场化。其实人民币在香港刚刚使用时，也有人认为会有人利用贸易进行人民币套利套汇活动。但是 4 年以后，数据表明人民币在香港中间进出是平衡的。

所谓风险，其实就是担心外资在这个时候流入流出。金融机构能做什么？配置风险，再处置风险。中国金融没有经验，那就去向香港金融学习，把香港的经验搬到这里来就行了。而你会发现 CNH 市场（香港人民币市场）跟 CNY 市场（上海人民市场）利率汇率基本一致，套利的结果就是利率市场化。其实这些所谓的风险都是必须经历的一个过程。**人民币在过去四年的进展，使我们创造了很多经验，对这些经验加以使用是可以控制风险的，风险并没有想象中那么巨大。**

这次"自贸区"是中国的试验区，不是上海的试验区。试验区三个字很重要，就是让你去试验。如果用开荒比喻的话，老农不能因为担心天气不好就不种地，你种了，然后才能知道能长出什么东西。长好的东西就推广，长出不好的就铲除，这才叫创新。而不是关在屋里想着各种风险，想着这不能做，那是不是得少做点。所以，即使有风险，也要大胆地闯，大胆地试。

霍建国： **风险是永远存在的，任何市场只要出现利差，就会有套利套汇的行为**。我国这种重复建设、过度投资，很大的原因取决于贷款利率没有市场化，或者是存款利率没有放开，因为这里存在着很多利差，这个就会导致过度的投资行为。如果是放开的，没有那么大的垄断利润或者利息差、存贷差，任何投资都是要追求投资回报率的，它根本还不起贷款，何谈投资？所以要投向最有效益的、投资回报率最高的，也就是转变经济增长质量，提高转型升级的速度。

黄宁宁：现在对于风险可控还没有一个风险指标，这也是我们从业者或者专业人士所热切期望的。比如说人民币的资本项目逐步可兑换，如何在一个风险可控的情况下，以一个时间表的形式出现？这是我们很希望看到的一个结果，但是到目前为止还没有出现。

视角四："上海自贸区"的复制价值

改革与开放历来是中国经济腾飞的两翼，现如今，撬动并推开旧体制这块大石头，让中国经济再次腾飞，需要一个新的支点。

随着世界经济金融环境的动荡，国内经济增速逐步放缓，经济结构调整的压力增大，我们想各种办法来给自己打气。

从全球看，风雨飘摇，多边贸易体系已陷入泥潭，与之相比，双边和区域贸易协定，渐渐成了主角。由美国推动的跨太平洋伙伴关系协议（TPP）、跨大西洋贸易与投资伙伴协定（TTIP）正在引导新一轮国际贸易规则和标准。

第五轮中美战略与经济对话，承诺积极开放，建立"上海自贸区"，中国提高了与国际接轨的新标准，这也成为撬动国内改革的新支点。

黄宁宁：从 2001 年开始到 2013 年，我们"入世"已经 12 年。2008 年金融危机以后，中国的经济走势目前似乎也到了一个关键的节点。所以，2013 年成立上海自贸区已经是势在必行。

"上海自贸区"是可以复制的，这点从律师角度来理解，就是当形成经验以后，今天是上海地方性的规定、负面清单，未来《投资产业指导目录》可能会在全国统一改掉；同样，今天在"上海自贸区"内做所谓的备案管理，将来可能真的就改成法律了。现在是一个暂行实施，将来可能三部《外商投资企业法》彻底修改。如果是这样，那就真的是"可复制"，而且是制度保障的可复制。

所以，关于上海自贸区的未来，我觉得在当下这样一个时点上，我们只有一条路，就是成功。

霍建国：现在多边贸易体制在全世界是受到挑战的，也就是说往前推进得非常困难，可中国还是坚定地支持多边贸易体制。问题是在回归到多边贸易体制之前，不同区域的自由贸易区的模式和它开放的内容肯定要逐步生效，所以中国抢在这个时候，能够在上海通过自由贸易试验区来完成我们与全球接轨的任务，也是非常关键的。

至于"自贸区"的作用很可能要远远大于"浦东"带来的变化，因为它是政府职能的转变和管理体制的创新，一旦形成一种新的机制后，将激活更多的生产力。"自贸区"在体制机制上的管理理念和手段的变化，一旦被认可，一旦被推广复制，它改变的将是整个中国。

推行"自贸区"，各地积极性都很高，天津滨海、宁波、舟山、广东、大连和青岛等都有意愿参加。可能会按照"上海自贸区"这种模式再批复几个地区，当然这最终是中央决定的。更关键的是，"上海自贸区"的经验是可复制的。它的管理理念、管理方式的复制最有价值。所以，我一直认为"上海自贸区"会成功。

曹远征："自贸区"为什么选择上海？为什么选择现在？其实一句话，这是第二次"入世"，也是很多人给这次的"上海自贸区"起的标题。现在中国最大的弊端是政府和市场的关系还没有完全理顺，核心问题是政府审批太多。新一届政府，第一件事就是要减少审批。但是减少审批是把上级政府的权力简化到下级政府，下级政府还在审批。那么"自贸区"能不能改变方式？注册制变成备案制，我们不审批了行不行？如果这样的话，这就是全国可复制的，是政府职能的转变。

我国2001年第一次"入世"的时候，曾经说是按照国际惯例办事，与国际接轨。那这次第二次"入世"就是与更高的标准接轨。要特别注意第五轮中美战略经济对话中特别提到的一件事，即美方高度关注"上海自贸区"的发展，而中方承诺要加快"上海自贸区"的发展，这是一个跟世界接轨的过程。

至于上海，是中国最重要的金融市场，也是中国最发达的地区。如果上海经济发展起来，自然中国经济就会有更好的表现。

那怎么做？中国改革开放 30 年最重要的经验就是敢想敢试，如果没有这一点，何谈创新？这就是"上海自贸区"对全国最大的示范意义和可供复制的意义。

结束语：

包括改革开放之初的深圳，还有第一次"入世"，在当时那个时间点，我们都不知道将来会对中国的经济带来什么改变。所以，今天我们所有对于"中国上海自贸区"的期待，是不是在未来能够变成现实，还需要一段时间的检验。但是我们至少已经清楚地看到，管理思路和政府职能的转变确实迈出了坚实的一步。

【锋汇词典】

负面清单管理模式：指政府规定哪些经济领域不开放，除了清单上的禁区，其他行业、领域和经济活动都许可。

准入前国民待遇：指将国民待遇延伸至投资准入阶段，即在企业设立、取得、扩大等阶段给予外国投资者及其投资不低于给予本国投资者及其投资的待遇。

胡汝银

上海证券交易所
首席经济学家

艾西亚

西班牙对外银行
首席经济学家

潘向东

中国银河证券
首席经济学家

史季

穆迪公司董事总经理
中国区主管

中国资本市场
新"国九条"解读

　　目前，业内对中国资本市场都非常期待，不管是"新国九条"的颁布，还是"沪港通"的获批，包括"IPO"的重启，让大家对资本市场顶层设计释放改革红利充满了期许。中国资本市场能否结束漫长的熊市？投资者又能否充分分享上市公司成长的红利？

视角一：新"国九条"能挽救 A 股吗

国务院发布的《关于进一步促进资本市场健康发展的若干意见》，这份文件几乎涉及资本市场改革的各个方面，从多层次资本市场、投资者保护、完善退市制度、市场化并购重组等九大方面，对资本市场未来发展勾勒了总体蓝图，也因此被业界称为新"国九条"。业内人士认为 2004 年国务院出台的"国九条"拉开了股权分置改革的大幕，而新"国九条"作为我国资本市场改革的又一纲领性文件，为资本市场的发展再度明确方向。

胡汝银： **这一次的"国九条"和 10 年前的"国九条"完全不一样，我把它称为一个根本性的变革，它将给中国资本市场带来大爆炸式的改革和发展。** 这种大爆炸具体表现在什么地方？严格来讲，我国资本市场以前是政府主导，并不是一个市场化的方式，这和全球惯例以及我们对于整个市场改革的基本要求是完全不同的。这次改革是中国资本市场发展走向正常化的一个必经之路，所以是一个根本性的制度改革。另外，它将带来资本市场的爆炸式发展，我们可以预期，未来，股票和债券的发行和过去相比，将越来越依赖于市场。到目前为止，我始终认为，中国资本市场运作虽然已有 24 年，但是基本功能依然不完备。让市场经济有效运作的基本功能是什么？是价格信号要准确。我国市场并非如此，它的估价、定价完全是错误的，比如炒新、炒小、炒差、三高，这些都是不正常现象。

史　季： 如果要以一条主线来贯穿对"国九条"的解读，我认为要**从资本市场对实体经济的资源配置作用这方面来看，九条当中的每一条基本上都与这个主旨相关联。** 作为债券的评级机构负责人，我认为第三条和第七条对债券市场资源配置的作用意义重大。第七条又可以看作是第三条在跨境债券市场上的一个延伸，使债券市场能够得以在境内和境外作为实体经济的一个资源配置。"国九条"中既强调发展又强调规范，在发展方面提出很多建议，包括发展适合不同投资者群体的多样化债券品种、建立健全地方政府的债券制度、丰富适合中小企业的债券品种等。

我们债券评级机构更看重的是"国九条"中对债券市场的影响，当然，中国的改革或者说开放，一定是按照自己的时间表来进行的，就是我们的改革是有底线的。这个底线就是，绝不要造成任何系统性风险。所以，这次新"国九条"不是为改革而改革，而是有一个底线的改革，一些适当措施和政策会慢慢出台。它可能先试一下水，等到水到渠成的时候，这个接轨就成了一个非常自然的过程。

潘向东： 新"国九条"改革措施推出以后，使我国资本市场从一个博弈市场变为一个投资市场。何谓博弈市场？在过去，买 A 股不叫投资，叫炒股，这就是博弈市场。之前有人说，有什么样的股民就会有什么样的市场，其实应该倒过来说，是有什么样的制度建设，就会培养什么样的股民。货币市场有一个现象就是劣币驱逐良币。假如一个市场制度让劣币横行，良币自然会退出。同理，假如一个市场鼓励博弈，投资者在这个市场里面拿不到收益，慢慢地市场也就被淘汰了。

记得在 2005 年推出股权分置改革的时候，股票市场也是跌的，最后跌到了 998 点。现在新"国九条"的推出，股民也不要寄太大希望，认为它能瞬间使市场振奋。因为它需要一个过程，一些过去可能不大合理的现象要慢慢地退出，这个退出过程，很有可能对这个市场会产生一些负面冲击。比如现在很多垃圾公司的估值还太高，如果要退市的话，肯定会对很多投资者产生冲击。所以，短期未必见得是一件令人特别振奋的事情，但是整个中长期的发展，却是一个颠覆性的过程。

胡汝银： 对新"国九条"有人有过这样的解读：不刺激，都是老调重弹，是前段时间出台措施的一个大杂烩。其实这种解读是错误的。**新**

"国九条"推出后，不仅会带来资本市场的深刻变化，紧接着就是证券法的修改，资本市场将变得更加自由，同时，它还会强化对各种不当行为的惩处。 我国以前往往是用审批来代替监管，未来，只要公司达到上市条件，就可以自由发行，但是信息披露必须完整、准确、真实，如果有任何造假，将严惩不贷。所以，新"国九条"推出后，可以预期资本市场的监管力度会变得更强，证监会、法院和检察院会成为真正的尖牙利齿的监管机构和执法机构。

视角二："沪港通"能提供什么帮助

伴随着上海与香港股票市场交易互联互通机制的建立，两地监管部门就"沪港通"发布联合公告，内地和香港的投资者可以通过证券公司买卖对方交易所一定范围内的股票，总额为人民币5500亿元的"沪港通"，按交易方向分为"沪股通"和"港股通"两部分。试点初期，"沪股通"的范围包括上交所上证180指数、上证380指数的成分股以及上交所上市的A+H股公司股票，而"港股通"的范围则包括恒生综合大型股指数、恒生综合中型股指数的成分股和A+H股公司股票。对投资人的资格要求是机构投资者以及资金账户不低于人民币50万元的个人投资者。

胡汝银： "沪港通"是一个受控制的实验，如果人民币可以自由兑换，那问题都能迎刃而解。所以，从目前来讲，"沪港通"还是中国人民币国际化的循序渐进的过程。从某种角度讲，实际是中国证监会在帮助人民银行来推动人民币的国际化，所以，它使资本项目的开放又向前进了一步，至于今后究竟如何走，可以且行且看，且行且调整。另外，**随着两个市场的一体化程度越来越高，投资者的行为也会更加接近，包括估值水平也会更加接近。**

"沪港通"的出台，部分人思考，会不会让内地投资者的投资习惯带坏国际上的投资者？这不大可能，想把内地的这套东西搬到香港去玩、去赚大钱，最后只会导致自己被彻底消灭。因为**香港市场是一个非常国际化的市场，资金流动快捷，所以把香港市场变成一个内地市场，几乎不可能。**

史　季：**"沪港通"的提出虽然针对的是股票市场，但我认为它对整个中国资本市场的开放是有益的，对所有中国资本市场的参与者都有意义。**对于扩大资本市场的开放，"沪港通"可以看作这方面的一个具体措施，它是人民币的国际化资本市场开放的另外一个窗口。另外，很多人可能关心直通车对 A 股或者港股股价的影响，我认为它的意义远远不止于此。比如，新"国九条"提到要加强跨境的监管合作，所以"沪港通"的实践对这点也会做出相应贡献。

视角三：中国股市的未来在哪里

中国股市成立二十多年，这二十多年也是中国经济高速成长的阶段。现在，股市的成长与经济增速不匹配，更遑论投资者回报。我们已经错过了最黄金的时间，如何保证接下来投资者能够更加充分地分享到股市成长、公司成长所带来的红利？此外，为什么高科技公司始终与 A 股投资者无缘？比如腾讯、京东和阿里，全在海外上市，却无法在 A 股市场占有一席之地。未来这种现象会不会改变？

不久前，上海证券交易所发布一个数据，说上海股票的平均市盈率已跌破 10，达到历史新低，突破历史新低。同时，美股又在不断地创着历史新高。投资者难免生疑，到底是自己错了，还是目前中国有实质性的金融风险？美国 QE 的退出已经基本达成共识，接下来全球资本是不是将面对一个重新布局？包括中国在内的新兴市场，会不会面临估值下调的风险？

胡汝银：我国政府前些年对 IPO 的发行管制过多，包括上市的条件，有些不尽合理。其实投资股票是投资公司的未来，有很多公司过去不赚钱不代表以后不会赚钱。实际上，国内很多网络公司上市的时候都没有盈利，而且各自的盈利模式都不一样。所以，如果我们真要鼓励中国企业的发展、鼓励中国企业的创新，那就一定要修改法律法规，修改上市条件，为这样的企业提供更多机会。

此外，不能动辄就停发新股，停发新股就相当于一家店不让新的货物进来，消费者买不到新东西。另外，**中国超过 1000 家公司在海外上市，这在全球所有国家里是独一无二的**。所以，未来一定要彻底改变这样一种局面。

我国现在的经济增长率看似很高，但实体经济实际是朝下走的，尤其是产能严重过剩的情况下。所以我们的高增长是建立在一个有水分的基础之上，形象的比喻就是，**中国实体经济一边是火焰一边是海水。火焰代表着中国经济仍有高速增长的潜质。但另外一方面，有很多过度膨胀的泡沫，依然要进行结构性的调整**。所以，随着时间推移，当这些东西逐步调整之后，我国市场的基础会更加坚实。

潘向东： 股票的价值就是上市公司给的一个价格，它应该是投资者给出来的，而不是监管部门。所以公司想上市就上市，只要注册程序中提供的所有资料都是真实的，投资者自然会给出一个定价。同时，当你业绩不好，或者欺诈股民的话，投资者也可以直接让你退市。

市场永远是对的，投资者也永远是对的。现在我们看到 A 股的整个估值到达历史新低，全球横向比较也是很低的，这也是"沪港通"更容易推出的原因之一。现在 A 股的估值跟港股差不多，整体估值都是 10.2 倍、10.6 倍，这么一个水平下，推出"沪港通"，所有投资者都会以为它是来救市的。假如在以前，A 股估值比港股高，很多人就会想到，这会对市场产生一个负面的冲击。那为什么会产生这个估值？**其实很多时候，投资者看的不仅仅是企业的当期盈利，还会对未来做出一个判断，而现在很多 A 股投资者**

对未来的态度是比较担忧的。美国在 2008 年已经经过了一个充分的市场出清，我国当时是通过一系列调整，没有出现这个问题。现在大家开始担忧了，担心未来会不会也出现市场出清，从而对整个估值就采取偏向保守的态度。

过去二十多年来，我国资本市场可被称为新兴加转轨，新"国九条"和"沪港通"的推出，使我们从新兴加转轨慢慢地过渡到一个成熟市场。在成熟市场里，A 股将由投资者定价，再也不会出现过去那种需要监管部门审批的现象。因为审批不过，所以只能到美国上市，或者，当你持续不盈利的话，即便上市，也会给你特别处理，特别处理后还要求，如果 3 年不盈利可能就要退市。其实这个退市应该是市场和上市公司自主选择的一个结果。从这个角度来看，未来这些都会发生变化。

随着美国量化宽松政策的退出，美元可能会进入一个上升时期。每一次美元上升的时候，比如 20 世纪的 80 年代和 90 年代都出现过，都会在新兴市场激起一个很大的波澜，比如之前发生的南美货币危机、债务危机、东南亚的金融危机、俄罗斯的金融危机等。美国过去在量化宽松政策下发了这么多货币，现在是一步步减缓力度，未来更值得担心的是，美国什么时候会启动加息。一旦美国启动加息，可能会带来美元的一个中长期牛市，这意味着资金可能会从新兴市场撤离。

但是，**只要我们把一些制度性问题解决好了，大家对中国这个经济体更有希望，那么美国量化宽松政策退出，资金不仅不会从我国流出，还会流入。**2013 年以来，资金正在不断地流入中国市场，从这个角度来看，我对此倒不是特别忧虑。我比较担心的是我们自身的问题，其中最担心的还是房地产问题。如果未来房地产步入一个下降时期，会不会对中国整体经济体产生影响？

史　季：我之前都在投行工作，所以当时在看一些大项目的时候，都会与美国的一些大型互联网公司做一个价值比较。但是在中国大陆内部，它的整个定价过程，可能没有一个会跟国际上的类似大公司进行同业比较，从而得出一个比较准确的价值定位。这是中国大陆股票市场一个比较突出的问题。

另外，如果美国量化宽松政策退出会使资本流向发生一个比较大的变化，那肯定会在不同程度上给新兴国家带来一些影响。但是，每个新兴国家对抗风险的能力是不一样的。**中国经济自身还有很多可以释放出来的能力，只要它的结构调整和改革举措能够做到位的话，其实还是有比较强的能力去抵御这种 FDI 下降所带来的风险。**

艾西亚：量化宽松政策退出对中国有重大影响。研究显示，美国债券收益率每上涨 40 个基点，中国需要相应上调 30 个基点以上，所以美国量化宽松政策的退出对新兴市场，包括对中国市场的资本流出是存在相关性的。最关键的问题是，美国量化宽松政策退出以后，中国资本市场会发生什么？**如果中方可以接受目前的状况，并继续坚持改革路线，我认为中国资本市场不会发生问题，即使经历短暂的波动。**

【锋汇词典】

股权分置：是指 A 股市场上的上市公司股份按能否在证券交易所上市交易，被区分为流通股和非流通股。

三高：中国经济现象，即高房价、高股价、高 CPI。

市场出清：当价格能使需求等于供给，以至于任何人都可以在那个价格上买到他所要买的东西，或者卖掉他所要卖的东西，这时，市场就是出清的。

FDI：即外商直接投资。是一国的投资者（自然人或法人）跨国境投入资本或其他生产要素，以获取或控制相应的企业经营管理权为核心，以获得利润或稀缺生产要素为目的的投资活动。

曾刚

中国社会科学院金融所
银行研究室主任

景学成

中国人民银行
研究局原副局长

郭田勇

中央财经大学中国银行业
研究中心主任

 # 关于银行高利润的争论

　　关于银行高利润的讨论由来已久。2011年底，一家大型银行的负责人曾经含蓄地表示，自己银行利润高得都不好意思公布。在负利率持续的情况下，银行的利润率居然高过了垄断专营的石油和烟草行业。此言一出当然引起轩然大波，银行也再次成为"千夫所指"。

视角一：1万亿的利润高吗

现代银行除了通过传统的吸收存款、发放贷款、以息差方式赚钱外，还通过办理中间业务收取服务费获得利润，这包括生活中常见的代发工资、代收水电费、代理保险理财，以及为政府、企业提供经济金融服务等。

银监会公布的数据显示，到2011年末，我国银行业净利润突破1万亿元，其中八成以上来自存贷利差。息差仍是当前中国银行业的主要利润来源。

在中间业务方面，一份调查显示，2003年10月1日出台的《商业银行服务价格管理暂行办法》明确银行收费项目三百多种，但是2012年的《商业银行服务价格管理办法》（征求意见稿）中列出的收费项目达到3000种，不到10年时间增加了10倍。究其原因，除了正常的业务发展外，也不能排除个别银行搭"顺风车"，收取一些不合理费用，比如贷款管理费、承担费等。

银行和实体经济一个利厚一个利薄的问题，已经到了非常严峻的程度。银行的资本利润率已经不仅大幅高于工业，而且高于石油和烟草行业，都说烟草是最暴利的，石油勘探开采也很暴利，而现在银行业比这两个行业利润还要高。

景学成：我国现在有三高：财政收入高，国有企业工业利润高，银行利润高。这种现象和当下的实体经济比较起来，确实有不合理的因素。

从绝对值来看，银行利润一年1万亿这个数值确实是高了点。但是另一方面，也不要忽略了这是一个周期性的成绩。2008年以来，为了应对金融危机，我们除了财政政策以外，还配套了银行贷款，出了将近10万亿的银行贷款，这可能也是使利润增加的一个原因。因此我觉得，这样一个数值既有不合理成分，也有合理成分。

郭田勇：一年1万亿的利润对银行的总体盈利还是偏高一点。但为什么前几年对这个暴利的质疑声比较小，到了 2012 年忽然增大了？这跟 2011 年我国银根收紧以后导致实体经济受到冲击一事有关。**实体经济受到了冲击，银行却仍然保持高盈利，这种冰火两重天式的巨大反差引起了诸多质疑。**

对于这种高利润，有的人会拿资产收益率来说事，这是没有道理的。前段时间某银行表示，银行的资产收益率非常低，现在整个银行业总资产有一百一十多万亿，形成的净利润只有 1 万亿，资产收益率连 1% 都没到，很多企业的资产收益率都比银行高。但是一个很简单的道理，银行用 1 亿元的资本金就能形成超过 10 亿元的总资产，因为它是个高杠杆行业。可是企业如果拿一亿资本金，哪个银行愿意贷款 10 亿元？所以用资产收益率来做比较，这本身是在混淆视听。

还有，如果认为银行风险待暴露，必须趁现在多赚点钱防止以后的风险，这种观点也是有待商榷的。比如两年前大家都在质疑中国房地产业暴利的时候，有人出来抗议说，房地产业有周期性，万一以后房价降了我怎么办？所以趁现在多赚点钱。或者将来烟草业说万一以后国家控烟了我怎么办？所以趁现在多赚点钱。所以，首先在一个时点上来讲，盈利高就是盈利高，不需要避讳。其次，银行业具有周期性，可是哪个行业没有周期性？还有风险待暴露这点。其实恰恰相反，正是因为银行业是个经营风险的行业，在实现盈利的时候，对于有可能发生问题的一些资产都会进行充分拨备。而现在整个银行业的拨备应该是非常充足的，也就是对未来的风险已经有了一个充分的准备，所以以后会爆发风险的可能性并不是很大。

银行的利润来源主要是息差，依我看，它的钱挣得有技术含量，但是技术含量也不是非常高。营销人员拼存款要靠喝酒，喝酒的技术含量高吗？所以对于高盈利要分两种情况来看，比如像乔布斯、马云，甚至包括姚明，他们的高盈利是有合理性的，因为有技术门槛在。但银行业这么高的盈利，其中技术门槛到底有多高？所以，**如果高盈利是由技术门槛形成的，那就应该支持；如果是由准入门槛和政策保护导致垄断，从而形成高盈利，那就应该反对。**

曾　刚：银行业有其特殊性，和一般企业的性质有点不一样。**它是负债率非常高的行业，是经营风险的行业，所以利润里应该包含对风险的一个全面综合考量。**我们要考虑到这点，才能去判断一个银行的利润到底是高还是低。从目前来看，因为我国银行业整体的不良率水平比较低，可能是历史最低，在这个情况下所反映出来的利润率水平，其实不一定就真实地反映出自身的风险成本，因为银行风险有滞后性。

我国现在的贷款不良率是 1%，日本是 2% 左右，美国是 5%，欧洲可能是 10% 或更高。我国贷款不良率从 2008 年的 17.5% 到现在的 1%，是因为 2008 年前剥离了原来的坏账，现在发生的都是新的贷款，而这些新的贷款里也可能有需要剥离的坏账。对此我们没有一个准确的评估，所以银行风险待暴露，万一发生风险怎么办？这也是在指责银行高利润时需要考虑的一点。

中国银行业近几年表现得比美国银行还好，为什么？是因为业务结构优于人家吗？不是。是管理水平优于人家吗？不是。是存贷款的利差管制优于人家吗？也不是。那是为什么？说到底还是因为，我国宏观上的风险成本真的很低。

视角二：肉也有吃光的时候

经过二百多年的发展，服务理念已经深深嵌入美国银行业。银行能够为公司客户和个人客户提供的金融服务种类繁多，这些服务带来的收入绝大多数属于非利息收入。与中国银行业相比，美国银行业非利息收入在营业收入中的占比很高。然而，在金融危机最为严重的

2008 年，除摩根大通外，其他三大银行的利息收入占比均大幅提高，这反映出在危机中三大银行非利息收入的大幅下滑，花旗银行甚至在非利息收入上"颗粒无收"，表外业务的亏损反而"侵蚀"了利息收入。

商业银行作为企业，为股东赚取收益是其经营的主要目标。然而，不顾风险地盲目追求高收益，虽然可能在经济发展较快时期收获颇丰，但一旦宏观经济运行陷入困境，高风险的项目会立即产生坏账，此前数年的积累可能在顷刻间便化为乌有。过于注重息差收益，很可能导致经济转困时银行的风险。

相比之下，摩根大通银行与富国银行保守的经营策略使它们在危机中的损失相对较少。与此同时，良好的财务状况使这两家银行有余力对其他金融机构出手援救，自身规模也得以有效扩张。

景学成： 资本主义银行业确实靠服务起家，最后在危机中倒闭，是因为它们染上了病毒。一些高杠杆产品、衍生产品的风险越来越大，大家对此都不太清楚，最后转来转去，结果风险累积越来越高，一下子就把原来的利润吃掉了，所以一些银行倒闭了或者被收购了。只有一些着重传统业务、保守业务的银行幸免于难，甚至在后期还得到了扩张。

美国银行和中国银行采取的是两个完全不同的融资模式，这取决于国家经济社会的发展现状，有一个演进过程，没得选择。我国银行现在的业务是以存贷款为主，将来我们是不是会过渡到美国那种特别发达的资本市场，然后银行变成小众市场，资本市场变成大众市场，这是我们需要探讨的。

现在银行业自己也一定感到前景不会永远那么美。实际上银行现在已经在开始在慢慢压缩息差业务比例了。在 2011 年底中国发生了一个存款脱逃现象，到 2012 年 1 月存款少了 8000 亿。这种现象在美国早已经发生过。所以，在息差业务减少之前，银行必须用金融服务、金融创新来预防这可能到来的一天。

郭田勇： 中美两国有时候经常相互羡慕，比如美国学生会羡慕中国学生的好成绩，中国学生会羡慕美国学生的创造力。银行之间也是这样的。美国银行很羡慕中国银行的高利润，但中国银行也会羡慕美国银行的业务结构。因为我国银行主要靠利差，中间业务收入非常低，而人家美国银行的中间业务收入比利息还高。

但是不要以为美国银行业这种业务结构很合理，如果它处在中国这种环境下，会比我们更不合理。我国银行业在发展过程中，即使利率市场化以后，还是要稍微保守一点。从收入角度来讲，只要为公众提供的服务产品丰富了，产品收入肯定会有所保证。美国是个储蓄率非常低的国家，消费占到百分之七八十，所以银行赖以放贷的资金来源本来就比较少。同时美国资本市场又比较发达，企业可以通过资本市场来融资，比起银行贷款更便利，更划算。在这种情况下，美国商业银行的贷款很难达到中国这种比例，所以一定要寻找别的收入，最终只能把功夫都放在了服务上。

既然有肉吃，为什么要去啃骨头？中国银行业现在能很轻松地靠息差来挣大钱，让他放弃这点转向中间业务也不现实。但是话又说回来，有肉吃的时候一定要想到，未来没肉吃怎么办？因为肉是会越吃越少的。从 2012 年银行信贷投放来看，国家现在开始控制固定资产和房地产投资，一定程度上使贷款需求减弱，这个时候银行怎么办？只能去投中小企业了。如果未来银行准入门槛下降，中小银行增多，引起银行业竞争激烈，这时候银行该怎么办？所以，**中间业务再不发展，银行是一定会被淘汰的**。现在不仅要看当前盈利，也要未雨绸缪，对当前业务结构进行调整。

曾　刚： 每个国家的银行，其业务模式和所处环境是有很大关系的，如果美国处在中国这样的环境里，也会靠息差来赚钱。中国的外部环境有几方面，一个就是监管环境，监管的不断趋紧导致很多资产要从银行里流出以逃避监管，由此刺激了金融市场的发展。

在 20 世纪 70 年代，美国利率市场化之前，它的银行也都是以大企业为主要客户。比如花旗银行，当时的企业客户收入占比非常高。后来这个市场慢慢没了，只能去研究中间业务。所以美国银行的业务结构是被逼出来的，和它的外部环境息息相关。

中国银行业未来的竞争会更激烈，一方面是银行之间的竞争，另一方面是来自其他市场的竞争。比如现在证券市场研发的高收益债，其实就是一个变相的垃圾债券，其对银行的冲击非常大。一旦这种债券做大之后，很多企业就不一定非要去找银行贷款了。因为银行本身的监管要求，使它不能去做高风险的产品，这可能会使它流失很多客户。

视角三：中间业务是乱收费吗

银行的商业模式、收入模式与整个经济的发展阶段有很大关系，从目前中国发展结构来看，银行的信贷，银行的存款业务以及银行的利差收入，还是银行最主要的业务来源。2011 年，商业银行非银行利润不到 20%，换句话说，也就是银行利润的 80% 以上来自利息差。

只要有存款、有放贷，银行想不赚钱都很难。但这样的盈利模式是否合理呢？在这样的盈利模式下，银行业市场竞争和创新动力从哪里来？当下人们对银行业暴利的质疑，再一次把商业银行金融体制改革推到前台。

随着利率市场化的渐行渐近，利差将不断缩小，银行赚高利差的好日子将一去不复返。利率市场化将引起整个行业发展模式的转变。从目前中国银行业的发展态势来看，利差收入是在逐步缩小，当前中国银行业的利差收入与非利差收入的比例是 8:2，而国际水平为 6:4，因此未来中国银行业的非利差收入占比至少还应该翻一番。

事实上，一些银行已经在积极探索转型之路，拓展中间业务，非利息收入占比呈现逐渐上升态势。数据显示，2011 年商业银行非利息收入占比高出前一年 1.8 个百分点，当然，这与国际同行相比依然还有一定的距离，未来在提高中间收入占比、改善收入结构上，中国银行业还有很长的路要走。

景学成： **银行未来的方向很清楚，就是多提供一些中间业务和多样化服务。** 所谓中间业务的创新，就是银行要提供一种有价值的服务，而不是客户来查询一下，复印一下，就要进行收费。我前不久参加了一个会议，会上有一位小银行的行长说：我完全不考虑中间业务的收费问题，但是年度盈利依然很好。说明他主要是靠息差挣钱，然后靠服务不收费来稳定客户群。这是小银行的一种策略。所以每个银行，无论是大银行还是小银行，总行还是分行，各有各的筹码，各有各的做法。

郭田勇： **我国未来可能会加大资本市场，发展直接融资，这样中小企业就可以通过资本市场直接融资了，也就逼着银行必须做出转型，拓展中间业务。** 从宏观上来看，这需要一个融资格局不断调整和优化的过程，第二当然是要进一步降低准入门槛，推动利率市场化改革。

作为银行，既要着眼现在，又要放眼未来。现在的行长每年都是有业绩考核压力的，都要去拉存款，这和自己的收入、员工的收入、自己的升职都是息息相关的，所以当下的业绩是非常重要的。如果做了五年行长后，就要考虑未来可能有个升迁，所以潜移默化地要增加人手，在中间业务上加大力度。

为什么大银行在中间业务上要进行收费？第一，它有垄断地位，可以收费，反正不怕用户走。比如有些外资银行打印账单每张纸要收一元，因为它本身有底气，也没有很希望小客户在自己银行开户，要来便来，要走便走。第二，大银行的业务成本投入很高，比如工商银行一套全国电子银行网点投入成本非常高，所以必须靠中间业务回补。而小银行跟大银行的出发点还是不一样的，存贷差当下给小银行的盈利贡献还是非常大的。

老百姓总是抱怨银行收费高，我统计过，在银行的营业收入中，个人收费连 10% 都不到，占银行总收入 5%~6% 的比例。即使把这方面的收费弃掉，银行盈利仍然是非常高的。很多小银行行就是为了发展客户，这些业务就不收费。所以，未来银行在收费这个问题上，还是应当做到既合理，又不能过度。

曾　刚：银行有大有小，大银行有大银行的应对方法，小银行也有小银行的方法。小银行从长期来看，可能中间业务的拓展空间非常有限，所以对它们来讲，还是以夯实客户基础为主，扎扎实实做好贷款风险管理，争取能够更合理地对风险进行定价，提高水平。至于大银行，应该多元化、综合化地发展，以多种方法去拓展自己的中间业务。通过这种多元化的方式，才能够真正提高大银行的中间业务收入。

相对来讲，中国银行业的收费发展还是比较晚的，缺乏一个系统规划。当增加中间业务收费时，银行就把所有考核指标都放下去，到了支行执行时能收的就全收，反正全都作为业绩考核的一个部分。可是，来自大众收费项目的收入占比是非常低的，而银行为了这么点收入必须付出非常沉重的代价，至少在声誉方面要付出很大代价。这说明银行在这方面缺乏规划，没有真正地抓住重点，**去发展企业、高端个人客户的增值服务，然后从里头获得一部分收入，这种中间业务才是大家会认可的。**而对于一些基础服务，这方面的利益是完全可以让利给客户的。

结束语：

中国银行这些年的高速发展，其实依托于中国经济的高速发展，但是如果仅仅依托整个宏观经济的高速发展，那它所面临的体制难题也会越加凸显。所以我们要让更多企业、更多民众能分享到中国经济高速发展的成果。毕竟，无论什么样的情况下，没有客户的繁荣，就没有银行的持久。

【锋汇词典】

资本利润率：又称资本收益率，是指企业净利润与平均资本的比率，用以反映企业运用资本获得收益的能力。

息差：主要是指贷款利息收入与存款利息支出之间的利息差，区别于利差的是，利差指的是利率之间的差，息差更倾向于收入与支出之间的差，量化了利差的概念。

不良贷款：不良贷款指在评估银行贷款质量时，把贷款按风险基础分为正常、关注、次级、可疑和损失五类，其中后三类合称为不良贷款。不良贷款率则是指金融机构不良贷款占总贷款余额的比重。

许善达
原国家税务
总局副局长
北京联办财经
研究院院长

王雍君
中央财经大学
财经研究院院长

潘向东
中国银河证券
首席经济学家

财税改革与消费房产谁先行

　　中央政府对全面深化财税改革问题已经做了总体部署，而对我们普通人而言，改革的最终目标都应当是惠及人民。在财税体制改革方面，如何将财权、事权调整到位？如何用好纳税人的钱，让公共支出更为合理，更多地惠及民生？成为本轮改革的最大期许。与20年前相比，我国的财税体制，又到了需要创新和完善的时刻。

视角一：十八届三中全会的亮点

《中共中央关于全面深化改革若干重大问题的决定》指出，财政是国家治理的基础和重要支柱。决定要求：改进预算管理制度；完善税收制度；调整消费税征收范围、环节、税率，把高耗能、高污染产品及部分高档消费品纳入征收范围；加快房地产税立法并适时推进改革；建立事权和支出责任相适应的制度；适度加强中央事权和支出责任；部分社会保障、跨区域重大项目建设维护等作为中央和地方共同事权；区域性公共服务作为地方事权，中央和地方按照事权划分相应承担和分担支出责任。

从公告里，我们得到一个信号：与百姓相关的问题，将会通过财税体制改革得到解决。

王雍君：十八届三中全会公报中，财税改革是大亮点。公报提到要提升国家的治理能力，要加强国家治理。同时，公报还把财税制度的改革看作是国家长治久安的一个制度保障。这就把财税制度改革提升到了一个新高度，一个非常高的高度。

老大难问题是划分属于中央或者地方政府的责任，这就是财政的事权。我们总说事权不匹配，所谓的匹配或者不匹配涉及的是一个支出责任和收入划分的问题。收入划分，一般是讲分钱的标准，就是中央拿多少，地方拿多少。

潘向东：从老百姓的角度来看，我觉得十八届三中全会有两个亮点比较超出预期。第一是稳定税赋，以前我们觉得，作为政府部门来说都是想增收，作为老百姓来说就是想减税，而稳定税赋可能就跟预期有点变化了。**第二个就是透明预算。**一旦预算开始透明化，老百姓也可以知道政府的钱用在哪里。这个时候，对税赋的重与轻，自然有相匹配的感受。这个方面老百姓是支持的。

那些老大难问题，到底是中央政府管，还是地方政府管，其实就是事权的划分。所谓事权就是要为老百姓办的事，总是跟财权相匹配，这就涉及我们的财税改革了。

百姓交了税，这税有一部分留给地方，有一部分上交给中央。但是为老百姓办事的时候，往往钱的分配和事情的责任分配不匹配。这种不匹配的现象，就导致财权和事权的问题，这也是现在讨论比较多的问题。

许善达：有两句话更值得我们去讨论，一个是提高效率，第二个就是调动中央和地方的积极性。分税制改革现在 20 年了，地方又开始依赖中央。基本上地方要花八毛五分钱，有三毛五要等着中央拨款，中央不给钱，地方就无法履行支出职责。这个依赖度太高，依赖度高就意味着积极性低、效率低。此外，我们的税收制度和财政预算的管理制度，都有很多方面需要改革。对于财政，以前强调它是维持国家运行的一个物质资源，但是有一些最新的提法跟过去有差别，实际上确实是把财政的地位提高了。

在解决老大难问题上，这里边隐含着一个非常重要的信息，就是这些问题应该由中央政府还是地方政府来管。江河治理，要让地方政府来负责，显然不合适。地方政府会说：我就管这一段，上面我管不着，下面也管不了，这样的管理事务，应该由中央政府来管。还有食品安全，地方生产的食品最终会卖到全国，甚至还会跨境，这样的事情要让地方政府来管，我觉得也不合适。所以，现在中央政府和地方政府各自管的事情，确实需要重新认识、重新划分。

视角二：分税制改革的前因后果

20 世纪 90 年代初，中央财政陷入严重危机，甚至一度不得不向"富裕"的地方政府借钱。1993 年 7 月 23 日，时任国务院副总理朱镕基首次提出分税制。为说服各省，他亲自带队"南征北战"，历时两个多月，从海口到河北，飞遍 17 个省、市、自治区。

1994 年，分税制改革正式推出，明确了各级政府的事权与财权，形成以增值税为核心的税收体系，增值税在中央与地方之间按 75:25 的比例分成。

如同一枚硬币的两面。一方面，分税制为推进国家基础建设提供了充足的资金保证；另一方面，中央把更多的事权层层下放给地方政府，"上面请客下面买单"的现象大量存在。

许善达： 1993 年以前，我们国家的收入分配是仿照苏联的方法，就是税由地方收，地方收完给中央交钱。这个体制叫作行政隶属关系，就是中央和地方分钱是按隶属关系来分的。这种体制本身有很多问题。

所以，**1994 年的分税制改革，有很重要的历史作用，解除了中国一个非常严重的危机**。要是中央政府没有钱，总等人交钱来维持运行，还怎么履行职责？重大的国防、外交，还有宏观经济管理这些措施，没有财政支持，没有财力支持，都无法运行。

分税制在 20 年的执行过程中，逐渐产生了一些问题。要说另起炉灶并不太准确，但分税制改革一定不是修修补补的小改革。比如说营业税改增值税，这将影响到所有企业的税收负担。这是个政策减赋，它的改革力度、改革范围、改革的波及面，不亚于 1994 年的分税制改革。

潘向东： 财力大决定了权力大，假如地方收入多了，中央就需要依靠地方了。其实就是谁当家的问题。

在 1993 年的时候，中央财政的金库是空的。那时候财政部的领导不好干，每个月都要催着几个交钱的省，赶紧把钱打进中央金库。我没有赶上那个时代，但是**我觉得当时分税制设立是必然的，否则的话，中央政府就要去求地方政府了**。还有一个方面，就是我国面积大，各地区发展不平衡，必须通过中央集中财力。否则的话，有些地方权力大了，比如东部地区，越来越富有了，这意味着，中西部地方可能越来越贫穷。

当然分税制发展到现在也有问题。地方政府更接近老百姓，并且支出事项都很具体，如果医疗经费短缺，又着急需要支出，可能就挪用教育方面的经费，因为教育经费有点结余。但是一年下来，钱都能归到原来的项目下，这就说明我国整个转移支付里，某一专项的效率方面或者说时间方面出问题了，其他方面不匹配。

这就带来一个问题，得去找税源，去找钱。这个时候，"土地财政"来了，地方融资平台来了，但是人们对房地产指责颇多，其中有一块就是土地出让金。政府拍卖土地越做越高，越做越大，然后财政收入多了，钱多了就好办事。

虽然分税制有这几个方面的弊端，但它的优点也是不能否定的。我们需要做的就是进一步完善。

王雍君：1994 年之前，中国面临一个问题，就是地方政府会有很高的积极性去发展那些高利税产业，比如烟、酒和高污染产业，然后分税制改革，把消费税、增值税划分中央以后，就削弱了地方政府发展这些不良产业的积极性。

所以 20 年前分税制改革的提出非常必要，非常及时。但是 20 年后，随着生产力的发展，又到了需要变革的时候。我记得看过几个漫画，其中有一幅大概意思是，一个急诊病人，他手持的汇款单是一个专项费。你说这个他怎么用？这幅漫画折射出我国专项转移支付制度的问题，就是中央跟地方的需求不匹配。

还有一幅漫画，大概是一匹马背着很多东西，但是草料却非常少。这幅漫画反映了基层政府，特别是乡镇级政府，支出责任非常沉

财经大趋势 财经热点怎么看，怎么办

重，自由收入却很少，就像一匹驮着重荷的马。所以这两幅漫画非常形象地表达了我国当前分税制体制中亟须改革的两个关键问题。

总体来说，分税制财政体制框架是好的，但需要调整。比如划分中央跟地方的支出责任，一部分事权要上收到中央，应该尽量通过公示去分配。

视角三：分税制改革的内涵

有人说，20 年前的分税制改革解决的是没钱花的问题；而今天的财税改革，解决的是花好钱的问题。

一份来自海通证券的研究报告，给出了财税改革的时间表，短期：财政支出向民生倾斜，营业税改增值税，资源税改革，增加为地方代发债券规模，控制地方债务；中期：上收社保、医疗等事权，开征环境税，一、二线城市推行房产税，消费税改革试点，推动各地编制资产负债表；长期：全面推行房产税和消费税并作为地方主体税种。

王雍君：20 年过去，现在财税改革势在必行，我觉得改革方向可以高度概括为花好纳税人的钱。1996 年后，中国进入财政的黄金时代，政府收入的增长速度，远远高于 GDP。但**我们现在面临的是另一个问题，不是当年没有钱的痛苦，而是钱多的烦恼，多得根本花不出去**。我国政府的银行账面上，每时每刻都有十五万亿的资金沉淀在那里，所以我们的问题是如何花钱。

在税制改革上，或许房产税有可能在中长期作为地方主体税种之一。房产税具有税基的不流动性，这样就允许各个地方政府，根据本地的具体情况来设计房产税的税基和税率。房产本身作为一种重要财产，它的税源还是比较广、比较深的，应该是有潜力的。

其实，我们应该意识到，所有税收都代表一种痛苦和牺牲。所以任何税收制度的改革，随着政策变化，还会进一步导致利益关系的再调整。也许这个房产税可以设计得更好一点，更人性化一点，也许可以建立专业性的评估队伍来评估房产价值。

潘向东： **现在的改革可以朝两个方向走，第一是促进社会公平，第二是经济转型**。营改增，正慢慢地由一个生产环节征税过渡到消费环节征税，这是一个大思路。当然对消费者来说没有太大变化，但是对于生产者就不一样了，它增强了生产者的国际竞争力。我国现代企业跟海外企业相比税赋相对较重，因为我国在生产环节征税了，而海外很多都是在消费环节征税。这样就相当于削弱我国企业的国际竞争力。

市场上，是看未来的趋势。过去大家对增值税的预期也不是很高，包括现在对增值税，中央都是返给地方。但是，随着这个税逐步稳定，对经济的影响就显现了，包括房产税。房产税是向个人和家庭征收，引起强烈的反对。最近听到有人说，我们这一代人其实很辛苦，开始买房的时候，政府来个土地出让金，然后房子可以卖的时候，交易环节又要征税，现在又开始征收房产税，还有网上传的，未来还要征遗产税，一个房子就要交四种税。

就房产税这么个小税种，都能引起很大的分歧。可见分税制改革有不少难点和阻力。当然，还有更大的难点和阻力，比如涉及利益集团的问题。改革，肯定会让一部分人受益，一部分人受损。受损的那部分人，自然会给改革设置障碍。

许善达： **就目前的财税改革，从税制改制角度讲，无论是学者、政府还是企业，都没有分歧的，就是营业税要改增值税**。因为税基减了大家都受益。

在零售环节的消费税，这个税基很广阔，规模很大，是唯一可用作地方税主体税种的选择。1994 年我国曾经设想，在零售环节要不要也标上"钢笔十块钱，税一块钱"。因为美国这些国家都是标的。但是我想，在 1994 年那时候，如果标上税，可能居民的接受程度会弱一点。当然，很多人都在讨论，房产税是不是能成为地方政府的主要税源。我认为是不行的。在中国的社会环境下，比如说营业税有一万多亿，如果房地产作为地方主体税种，谁能设计出一万多亿的房产税？任何人都做不到。所以我认为这个方案根本无法实施。

最早人们提出房产税试点，我持反对意见。我认为征收房产税是不符合中国国情的。关于这点，想提一个现象，现在包括北京在内的很多城市，诸如南京、深圳、武汉、杭州、湖南等，都曾经在网上传言说要开征房产税。但是不出三天，就会有当地政府或者是当地政府委托税务局出面辟谣，说他们并没有试点房产税的安排。

建立专业性的评估机构来评估房产税，这是不可行的。找谁来评估房产价值？谁承认评估？凭什么判定这个评估就公平？评估这种事是非常复杂的，因为评估就是利益。比如，你的房子我给你评一平方米 10 万，你按 10 万交钱吧。可是房主会说凭什么你给评 10 万？我认为只值 2 万。所以评估是没有什么依据的。在中国，不要说住宅，连商业房产都没法完全用评估来征税。

既然是改革，一定会触动很多人的利益，1994 年改革也不容易。当年税权上收的时候，很多地方也不愿意。可能在具体方案上有争议，但原则都必须按中央决议来执行，这是我们中国推进改革的最大力量。这次改革我认为也是这样。

结束语：

就像 1994 年分税制改革一样，现今的财税体制改革必定是困难重重、一波三折。但是，改革也是历史和人民的共同选择，十八届三中全会赋予了我们这样的历史机遇。同时，我们也要抓住现在发展的战略机遇，理顺政府和市场的关系，理顺中央与地方的关系，我们的任务已经非常紧迫。

【锋汇词典】

土地出让金：是指各级政府土地管理部门将土地使用权出让给土地使用者，按规定向受让人收取的土地出让的全部价款（指土地出让的交易总额），或土地使用期满，土地使用者需要续期而向土地管理部门缴纳的续期土地出让价款，或原通过行政划拨获得土地使用权的土地使用者，将土地使用权有偿转让、出租、抵押、作价入股和投资，按规定补交的土地出让价款。

专项转移支付：专项转移支付是指上级政府（在我国一般指中央、省、市级政府）为实现特定的宏观政策目标，以及对委托下级政府代理的一些事务进行补偿而设立的专项补助资金。

地方主题税种：指某一个或几个长期稳定地在地方财政收入中占据较大份额，构成地方税收收入的主体，同时也对地方的经济具有相当的调节作用的地方税种。

张燕生

国家发展和改革
委员会学术委员
会秘书长

王孜弘

中国社会科学院美国研究所
经济研究室主任

丁志杰

对外经济贸易大学
金融学院院长

3万亿外汇储备：
从藏汇于国到藏汇于民

　　量化宽松政策在西方国家大行其道。继美国和欧洲之后，日本2013年4月又推出了颠覆版的量化宽松政策，其规模和力度之大远远超出市场预期。而由此引发的新一轮全球货币宽松浪潮，将会直接导致中国高达3.3万亿美元的外汇储备面临贬值风险。作为全球第二大贸易国，由出口企业辛辛苦苦赚来的外汇储备，到底该怎么花？时至今日，我们才真正理解了美国前财长康纳利所说的那句话，他说："美元是我们的货币，却是你们的麻烦。"

视角一：为什么中国外汇储备那么多

外汇储备，是指一国政府持有的国际储备资产中的外汇部分，即国家货币当局持有的可兑换外国货币的资产。在中国则是指以央行人民币购买的，并统一存储、支配和管理的外汇。

我国巨额的外汇储备，源自改革开放30年来，政府倡导"出口创汇"的政策。特别是2005年汇改以来，外汇储备增长步入"快车道"。

由于我国实行强制结汇制度，因此庞大的外汇储备就需要超发人民币来结算。外汇储备越多，意味着央行向国内投放的人民币就越多。也就是说，中国每出口1美元商品，国内就要按照大约1:6.2的比例增发人民币，而这些因结汇而投放的人民币将导致国内物价上涨。

于是有人建议，将巨额的外汇储备补充到社保养老金的缺口中去；甚至还有人提出，将一部分外汇储备拿出来分给全体国民。这些来自坊间的观点，听起来很动人，但可行吗？

丁志杰： 过去中国长期是一个外汇短缺国，所以国家领导人在20世纪90年代以前，常说一句话，即外汇是国家宝贵的稀缺资源。也就是说，无论谁创汇了，最好是卖给国家。我国也有一套制度，但是**这么多年中国经济的快速发展，形成了贸易顺差，加上外国投资流入，这两部分形成外汇节余。这部分节余最后有很大一部分由政府持有，政府持有就变成了所谓的外汇储备，**所以外汇储备突破4万亿美元。

在2011年，中国的对外净债权是1.77万亿美元，这部分是属于我们的。之前外汇储备有3.3万亿美元，就是说还有约1.6万亿美元不是我们的，这涉及会计学的概念。可能这1.6万亿美元对应的，主要是外商在中国的直接投资，比如2013年外商在中国的投资已经有2万亿美元。

张燕生： 我国外汇储备开始出现净增长，实际上是邓小平同志南方谈话以后。1994 年，根据邓小平同志南方谈话，明确了市场经济方向，就是汇率并轨的外汇体制改革。我国过去 1 美元官方汇率是5.8 元，调剂价是 8.7 元，黑市价格是 9~10 元，就此并轨成一个价格。

2001 年 12 月 11 号，中国加入 WTO，这是我国外汇储备一个增长拐点。在IT革命IT泡沫破灭的时候，全球投资中国，看好中国。IT 泡沫破灭以后，美国为了走出衰退，弄了一个房地产泡沫和金融泡沫。也就是说，**我国外汇储备上升的全球背景，实际上是美国的金融和房地产泡沫带起的一个全球非理性繁荣。**

王孜弘： 外汇不仅仅指美元，只要是能在国际上进行支付的，严格来讲都可以算是外汇储备。**我国外汇储备里头究竟有多少是我们自己的，而不是别人借给我们的？** 中国外汇储备，特别是在初期，确实是老百姓用很廉价的劳动力赚来的。但在当时，出口企业本身已经支付了这些劳动力价格，并没有拖欠。也就是说，这部分积累的外汇储备并不是拖欠的钱。此外还有一部分是外资，这部分就不是老百姓的血汗钱了。把这些外汇储备平均分给老百姓行不行？我觉得不行。因为这实际上和央行发钞并无区别，效果也不会很好。这是重复发货币，会导致货币贬值和物价上涨，最后分的那些也不过成为一堆废纸。所以这种想法肯定是行不通的。

视角二：中国外汇储备有什么问题

美国财政部数据显示，截至 2013 年 1 月末，中国持有美债余额 1.26 万亿美元。

之前，在美国密集推出量化宽松政策，美元贬值预期继续增加的背景下，中国政府为何还要持续增持美债？市场普遍观点是，相比欧元、日元及其他资产，美债更具安全性和流动性，符合外汇储备的投资原则。

也有观点认为，是市场避险情绪和美元升值的走势，导致中国政府继续选择美债。

　　除美债外，中国近年也开始投资日本、欧洲各国等其他国家的国债，扩大投资渠道。但安倍晋三接任日本首相后，步美欧后尘启动机器"印钞票"。作为日本最大的贸易伙伴，日元的"狂贬"首先冲击的是中国的出口，中国外汇储备面临着新的挑战。

王孜弘： 我国外汇储备的问题，举个例子。比如一个人很勤劳，很爱储蓄，一旦有钱就存到银行。如果银行存款是 40 万，还算合理，但如果达到 2000 万，这种收益是不高的。何况，我国外汇有部分是负债，是借来的，如果把它们存到银行，那收取的利息还没有付出的成本高，这样的资产收益是很低的。但是，这个问题有可能在我国经济的进一步发展中化解掉。简单举一个例子，比如我 2005 年挣的美元，现在按照汇率换成人民币在北京买房，显然是有损失的。但是如果 2005 年挣的美元现在在美国买房，那情况就不一样了，很可能没有损失。所以，一定要把眼光转到贸易之外。

　　现在有些国家的经验表明，积累较多的外汇储备，有利于本国汇率的稳定，防止国际资本的冲击。但也有人认为我国外汇储备可能会导致任人宰割的局面。其实，所谓的任人宰割，指的还是外币贬值，特别是美元贬值。比如国债，必须同时考虑到流动性、安全性和收益性。美国国债的安全性问题不大，美国金融产品，特别是美元资产的变现性很强，所以流动性问题也不大。但收益性就不太好了，不过相对来讲，收益性的可预见性算是比较强的。在这种情况下，作为储蓄性质的外汇资产，美国国债应该说是问题不大，可以选择。那么，**如何去操作非储蓄性质的外汇，这个恐怕就是我国现在遇到的一个难题了。**

丁志杰： 为什么过去要把钱存到银行，因为大家认为银行安全。为什么我国外汇储备用以投资各种国债，因为大家认为国家信用高，债券风险低。但事实上，比如**希腊国债的减记，塞浦路斯的情况，都让我们发觉，情况和我们想象的不一样，我们的资产正面临着严重的潜在风险。**

从过去四五年的时间来看，中国持有美国国债的规模依然比较大。但是美国国债在整个中国外汇储备中的占比是下降的，也就是说，我们也在力图减少持有美国国债的比例。第二，最近中国持有美国国债连续四个月增多，从目前的国际外汇市场和国际金融市场的状况来看，这是合理的。因为最近一段时间，美元总体走强，比起跟进量化宽松的日元和处于危机之中的欧元，美国国债还是较好的。所以，现在情况是，如果世界上任何一个地方都可能出现问题，大家认为最能避险的还是美元和美元资产。

张燕生：**现在我国外汇储备面临着的问题，我觉得最主要的是储备性质的钱太多了。**也就是说，我国对外金融资产中，有很大一部分是出于安全性考虑，不是真正能够带来收益的。所以我国买了很多美国国债，也买了日本国债，就是为了保证安全。所谓的储备，其实就是压箱底的钱，也就是我并不想用它来赚钱，只是为了一个保障。

视角三："藏汇于民"的实现路径

国外，美元资产缩水；国内，通胀压力增加，中国到了应该调整外汇储备结构的时候了。

长期以来，中国的外汇储备过于注重流动性和安全性，忽略了投资的长期价值。而"藏汇于民"则是众多学者和央行大力倡导的外汇储备管理改革的方向。"所谓'藏汇于民'，并不是老百姓把外汇藏到自己手里，而是有自行决定运用外汇，包括投资外汇等机会"。

事实上，从"藏汇于民"这个口号出现至今过去了七八年，这期间真实的现象却是"藏金于民"。究其原因，说到底，在"藏汇"问题上，最终取决于大众对汇率的预期。

丁志杰： **藏汇于民的本意是指，让民间在海外持有资产，而绝对不是说让民间在国内持有外汇。**要实现藏汇于民，首先在法律上要放松外汇管制，也就是推进人民币的可兑换程度。第二，国家要通过什么样的机构、什么样的方式到海外去持有资产，从国际通行经验看，金融机构在其中起到很重要的作用。

我们都很熟悉日本的"渡边太太"，也就是所谓炒汇太太，这个群体的出现主要是基于日本长期经济的衰退。日元利率一直很低，所以日本的家庭主妇把日元换成外汇，然后去持有利率收益比较高的国外资产，这就是所谓的套利交易。但是目前中国的套利收益率高，所以不大可能出现这样一个群体。而且，炒汇风险大，比一般的股票还大。虽然看似波动没有股票大，但是它和股票不太一样，是一个附属博弈，也就是大家炒，你赚的是我赔的，我赔的比你赚的还要多，总而言之，就是总体赔的一个市场，所以这条路不太可取。

接下来的外汇体制改革如何进行？举个例子，我国有一条铁路叫大秦铁路，从大同到秦皇岛的运煤专线，主要是出口焦煤到日本。这就是为了创汇。20世纪八九十年代有很多人对此想不通，觉得煤是我国工业的血液，出口日本无异于卖血。我认为这在当时是正确的。但是现在，我国发展起来以后，外汇储备已经积累到这样的程度，可能更需要从海外进口这些资源，这会使得我们在海外资源的获取能力有所提升。

张燕生： 我们讲藏汇于民，也会包括一些国有企业，一些非银行、政府等其他机构，他们也会产生对外汇的需求。所以，藏汇于民的概念实际上是一个外汇管制。也就是说，过去我国强制结售汇，所有外汇资源都卖给央行，而现在，外汇持有的途径、方式会更加多元。

日本所谓的"渡边太太"也好，炒汇太太也好，实际上是"日本病"的一部分。中国要想得"日本病"，可以大量地培养炒汇太太。这倒不是好事坏事的问题，只是，这样一个群体的出现不是主体经济或者实体经济所产生的外汇需求，而是种套利需求。如果炒的是货币期货、货币期权等衍生品，这些衍生品跟股市最大的不同就在于损益每天结算，输赢非常快。所以**炒汇比股票的风险大得多，损益快得多，也就更有可能赔钱。所以炒汇这条路不鼓励。**

我国外汇体制改革，我提出一点：有没有可能把流量变成存量？也就是说，这个外汇的收支最后变成一些资源的战略性储备。毕竟顶层设计就是需要一个系统性的考虑，考虑我国战略的调整，体制的调整和结构的调整。

王孜弘：我国目前还是一个新兴国家，在金融市场领域经验确实太少了。我们没有办法创造一个很有影响力的金融衍生品。在计算 GDP 的时候，进口是负的，出口是正的，但是，从贸易上来讲，我国贸易盈余是吃亏的。也就是说，**我们拿出去产品，却没有得到产品。这个矛盾要协调，恐怕需要有个战略性的转变。**

结束语：

外汇储备过多，多到没处花，说到底还是体制的一个制约。现在亟须一轮新的改革，在这方面调整储备结构。将大量的外汇储备直接分给大家显然不现实，但是，从原来的藏汇于国到藏汇于民的转变却是非常必要。将来让走出去的主体从国家过渡到民间，也许这才是我国改革的一条必经之路。

【锋汇词典】

出口创汇：是指出售给外贸部门或直接出售给外商产品或商品从而获得外汇收入的行为。

渡边太太：即拆入低息日元投资境外高收益品种及外汇投资的日本家庭主妇们。她们参与投机性极强的外汇保证金交易，便会拆入低息日元，投资高收益率境外债券或外汇存款，套取利差收益。由于"渡边"是日本常见姓，所以其被称为"渡边太太"。

谭雅玲

中国外汇投资
研究院院长

刘军红

中国现代国际关系
研究院
全球化研究中心主任

章政

北京大学经济
学院副院长

白益民

中国社会科学院日本
研究院理事

汇率战：不见硝烟的战争

　　在美国纽约最繁华的曼哈顿地区，有一处非常著名的建筑群——洛克菲勒中心。20世纪30年代，洛克菲勒家族投资1.2亿美元，动用5万名工人、耗费10年时间，建成了这个由19栋楼宇组成的商业集群。在一些人眼中，洛克菲勒中心是美国的财富象征，然而，二十多年前，曾经有一家日本企业，一度成为它的主人。

视角一：汇率影响了什么

1989年，日本三菱地产公司以13.7亿美元买下了美国纽约曼哈顿的地标建筑——洛克菲勒中心；同年6月，日本索尼公司以34亿美元的价格，收购了美国娱乐业巨头——哥伦比亚影业公司。当年，日元资本的全球疯狂扩张，引发了美国公众的焦虑，甚至有美国人担心："说不定什么时候，日本人会买走我们的自由女神像。"

这绝非危言耸听。事实上，20世纪80年代，美国经济发展缓慢，财政赤字、通胀严重；与之相反，日本则步入了令人目眩的鼎盛时期。1985年，日本成为美国第一大债权国，此后，日元资产在全球的规模达到顶峰，而这疯狂的举动，势必威胁"强大的美国"利益，美国不能再容忍下去。1985年9月22日，美国与日本、联邦德国、法国、英国，在纽约广场饭店达成货币协议，五国政府联合干预外汇市场，引导美元对主要货币的汇率有秩序地贬值，以解决美国巨额贸易赤字的问题，这就是"广场协议"。

表面看，"广场协议"是为了解决美国美元定值过高的问题，实质上则是打压了美国的最大债权国——日本。二十多年来，不少业内学者认为，日本经济步入十多年低迷期的罪魁祸首是"广场协议"。但也有观点认为，日元大幅升值促进了日本的产业结构调整，从长期看，有利于日本经济的持续发展。

谭雅玲： 汇率本来就是两国之间的一个工具，是等价交换的一个价格水准或者价格筹码，是一个非常微观的技术点，但是辐射的广度和深度对整个国家的利益和国家经济，甚至对国家在世界的主导力会有很大影响。

汇率现在是一个非常热的焦点话题，但是**讨论汇率本身，不能脱离国家的基本定位，这是一个前提**。还有一个非常关键的问题，所有价格都用美元来定，人民币升值、贬值都是被美元主线所控制。包括日元，虽然是自由货币、主导货币，但是依然脱离不了美元的影响。美元价格会影响全世界的货币，从而影响价格。从这个角度来看，中国的财富越来越多，但是石油的价格也越来越高，黄金价格也越来越高。所以国家市场基本定位和货币制度的基本定位，是非常重要的一个前提。

我始终在思考一个问题，汇率应该是双边和多变的，但是美国人在考虑汇率时，始终以自我为中心，只要对自身经济有好处，想贬值就贬值，想升值就升值。而其余国家则认为，汇率是双边的，一定要以外部为主：外部的形象怎么样、外部的竞争力怎么样。我认为这就是一个思路上的差异。

章　政：生活实际上是对产品的需求，如果海外进口的产品本国也有生产，两个相同产品，产生了不同价格，自然就导致生活成本不一样。**所以汇率最终影响的不只是经济，还是老百姓的生活。**

其实要想解释汇率和价格的关系，有一个非常简单的例子，比如一支笔，在中国生产需要 6 元。假设汇率是 6 元人民币兑 1 美元，美国人要用 1 美元来买。但是如果美国跟中国协商，把人民币升值一倍，等于 3:1。如此，在中国生产这支笔仍然是 6 元人民币，但美国人却需要用 2 美元来买，这样一来，笔在美国就卖不动了。

白益民：我之前在日本时，并没感觉汇率变动对百姓的影响很大，其实**人们对于汇率变动最关心的是两个问题：一个是会不会使中等收入人群受益；另一个是会不会使低收入人群失业。**汇率变动带给不同阶层的感受是不一样的，有的可能认为是好事，有的就可能认为是坏事。

刘军红：**汇率应该是一个国家宏观经济各种指标的综合聚焦折射**，比如利率、物价、国内生产总值增长率、失业率和国际收支增长率等等，这些指标聚焦起来反映出来的应该是汇率。

视角二：日本，失去的 10 年

"广场协议"生效后，仅 3 个月日元就升值 20%，日元大幅走强，严重影响了以出口为主导的日本产业。

为了舒缓经济，日本政府以增加货币供应、调低利率等宽松的货币政策来维持国内经济的景气。从 1986 年起，日本的基准利率大幅下降，这直接导致大量资金进入股市和房地产等行业。1985 年以后，日本股价以每年 30% 的速度疯涨，地价以每年 15% 的速度疯涨，泡沫经济在日本迅速形成。

1989 年，日本戳破泡沫经济，股价和地价在短期内狂跌 50%。日本经济从此进入衰退期。日本经济的 20 世纪最后的 10 年被称为"失去的 10 年"。

谭雅玲： "广场协议"是日本经济衰退的导火索，但不是全部原因。因为**日本经济的关联因素、背景，包括自身特色是很复杂的，汇率变动只不过起到了导火索的作用。**

其实，经济衰退是从 GDP 的指标上来衡量的。从老百姓的角度，他们可能没有太多感受。但是实际上，伴随着这种经济衰退，给日本金融带来一个很大的负面影响。这样一种结果，极大削弱了日本的国家地位、国家形象和国家市场的影响力，这个可能跟整个货币之间的竞争是有很大关联的。

1985 年左右，日元一度高涨，这种升值只是一个表象，其中很重要的原因是什么？日本人曾经说过一句话，当年的日元升值是因为日本人很在乎升值，觉得这样显得很厉害，结果导致日本自身对汇率失去了控制力和判断力。这是我们应该从当年的日元升值里吸取到的一个教训。所以对日本的研究，最重要的还是要用以指导我国今天的发展，约束我国今天的行为。**中国当前很多状况跟当年的日本极其相似，这需要引起我们警惕。**当下人民币一再升值，但是日本人一再告诫我们，巴西人也告诫我们，印度人也告诫我们，一国货币的升值是不可持续的。这是基本规律，如果违背，一定会有很大风险。

刘军红： **"广场协议"加剧了日本政策当局的日元恐高症，因此导致日本货币当局不得不尽一切努力抑制日元上涨。**

章　政： 我认为"广场协议"好的方面肯定要大于坏的方面，虽然短期来说会痛，长期来说是好事。对于"广场协议"日本人是有准备的，只是最后结果让他们措手不及。当时签协议代表是乔本龙太郎，当时的日本大藏大臣。乔本龙太郎签完协议回来后，身为经济学家，也是当时首相的宫泽喜一大骂他是公子哥，认为"广场协议"签署后，日本产品价格将翻番，难以售卖，等于把日本的产业利益全部丢光。

在 1985 年前后，是日本出口的鼎盛期。**日本本国市场很小，只有依靠出口，当时最大的市场就是美国，所以，"广场协议"一签，日本产品肯定卖不出去**。发展经济唯一的方法就是进行国内结构调整。结构调整里最狠的一招就是产业结构调整，但当时采取的方法很愚蠢，就是增加货币投放。这是一个没有办法的办法，因为对外升值，对内只有贬值才能维系国内的生产体系，而让货币贬值只有一个办法——增加货币投放。

增加货币投放使得日本曾经有一个极其富有的阶段，在国外表现为收购资产、收购产业、收购企业，在国内表现为股价、房价上升。当时有人测算过，到 1990 年前后，光东京土地资产的增值部分，就能买下一个美利坚合众国。但后来日本人也发现，如果经济再这么高涨下去，总有一天泡沫会破灭。所以，到了 1990 年前后，日本踩了刹车，减少资金投放和货币供给。这样一来，很多刚开业的项目，资金一下子贷不出来，泡沫也就随之破灭了。

白益民： 其实我根本就不认为日本经济有衰退。大家认为日本衰退是基于

GDP 的数字。其实，日本在"广场协议"之后大量到海外购置资产，扩张产业，包括把"亚洲四小龙"扶植起来，在这个过程中，产生了大量海外的产值收入，而这些是没有计算在 GDP 里的。如果以 GNP 来说，在过去几十年里，日本经济实际上是一直在上升的，并且增速很快。

"广场协议"实际上是日本和美国以及一些大国之间的一个博弈结果。这个协议最终之所以能签成，一定是基于每个国家都算好自己能从中获得什么利益，所以愿意做出一些妥协。洛克菲勒事件只是我们看到的一个结果，实际上，日本在这期间收购的大量资产，现在都是升值的。我 1993 年进入日本商社，而"广场协议"在 1985 年签订，如果说"广场协议"签订后是日本失去的 10 年，那我当时在日本商社里就没工作了。所以**我认为"广场协议"是一个多赢协议**，同时它也给了美国一个喘息机会。

视角三：中美汇率战"剑拔弩张"

2005 年，美国人舒默提出法案，要求财政部识别"汇率根本失当国"，禁止政府采购其商品，限制私人融资项目。当时正值中期选举年的美国国会终于开始对人民币汇率问题"痛下杀手"。"舒默法案"最终立法失败，但 2005 年 -2008 年，人民币对美元升值超过 20%。

2010 年 3 月，130 名美国众议院两党议员，联名致信美国财政部长盖特纳，信中将美国制造业工人失业和美国对中国庞大的贸易逆差，归咎于人民币估值过低。

美国议员"联名上书"的情况并不少见，但此次上书，集合了三分之一的众议员，在奥巴马上台以来还是头一回。次日，升级版"舒默议案"公布，再度就人民币汇率问题向中国施压。

2012 美国大选在即，美国政坛再次拿人民币说事儿，在初选的艾奥瓦州，共和党总统参选人纷纷炮轰中国人民币汇率等问题，为自己的演讲"加料"；候选人之一的前马萨诸塞州州长罗姆尼更是直言不讳，向选民允诺："如果入主白宫，将把中国列为货币操纵国，对中国商品征收惩罚性关税。"

谭雅玲：美国为什么总拿中国汇率来说事儿？第一，它有经验；第二，它有自己明确的目的。美国要求人民币升值一事，完全超出国际基本原则和对等关系。它自己也很明白，所以吆喝 6 年，最终也没有把人民币升值这个话题列为所谓汇率操纵国的定义。所以美国对人民币的汇率是有吆喝无买卖。吆喝是了解了我国的心理状态，顺应了美国的政治需要；无买卖是因为，如果美国做了这样的事情，自己也会受伤。

美国当年让日元升值，是因为日本有核心的技术竞争力和产业竞争力。而现在让人民币升值，是因为中国有数量和速度的竞争优势，这对美国的挑战是很大的。如果人民币升值，这个优势将会被压下。以前美国市场遍布中国产品，现在则多了越南、印度、墨西哥和巴西的产品，中国产品不再是唯一优势。所以我觉得美国是有针对性地打击。从美国的角度来说，这不是政治党派所为，而是美国的国家战略所为。国家战略已经设计了在什么时间阶段，对国际关系采取什么样的策略。

就现在而言，我坚决反对人民币升值，因为现在人民币升值的预期都是外资银行推出来的。我国 2011 年年初人民币从 3% 升值到 5%，是外资银行所为。同年 6 月从 5% 升值到 7%，也是外资银行所为。所以人民币升值实际上是被国际市场和中国境内的外资机构操纵的。人民币中间价水平的形成，是做市商决定汇率的中间价水平，而现在我国做市商中，有三分之一是外资银行，三分之一是大型国有企业，三分之一是中小企业，最后这三分之一的构成又以外资为主。而外资的参数从哪儿来？远期的海外 NDF 主要是新加坡。人民币的中间价是谁决定的？是市场决定的，市场决定的主要主导又是谁？外国人操纵这人民币的价格我们能接受吗？

章　政：美国社会基本面有两个非常重要的东西，一是美国政治，二是美国经济的核心。我前一段时间专门请教了一些美国问题专家，关于美国经济的核心问题。他们说是金融问题，而金融问题恰恰又和华尔街问题联系在一起。**在现在这个政治结构下，美国想拿华尔街来说事儿怎么办？只能用一个金融方面最好的工具来说事儿，也就是汇率，而最适合的外币汇率又是人民币汇率。**当然，汇率在这里仅仅是一个说事儿的工具而已，但这个工具能说到什么程度？我认为，美国有这种心理，但没有更大的或者说更准确的预期。

人们担心会不会说事儿说到最后，中国和美国签了一个类似"广场协议"的协议。这个问题可能还是取决于政治压力、经济压力，甚至国际环境的一些变化。也就是说，取决于我国是不是愿意坐下来和美国签这么一个协议。至少现在不会发生这样的事。

如果说要求人民币升值是美国设置的一个战略，一种以美国为中心的汇率导向，那么这个导向最后应该趋向于均衡。这个均衡可能连美国人自己都没有想到。这会是一个好的导向，有利于形成新的国际货币格局。最后，可能不光是美国说了算，中国也要说了算。

白益民：**美国老拿人民币升值来说事儿，其实醉翁之意不在酒，它并不是真的希望人民币升值或贬值，主要是想让人民币国际化，按照它的模式国际化，按照它的布局国际化，一旦人民币国际化后，美元就能套住人民币了。**这样一来，美国的对冲基金都能活动起来。美国玩的就是这些对冲基金，而不是产业，这跟当时操纵泰国和南美是一样的。

视角四：中国的"汇改"之路

全球化道路上，人民币一直探寻"汇改"思路。2005 年 7 月 21 日，人民币汇率不再盯住单一美元，实行以市场供求为基础、参考一揽子货币进行调节、有管理的浮动汇率制度改革。

2010 年 6 月 19 日，央行决定进一步推进人民币汇率形成机制改革，增强人民币汇率弹性。"汇改"以来，人民币对美元升值幅度已超过30%。

2010 年 10 月 6 日，时任国务院总理温家宝在布鲁塞尔出席第六届中欧工商峰会时表示：人民币升值过快，将给世界带来灾难，呼吁不要参与压迫人民币升值。

2012 年 1 月，央行行长周小川在接受媒体采访时表示，未来汇率浮动区间会扩大，实现双向浮动状态是改革追求的目标，但距离理想状态，尚需时日，尤其是关乎外部环境因素。

谭雅玲：我不认为现在是"汇改"的一个很好契机。回顾一下我国"汇改"，在某种程度上并不是很成功。7 年以前，我国宣布的是放弃单一盯住美元，参考一揽子货币，但是直至今日，我国有参考一揽子货币的模式、框架和配置吗？没有。我国 90% 是跟美元挂钩，人民币的国际结算是以美元定价，依然没有摆脱单一盯住美元的方式。所以，口号和框架是对的，但是缺少内容和基础的配置。因为外部市场很混乱，很有主见，影响了改革配置和进程。

什么叫参考一揽子货币？贸易、投资、外储、外债，这四个指标决定参考一揽子货币，而贸易是第一位的，只有贸易配置到位，才能进行"汇改"。

汇率本身就是波动的，为什么国际舆论都要去预测人民币汇率今年升多少、明年升多少？这种潮流和预期是不对的。首先，它在诱导我国市场。心理是主导价格趋势的重要因素，大家都认为人民币升值意味着中国强大。可是，美国不强大吗？美元却依然要贬值。所以我不认可对人民币持续升值的预测。人民币应该双向波动，有升有贬，这对中国经济有利，对世界经济也有利。

刘军红： 要谈"汇改"，首先应该先完善市场。完善市场，也就是允许广泛参与。企业能不能参与？有没有外汇自主权？能不能放权？能不能松绑？能不能分散风险？一句话，就是相信群众，依靠群众。

关于人民币汇率升与贬的问题，需要考虑中国的贸易结构。不考虑中国贸易结构，简单地谈升贬都是不负责任的。中国贸易结构是外资主导的出口，占了 40% 到 50%。另一个外资主导中的加工贸易，外资主导的比例占 80% 左右，也就是说加工贸易这一块是主要的。这意味着，本土企业的出口产品以及本土企业在国际市场上的竞争力，会因为人民币升值而消失。

章　政： **我国目前的"汇改"，应该跟目前的经济体制改革，包括金融体制、产业体制改革一起考虑。**因为汇率改革，最后将影响经济改革，影响产业升级，所以应该综合考虑。我国应该有一个基本战略：人民币要升到什么程度，未来什么时候让它贬。

白益民： **汇率的升降还是要以产业为基础。**日本经济之所以上升，因为有产业为根基。美元之所以下跌，因为很多产业被掏空了。所以在没有产业基础的情况下，货币就不可能是强势货币。对于中国的产业升级，有人认为必须人民币先升值以后，才能推动产业升级。也有人认为要等到产业升级了以后，人民币再升值。我认为两种观点都有合理的地方。所以我们既要主动改变，也要防范风险，要有被动的、倒逼式的改变。

结束语：

从 1989 年到 1995 年，日元兑美元升值了一倍，导致洛克菲勒中心这样的美元资产变得越来越不值钱，到了 1996 年，三菱地产终于扛不住，把洛克菲勒中心又卖回给了洛克菲勒集团。这是一个发生在十几年前日本和美国之间的故事，但是今天讲起来似乎并不遥远，它带来的经验依然有参考价值。

其实，"汇改"无论怎么改，我国始终得考虑自身的外贸结构、经济结构、产业结构等，不能被别人忽悠。别人一忽悠，我们难免会发热，做出一些过热举动。

【锋汇词典】

汇率战： 指让你自愿地把一种货币保管的财富，转移到另一种货币去，以此兵不血刃、合理合法地剥夺一个国家的财富。

GNP： 是最重要的宏观经济指标，指一个国家（地区）所有常驻机构单位在一定时期内（年或季）收入初次分配的最终成果。

做市商： 指在证券市场上，由具备一定实力和信誉的独立证券经营法人作为特许交易商，不断向公众投资者报出某些特定证券的买卖价格（即双向报价），并在该价位上接受公众投资者的买卖要求，以其自有资金和证券与投资者进行证券交易。

刘军红

中国现代国际关系研究院
全球化研究中心主任

曹远征

中国银行
首席经济学家

项松作

中国农业银行
首席经济学家

货币战来袭

　　之前因为采取日元大幅贬值策略饱受诟病的日本，在 2013 年 G20 财长和央行行长会议上遭到了谴责，让市场略感失望。就在全球金融危机出现结束迹象的时候，日本却突然加入了货币贬值的行列，使得全球货币战争的硝烟愈发浓烈，新一轮货币战似乎是一触即发。

视角一：为什么日本要宽松货币政策

2013 年 2 月 16 日，二十国集团财长和央行行长会议闭幕。会议回避了对具体国家货币政策的批评，只是象征性地表示应让市场决定汇率体制，抵制竞争性贬值。对此，新华社发表评论：如果没有坚决的行动，G20 财神爷们的联合表态，恐怕转眼就会"贬值"为一句空话。

2012 年下半年，日本在"安倍经济学"政策的影响下，加入货币贬值国家阵营。2012 年 9 月至今，日元兑美元等多国货币贬值接近 20%，日本金融市场重拾升势，就在 G20 财长和央行行长会议的声明发表后，日经指数大涨，并创近两年新高，东京外汇市场美元兑日元汇率再度升破 1:94 关口。日本首相安倍晋三表示，日本央行已承诺维持超宽松货币政策，直至实现 2% 的通货膨胀目标。

面对欧美接连推出的量化宽松政策，特别是日本央行的"无限期"宽松货币政策，各国不免担忧，认为这会使各国竞相通过本币贬值、资本管制等抵御汇率冲击，从而引发货币战。

那么，日本发动的新一轮"货币战"，是否真的能够刺激本国经济？ G20 财长会议对日本汇率政策网开一面的背后，又有哪些不为人知的秘密？

曹远征：宽松货币政策的竞争结果，可能会防止更大的衰退，但并没有有效提高经济增长，这就是这次 G20 会议上对日本表示宽容很重要的一个依据，也就是日本经济正在陷入衰退，很可能有更大的衰退，所以一定需要有宽松的货币政策。欧洲宣布，只要欧元不稳定，他们的货币政策就得宽松下去。于是演化成宽松货币竞争。人们担心宽松货币政策会导致货币战争。其实货币战争在传统上的意义就是竞相贬值，然后到处嫁祸于别人。从目前情况来看，并没有出现这种局面。

日本现在再紧缩货币，很可能就垮掉了，于是继续增加流动性、供应货币，至少使局面还可以维持。但是能不能好转，这就变成了 G20 峰会很重要一个挑战。经过了这么几轮货币宽松政策，日本经济并没有出现强劲、可持续的好转，反而有再衰退的风险。所以，G20 峰会说，日本要振兴经济也只能这样了，没有更好的办法，这是唯一的办法了。

日本从 20 世纪 90 年代开始，银行开始出现坏账，大量靠财政来购买坏账，所以财政负债的比例非常高，是全球债务最高的国家。到了 2010 年，日本突然发现全世界都在警惕它了，因为欧债危机出现了。欧债当时的负债比例只有 89%，就出现了债务问题，而且美国也开始出现债务上限提高的问题，所以日本人开始警惕，觉得债务不能再有这么大幅度的上升了。

如果债务不能上升，财政刺激政策不能继续广泛执行的话，那么唯一替代办法就是货币宽松政策，这是 2010 年后日本货币供应量上升的重要原因。

项松作：我并不认为现在有所谓的货币战争，因为战争就是大家铆足了劲互相较量。汇率贬值根本就不能定义成货币战争。至今已经有三四十年全球主要货币之间都是浮动汇率，可以说全球从宏观政策角度来讲是黔驴技穷。这些国家的财政赤字那么高，日本的财政赤字和 GDP 的比例已经达到 250:1 了。欧洲的债务问题也非常严重，债务危机仍然没有完全解决。美国的财政赤字更是一塌糊涂。**现在的政治家要刺激经济，没有别的方法，只能选择量化宽松的货币政策**。所以日本首相安倍上台以后，当时我就觉得他除了宽松货币外，不会有别的办法。所以我们不能把这定义为货币战争，因为根本不存在"打"的问题。

要理解日元贬值这个现象，要先看现在世界上出现的三个问题：第一个问题，央行采取宽松货币政策，汇率不一定贬值；采取紧缩货币政策，汇率不一定升值。汇率的贬值和升值，央行其实决定不了，这是第一个很麻烦的问题。

第二个问题，日本从 20 世纪 90 年代起一直是量化宽松的货币政策。所以我经常认为量化宽松的始作俑者是日本，而不是美国。但是日本并没有出现通胀，反而一直紧缩。为什么安倍要把通货膨胀率定为 2% 这么高呢？我本人提出过一些解释，也有很多人提出另一些解释。这个问题是非常有意思的，传统的货币数量论现在其实已经失效，那为什么它流不到实体经济去，产生不了这么严重的通货膨胀？这个问题是需要解释的。

第三个问题更有意思，汇率的升值和贬值，与国家经济好坏也没有太大关系，比如 1999 年欧元诞生，到 2008 年，欧元的汇率从 1 欧元兑 0.8 美元忽然涨到 1 欧元兑 1.6 美元以上了，可是欧洲的经济好了吗？

回头再看日本的宽松政策，实行这么多年了并不管用，所以这次日本央行再宽松。日本的经济体系是非常好玩的一个经济体系，老百姓包括很多企业有大量储蓄，这些储蓄就去买日本国债。然后日本发的国债又反过来用于社保、退休金上，等于又回到老百姓手上，老百姓又拿去买国债，这就形成一个自我循环，这个循环并没有进入到实体经济里面去，这是非常有意思的。

所以美国人担心，美国会不会也患上"日本病"？因为美国进行了四轮量化宽松，但钱跑到哪里去了呢？流到银行体系去了。钱都在银行体系自我循环，根本就没有到实体经济里面去。这个问题目前谁也解决不了。

再看我国，其实也有类似的问题，当然情况比这几个国家好一点。海外有一些指责中国的说法，认为中国货币供应量在全世界占到 15% 或者更高，各种数字无疑都在责备中国是世界上量化宽松最严重的国家，其实这是胡说八道。我国 2009 年以后 M2 的增长速度很快，所有我不同意这些说法。首先，人民币本身就不是国际货币，流不出去；其次，不要以为货币供应量增加了就必然导致经济通胀，毕竟它流不到实体经济里面去。

我觉得，对这个问题大家要从一个新的角度去理解。特别是2008年金融危机以后，世界经济结构出现了许多新的变化，应该从这个新的角度去理解。同时，**美日的经济问题，靠财政赤字、靠货币政策来解决，是解决不了的。**

刘军红：G20 的共同声明，想表述的基本意思是：第一，世界经济的增长是比较慢的；第二，积极的金融政策对世界经济的恢复是有好处的，所以应该采取积极的金融政策，其主要目标是改善国内经济。

现在回过头去看，包括日本人在内，为什么这么担心自己的政策被别人指责。在这之前，包括德国、俄罗斯、韩国和巴西，都在指责日本的政策不对。这实际上是一个以邻为壑的货币竞争政策，不一定是货币战争。但它为什么是这样？我觉得需要考虑几点：

第一点，这次日本众议院竞选，自民党把一个本来属于央行政策的问题拿出来作为政选的焦点，也就是讨论要不要采取金融宽松政策，要不要推出通胀目标值的政策，这点在西方民主制度中是非常罕见的。另外一点，修正日元升值状态，实现日元贬值，本身就是追求通胀的政策。

日本央行从2001年开始执行量化宽松加上零利率的政策，到2006年初的时候开始下调货币的供应量，到2007年初的时候基本调到了底部。到底部的时候发现一个问题，就是美国的次贷危机事实上已经发生了。接下来的问题就是，在欧债危机同时发生的过程中，日本央行的基础货币供应量没有明显的增长，在2011年之后反而开始有明显增长。也就是说，日本的基础货币供应在危机之前是减量，在危机过程中不增量，在危机差不多结束时突然增量。这个增量对市场资金的总量应该影响很大，很有可能成为压垮骆驼的最后一根稻草。

视角二：日元贬值的全球性影响

日元贬值以来，日本企业自有资本增长 13 万亿日元，日元直接获益约 3500 亿。随着日元贬值，日本企业重新振作，丰田夺回全球销量第一宝座，销量排名分列二、三位的日产汽车和本田汽车，2012 年销量也创了新的纪录。这一切似乎表明，安倍的弱势日元政策，已经为日本赢得了新一轮货币战的第一回合胜利。

而作为日本出口贸易的主要竞争对手，韩国的日子却越来越不好过。过去 4 年，韩国企业一直享受着汇率上的优势，然而就在日经 225 指数创下 2010 年 4 月以来最高水平之时，韩国现代汽车、三星电子的股价，双双出现下跌。过去半年，韩元对日元累计升值 21% 以上，对韩国出口造成重大打击。

事实上，最先在安倍晋三身上捞到好处的，并不是日本企业，而是索罗斯等美国金融巨头。2012 年 11 月，对冲基金开始隐蔽地建仓。日本大选期间，随着安倍晋三持续表示支持宽松，空头们陆续加仓日元。安倍的首相呼声最高之际，也是日元空仓创 5 年最高之时。数据显示，索罗斯基金管理公司在短短的 3 个月里，利用日元的疲弱狂赚 10 亿美元。

同为亚洲国家，日本的货币贬值对中国会不会产生影响呢？中金公司研究报告指出，由于对日出口的重要性过去 10 年大幅下降，减弱了日元贬值对中国出口的负面影响。此外，由于中国的资本账户尚未开放，加之日元影响力小于美元，因此套利资金流入我国的可能性也在降低。事实果然如此吗？

曹远征： 其实在金融危机发生以后，对出口影响最大的不是汇率，而是市场，是整个全球市场的需求萎缩。这就是为什么需要强劲的经济增长。日元的贬值固然是对出口有好处，但全球市场非常狭小，它也不能享受到这个好处。其次，现在也不清楚汇率的变动跟货币政策有什么关系，只能知道汇率变动跟全球的资金流动趋向是有关系的，当一国的资金突然流出，汇率就会忽然呈现贬值趋势，资金流入则有升值的趋势。当然，这也并不能成为一个决定性因素。

在日本这轮量化宽松政策下，日本汽车产业似乎被救了。这并不是昙花一现。因为汽车行业整个产业链条庞大。比如芯片技术，是日本的强势。尽管中国对日贸易中，可能比重和变化不太一样，但日本掌握了一个很重要的优势：中国的芯片基本上都是从日本进口。在全球这样的生产布局情况下，这种产业贸易变得越来越普遍了，所以受汇率的影响也就越来越小了。

一国货币宽松最担心出现的结果是，资金不流入实体经济，只是在圈子里转，在各国中间转，一会儿进来，一会儿出去。2012年上半年资金流出亚洲，下半年就又流回来了，这样一种现象对各国的影响冲击更大。

所以，**这个全球化的时代已经不能用国别来考虑，必须在全球治理上来解决问题**。从全球治理的角度，我觉得G20峰会是个机会，它更应该来协调宏观经济政策，然后一起应对，才能避免竞争性的贬值政策，代之以统一的协调宏观经济政策，共同应对世界经济出现的问题。

项松作： 其实全球经济很有意思，一个国家的汇率贬值，它的出口就一定是长期上升吗？并不是。汇率升值，贸易顺差就下降吗？也不是。比如日元，从20世纪80年代到现在为止几乎一直处在一个升值态势，1美元可兑换日元金额从100多、200多，一直升到最高70多，但日本的贸易顺差一直在增加。人民币也是一样，从2005年开始人民币就一直升值，升了将近30%，可贸易顺差也一直在上升。所以，汇率对出口的影响，其实已经是非常次要的。

如果每个国家都采取量化宽松政策，谁会成为受害者？我觉得总体而言，是新兴市场国家，包括中国在内。以中国为例，因为我国持有大量的外国债券，特别是美国国债，如果它贬值，我国就受损。相反，中国现在没有国际性的债券市场，所以超发货币外国也不会受损失。那为什么这些国家要采取这么一些政策？因为它们不愿意，或者很难进行长期的改革。每个执政者上台就三四年，必须要做点短期见效的事，所以只能采取量化宽松这种政策。可是量化宽松最终解决不了基本经济面临的问题，只会把全球的货币体系、金融体系搞得越来越混乱。它是全球经济最主要的威胁，未来要如何去收场，只有"上帝"知道。

刘军红： 大家都很关心日元贬值对中国的影响，这要从两个方面来说。

第一，如果中国组装加工的工厂，其组装加工是由日方主导，也就是说，日本的零部件和原材料出口到中国，然后组装加工再出口，那么，日元贬值对这个产品的出口是有利的。因为日元贬值后，它的零部件、原材料出口到中国的价格下降，价格下降后再出口的产品，价格竞争力上来了，就相当于日元贬值的优势转移到中国。所以日元贬值对于这样的产业是有好的影响的。

第二，如果是本民族的、自己生产的、跟日本没有关系的产业，日元贬值会导致人民币升值，出口自然就会受到负面影响了。

三菱证券有个研究所，就 2001 年至 2003 年之间日本的量化宽松对日元汇率的影响做了一个考察，它认为在 3 年的量化宽松过程中，日元至少对美元已经贬值 25 日元左右。它认为量的变化对汇率，特别是日元和美元之间的汇率是有影响的。这两个结论，我觉得还需要考虑到当今世界中资金的转移，特别是投机这方面。金融市场中的量和实际需求的量要做一个比较，它们的差距是天壤之别。投机方面的量可能会完全脱离传统理论，根本无法把握，因为投机的走向受到很多因素影响。比如这次**日元贬值 20%**，并

不是说企业因为贸易关系，或者是直接投资的关系导致了日元贬值，最主要的还是投机，并且量非常大。

视角三：中国可以做什么

当前，世界主要经济体都在实施宽松或变相宽松的货币政策，与各国形成鲜明差别的是，中国一直在实行稳健的货币政策。

与日元、欧元的大幅贬值形成鲜明对比，统计显示，2012年人民币继续小幅升值2%左右。而这或许决定了，在这轮货币战争开始之初，中国就处于不利地位。在货币宽松的大环境下，来自美国、日本、欧元区的国际套利资金，大量涌入国际商品市场和以中国为代表的新兴国家，不仅造成了大宗商品价格的大幅上涨，也使得中国近10年来的高速发展利润被原材料出口国攫走了很大一块，并吹大了国内房地产等行业的泡沫，而人民币的被迫持续升值更让这一现象加剧。

目前大家普遍担心的是，美国停止量化宽松政策，美元开始走强，那么国外的热钱和国内的金融资本甚至产业资本将会出现外流，届时国内的房地产行业、金融行业会不会面临巨大危机？在这种情况下，央行现今还会继续对人民币升值如此镇定吗？

刘军红： 无论从财政手段、税收上看，还是从利率手段上看，中国的手段还是丰富的。最重要的是，面对这样一个世界经济增长比较慢、结构比较复杂、新现象不断出现的市场环境下，应该去有效地调整自己的组合，把它变得更巧妙，也就是说，追求一种政策组合上的巧实力。**在全球经济中，或者处在大危机、大收缩、大紧缩的局面下，可能对中国更有利一些。**

项松作： 一些发展中国家，特别是中国，经济还在增长中，是不是要用宽松的货币政策或者积极的财政去刺激经济，这本身是个问题。**从2012年的情况来看，中国经济在约7%的增长速度下并没有同**

时出现就业问题，这就不需要更多的刺激。

中国在新兴市场国家里的地位最高，现在应该胆子更大一点、步子更快一点，去做两件事。第一件事，把人民币尽可能地放出去，也就是人民币国际化；第二，把国内金融市场的池子做得越大越好。原因很简单，中国现在有这个条件。10 年以前谈这事太早，20 年以前更不要说，而现在，中国是世界第一大贸易国，是世界的制造中心。

此外，如果国内的金融市场，比如债市、股市或其他金融市场做得很大的话，就不用担心热钱进来。所以，中国现在要抓住这个历史机遇加快推进。过去这些年，从长期历史来讲，中国政府做的最正确的一件事就是下决心推动人民币国际化，现在已经取得了很大进展。中国香港、新加坡、伦敦、中国台湾，都加入到这个体系里面去了，这是很好的。再加上中国的贸易大国、制造业大国地位，人民币不用很长时间就会成为超过日元、仅次于美元和欧元的一个重要国际货币，那个时候，中国就不用担心其他国家采取量化宽松政策了。

当然，人民币国际化初期必然会面临一些冲击，但不要怕风险。很多人谈到金融行业，是谈虎色变，好像金融就是洪水猛兽似的。其实金融没什么了不起。风险一定会有，天底下绝对没有零风险的事，你不做才是最大的风险。你不做就永远被困着，闭门谢客、闭门拒敌，这才是最大的风险，只有主动走出去，才能把风险降到最低。

曹远征：现在全球化的国际环境下，所有国家都坐在一条船上，如果大家竞相拆台，所有人都会掉到水里去，所以互相合作是非常重要的。十八大报告有一句话很重要：中国愿意跟主要经济体加强宏观经济协调，这是全球经济再平衡的问题。中国过去出现过很大的不平衡，比如储蓄过高，出口过多，消费过少，不过现在中国正在改变这个状况，开始增加居民收入，扩大消费，同时使进口增长速度在个别月份甚至快于出口增长速度，然后中国变成了一个国际市场，这才是中国经济对世界的贡献。

从这个意义上来说，中国恰恰在世界经济中间发挥一个再平衡的作用，这应该说是中国对世界经济再平衡一个很重要的贡献。

视角四：我们还能投资什么

很多人都想知道，在这种汇率频繁变动的环境下，我们的投资组合该如何制定。现在，一方面黄金价格在下跌，而股价反而不断上涨，大家的风险偏好似乎开始提升了。那么，如何投资最好呢？手中的外币又该不该进行兑换？

刘军红： 2013年的"1号文件"，其中有一点是关于农庄的，**如果投资农庄的话，政府会给你所有政策上的优惠。所以有钱的话不妨投资农庄**。此外，如果手中持有外币的话，我觉得还是多元化比较好，也就是说多持有一些不同种类的外币。因为你判断不清楚什么时候该卖日元，什么时候该卖美元，那不妨多元一点。

项松作：长期投资10年以上，股市和实业最好。当然也不是所有人都能做好，都能像巴菲特一样。**如果是10年以内的投资，大体上还是投资不动产比较好，比如房产或者大宗商品。在一年以内，投资银行的产品比较恰当**。因为你要兼顾到理财的三个重要方面，就是所谓的收益性、安全性和流动性。

曹远征： 就国际大势来看，可以看到人民币的国际使用范围越来越广了。**中国经济向好的驱使下，人民币是个坚挺的货币，所以可以持有人民币资产**。当然这是针对老百姓来讲，如果是炒汇目的的，那是另外一回事了。

至于**黄金和石油，已经完全变成一个炒作的理财产品，跟保值不保值已没有关系**。资金冲进去价格会涨，资金一撤价格就会降，从这个意义上来讲，就纯粹是个炒作的理财产品。所以一定不要把黄金视为保值的东西。

黄金的色彩很耀眼、很有意思，所以围绕黄金有很多神化，其中最大的神化就是永远能够保值增值，其实这完全是乱说。过去 30 年，黄金的资产投资收益率，既赶不上股票，也赶不上大宗商品，连债券都赶不上，还谈什么保值增值。而且从客观来讲，黄金市场是一个竞争很不充分的市场，大量的黄金都在国家央行手上，这些央行随时可以把黄金市场搞得天翻地覆，一般的投资者又能知道什么。所以买黄金还是小心点。

结束语：

现在西方国家拼命想站在别人的肩膀上爬出自己的坑，但是面对这样一个大的货币环境，我们既要锤炼自己抵抗热钱的能力，又不要谈宽松色变，自乱方寸。其实在现在这种全球化的环境当中，更应该各国联合起来，共同想出一个解决问题的新思路、新办法。

【锋汇词典】

货币数量论：是一种用流通中的货币数量的变动来说明商品价格变动的货币理论，认为在货币数量变动与物价及货币价值变动之间存在着一种因果关系的理论。

M2：即广义货币，包括 M0（流通中现金）、M1（支票存款）和储蓄存款，可以同时反映现实和潜在购买力，若增速较快，表明投资和中间市场活跃。

次贷危机：是指由美国次级房屋信贷行业违约剧增、信用紧缩问题而于 2007 年夏季开始引发的国际金融市场上的震荡、恐慌和危机。

马忠普

中华商务网
首席分析师

屠新泉

对外经贸大学中国
世界贸易组织研究院副院长

陶景洲

美国德杰律师事务所
亚洲区执行合伙人

稀土战：争夺资源定价权

　　18世纪末，稀土元素陆续被人类发现，当时人们认为它的氧化物和土壤有点像，又很稀少，所以给它起名为稀土。其实稀土并不是一种土，而是由17种元素组成的金属物质。而发现这17种元素的过程并不容易。从1794年芬兰人发现第一个"钇"，到1974年美国人发现最后一个"钷"，历时一百五十多年。今天，小到我们用的手机、眼镜，大到战斗机、航空母舰、导弹等都离不开稀土。就是这种物质，中国占据着世界上产量、储量、出口量三项第一。稀土将成为谈判桌上中国的一张重要底牌。

视角一：稀土官司

2005 年起，为了保护国内稀土资源，中国政府取消了稀土出口退税，实行出口配额制度。

2008 年，稀土出口配额制度进一步严格。2010 年，国务院正式发布《关于促进企业兼并重组的意见》，首次把稀土企业列为重点行业兼并重组的名单，并减少稀土出口一系列措施的推出，使得国际市场上低廉的稀土价格看涨。美国、欧盟各国等稀土进口大国如坐针毡。

2009 年 6 月，美欧将中国对于铝土、焦炭等九种原材料的出口政策诉讼至 WTO，理由和此次"稀土案"如出一辙。2012 年 1 月 30 日，WTO 判定中国九种原材料出口限制制度违规，依据是中方涉案的出口关税和出口配额措施不符合中方加入世贸组织的承诺和有关世贸规则，且未满足保护可用尽自然资源保护人类生命健康等例外条款的条件。

裁定结果一出，就有业内人士担忧，美欧对于九种原材料的诉讼只是投石问路，下一个目标很有可能会锁定稀土。

陶景洲：欧美日 2012 年又来找中国打官司。为什么？因为之前有一个类似的官司中国已经输了，它们有了底气。第二点，**可能和现在整个国际新一轮的贸易保护有关系，大家都在保护各自的工业**。另外，在这个案件中，我国有若干薄弱环节。

　　我国在"入世"的时候做了很多承诺，这些承诺都是我们的义务，作为一个国家必须要遵守的。比如关于出口税，当时我国在"入世"议定书里面附了一个清单，里面对 84 种产品做了一个承诺，就是可以征出口税，而且这个税率已经定好，只能降不能升。除了这个名单以外，不能征出口税，而稀土不在这个名单内。

屠新泉：这次官司是美欧日和中国战略资源的一个争夺。稀土是一种非常重要的战略资源，在很多行业都有广泛应用。目前中国是稀土很重要的供应方。美欧日想确保这种战略资源的可获得性，希望通过打官司的方式来否定中国的出口控制制度。另外，中国对稀土的出口控制政策，影响到西方企业获得这种资源的价格。他们认为他们获得稀土的价格高于中国企业，使他们在竞争中处于不利地位。

此外，还有政治方面的原因。奥巴马2012年处于竞选状态，所以这次非常罕见地由一个总统亲自宣布这样一个WTO的诉讼。一般来说，由美国贸易代表办公室来宣布就可以了，所以这肯定是奥巴马的形象宣传。

中国稀土政策调整的目的是为了实现可持续发展和资源保护。WTO也鼓励可持续发展，允许保护资源，所以中国的政策目标并没有问题。问题在于，实现这个目标的手段是不是符合WTO规则？毕竟WTO对出口控制方面的政策是有一定限制条件的。从WTO的规则例外条件来看，它要求中国在实行出口控制的同时，也要实行国内的生产和消费限制，因为这才符合我国所谓的保护资源和实现可持续发展。

所以外国攻击中国的理由，不是价格低了，或者不出口了，而在于中国对环境的治理方面一定要中外一致，不能光限制出口，还应该限制国内消费。

马忠普：我国并不是要在国内外采取两个不同价格，不管市场供需关系也好，价格演变也好，它都有一个阶段性特点。其实我国稀土价格今年是跌的，因为出口配额没用完，国内的资源压力就大，价格自然就会下跌。

从2011年的实际出口情况来看，我国配额还没有用完，实际上到年底仅仅使用了配额的60%。这说明西方国家本身稀土也是够用的。《人民日报》说过一句话：在中国稀土这个问题上，西方过去的贪婪壑沟该填一填了。20世纪70年代的时候，有资料说中国稀土资源储量在全球是74%，到了2011年底，只占全球

36%，这个储量已经跟美国很接近了。不过美国 20 世纪 90 年代开始就不再开采，反而从中国进口。从环境资源角度看，稀土是不可持续的，所以稀土开采是以破坏环境为代价的。光赣州一个地方就需要花 380 亿元来恢复环境生态，这代价是非常大的。

视角二：中国如何进行稀土生产

稀土是镧、铈、镨、钕等 17 种金属元素的统称，向来有"工业维生素"的美称。尽管需求量不大，但是离开了它，合金、超导材料、微电子材料等高科技产品，都将成为"无米之炊"。

现代军事战争中，稀土对美军的克敌制胜功不可没。比如美国的"猛禽"战斗机，它强大的发动机，轻而坚固的机身，都大量使用了稀土强化的钛合金和镁钛合金。再比如美国的"爱国者"导弹，之所以能够精确拦截来袭导弹，也是因为稀土元素在其中"点石成金"。此外，在目前新兴的风电、绿色照明和新能源汽车领域，稀土也被广泛应用。尤其是日本汽车制造业者，一直利用稀土制造汽油动力车动力方向盘电机以及汽油和电力混合动力汽车中大功率的电机。

有数据显示，中国稀土储量占世界储量的 1/3，产量却是全球的95%，主要出口到美国和日本。而储量排在第二的美国，自 1998 年起宣布停止开采本国资源。日本国内则没有可供工业开采的稀土矿，需求全部依靠进口。

然而从现有格局看，中国在稀土产业链条中，仅充当廉价的原材料供应商，欠缺高利润的贸易环节。欧美日厂商可以从中国进口稀土初级产品，生产出附加值增长数倍乃至数十倍的高精技术产品。在资源与技术两大要素的博弈中，中国处于绝对的下风。

马忠普： 稀土本身像味精，用量一点点，但可以改变材料性能。每个国家都追求高性能材料，无论是发达国家还是金砖国家，这个需求和一个国家的工业化水平息息相关。

2005 年，我国开始对稀土取消出口退税，在这之前是鼓励出口的，出口有补贴、退税。因为企业生产以后都不挣钱，为了提高企业效益，给点补贴，给点退税，鼓励出口。这样一来，最后把中国推上了向全球提供 90% 稀土的出口国的地位。而且是廉价稀土，也就是"白菜价"，只要开采成本加上一点利润就可以卖了。所以产量要控制，生产要控制，这样就不会存在国内和国际由于供需关系不平衡造成价格大跌的现象，价格自然就慢慢平衡了。

当然，稀土今后永远不会再卖"白菜价"了，因为它的价值已经被人们所认识。经济发展对它的需求越来越大时，它就不会再走回头路了。

现在，**在针对稀土生产的问题上，我国目前所采取的措施，是计划最后形成几家大企业，对稀土矿进行专门的生产和经营**。最后我国虽然不是价格垄断，但是作为一种企业的专营，也就具备了在合理条件下谈价格问题的资格。

屠新泉：过去中国满足于开采稀土，然后作为原材料卖出去，但是现在中国自己的工业化也在不断地转型升级，所以将来对稀土的需求会越来越多。这就使得现在需要稀土的发达国家开始担心，担心中国会把稀土全部留在自己国内，导致自身的下游产业受到影响。

稀土和中东石油是同样的道理，为什么石油价格就能很好地控制？因为有欧佩克这样一个卡特尔组织。它在各个生产国之间形成一种协调机制来控制产量，进而影响价格，但是它并没有控制贸易。鉴于此，我国的稀土产业政策里，其中有一条就是限制开采、控制产量。2005 年，我们国家才开始取消了出口退税。在这之前，是鼓励出口的。

还有一个对中国来说更有影响的资源——铁矿石。我国买铁矿石，价格很高，为什么对方也是原材料生产企业，却可以卖得那么贵呢？因为，**我国作为一个生产者的时候，是小而散的情况，作为需求者的时候，也是小而散的情况，最终使得我国的谈判权、定价权，不管是作为消费者，还是作为生产者，都没能控制住。**

陶景洲： 20 年以前，我做了不少反倾销案子，也是一样的情况。我们的镁砂占世界储藏量的 95%，但是价格就是上不去，是因为恶性竞争。当时有出口退税，出口补贴，换汇指标等政策，造成大家拼命往外卖，一定要完成每年的出口任务。这种现象是必须要改变的。

但是反过来说，对于产量的限制也好，对于价格又不能做出协议的安排，因为要是做出安排就违反了反垄断法，到时候反垄断法又要反你，说你互相之间做价格上的这种协调一致。要是影响了当地国家，还会造成反垄断法的限制。

其实，**世界上有一个很不正常的现象，就是中国卖什么什么便宜，中国买什么什么贵。**比如买铁矿石，因为中国这个庞大的市场，会导致铁矿石的价格高涨。

视角三：政府和市场两手抓

中国如何赢得这场稀土博弈？有观点认为，谋求话语权的关键步骤是整合国内稀土资源，改变稀土市场"小而散""大而不强"的格局。比如推出作为专营制度基础的稀土专用发票。这就意味着继盐业和烟草业之后，稀土行业也将被纳入国家专营的范围内，以此控制稀土开采量，增强稀土行业的整体竞争力。

也有观点认为除了整合稀土资源，中国还要着力研发从国外引进稀土深加工技术，延伸产业链，提高产品附加值。这也就是说哪怕仅仅是从提升技术的角度，中国也必须加大掌控资源的话语权。

屠新泉： 其实我国稀土行业的整合从 2000 年就开始了，目的是要促进所谓的企业整合，但没有成功。大概 2002 年，我国开始实施生产配额，但是之后每一年的生产量都超过配额。到了 2005 年，又开始新一轮的、更强化的行业整合政策，但是总体效果也不是特别理想。现在我国有了出口配额以后，私采滥挖或走私的现象仍然非常严重。也许是因为，我国过去的行业整合手段基本都是行政命令式的，这种方式在十多年的实践过程来看，效果不是特别好。

在稀土生产上，提高市场准入门槛、促进行业整合肯定是一个方向，但关键要看用什么手段更有效。比如铁矿石的三巨头，都是私营企业，但是最后都实现了整合。

当然，这也取决于政府保护环境和资源的决心。即使最后只有两三家企业开采，如果对盗采滥挖没有严格限制，那结果也是一样。所以政府监管必须要到位，才能实现稳定市场的目的。从过去十多年的稀土行业情况来看，地方政府的利益是很重要的因素。如何让地方政府既能得到利益，又愿意去承担监管保护环境的责任、保护资源的责任，这是一个需要思考的问题。也许，地方政府官员的政绩考核标准应该有所改变。或者可以设一个环境保护税，让税收最终能够落到地方政府手里，这样地方政府保护环境的积极性可能会相应提高。

马忠普：我认为集中专营是可行的。**最终不论是两家、三家，甚至四家，中国稀土的生产终归要落实到几家有实力的企业上。**不具备条件的，就只能退出。这样一来，稀土市场原来的混乱、低价竞争、低价出口等现象就从根本上解决了。

如果想从市场角度来解决这个问题，其实，中国的事情恰恰在很多场合下并不完全靠市场来解决，尤其是稀土行业的整合，只有靠政府下大力气去干预。想要产业战略正确，就必须干预，这就是中国的国情。但是要考虑一个问题，比如生产稀土的民营企业已经形成规模，如果集中专营，可能将无法生存。针对这个问题，也许可以通过股份制来解决。但是总的来说，几十家甚至上百家企业在开采稀土这种局面，是肯定要结束的。

陶景洲： 我不太同意专营，尽管它是一个战略物资，在很多方面都很重要。但是稀土重要，其他稀有金属就不重要吗？那不是所有稀有金属都要变成专营了？**唯一可取的是，让所有稀土生产企业都要承担起环境方面的成本，提高生产门槛。**生产成本提高后，价格肯定下不来。其实，在国外还没听过类似稀土这样的资源行业有国营的。

视角四：如何应对越来越多的贸易战

实际上不仅仅是稀土，从 2012 年 3 月 13 日到 2012 年 3 月 20 日，仅仅一周的时间，美国针对中国出口产品的贸易救济行动就多达六起，涉及太阳能电池、化学增白剂、金属硅等产品。更值得注意的是，除了对外实施贸易救济行动之外，美国近期还采取行政和立法措施，强化自己实施贸易保护的能力。

当中国日益融入全球经济的同时，贸易摩擦增多在所难免。中国已经连续 17 年成为遭遇贸易摩擦最多的国家。不仅如此，现在的贸易摩擦形式不断翻新，涉及的产业不断扩大，发起的国家不断增加。

中国依然只是贸易大国而不是贸易强国，只是一个国际贸易的参与者，而不是游戏规则的制定者。在很多商品上，中国并没有定价权。

屠新泉： 从历史情况来看，发展中国家在迅速发展的过程中，都会遇到很多贸易战。比如日本、韩国，它们在崛起的过程中也曾经成为头号贸易保护主义措施的对象国。中国情况可能会更复杂、更严重一点，因为中国贸易量太庞大了。中国现在已经是第一出口大国，在这个成长过程中，发生和其他国家一样的摩擦，确实难以避免。

但现在的贸易摩擦可能主要有两种，一种是针对企业的，另外一种就是针对政府的，比如稀土出口就是针对政府的。这两种摩擦其性质还是不太一样。对企业的反倾销，此类摩擦相对来说影响面窄一些，可能更多地要依靠企业自身去做调整。当然，这种贸易摩擦的贸易保护主义性质要更明显一些。说实话，中国的企业大多都是无辜的，只是因为规则上存在一些漏洞，使它们受到一些不公正待遇。至于对政府的贸易摩擦可能就要复杂一些。在我国加入 WTO 的 10 年里，我们也在不断调整自己。可能我们对规则的理解认识上，存在和其他国家不太一致的地方，所以会发生一些摩擦和分歧。

"入世" 10 年，针对中国的贸易战从总量看有一个攀升的趋势，但是和我国贸易量的增长相比还算正常。因为现在中国的出口产品结构升级，很多产品的价值量在增加，所以总涉案量在增加。但是总体来看，对我们总的贸易增长没有影响。

在政策调整方面，要用发展的眼光来看待。中国现在在世界贸易中的地位也在发生调整，现在已经是世界第二大进口国。在成为进口大国以后，对世界贸易规则的影响力也会更大。如此，中国的任何行为、任何政策都可能产生外部影响。有人认为这个政策只是国内目标的一个考虑，但实际上它的实施效果会对其他国家产生影响，所以**中国应该考虑到自身政策的国际影响。这就要求增强政府各个部门官员对 WTO 规则的意识，在制定政策的过程中更好地融入 WTO 的体制**。随着改革开放进程的深化，我国和这个体制的相容性将会越来越高。

陶景洲： 为什么现在针对中国的官司特别多，这和我们在国际贸易中的地位有关系，和我们出口贸易的迅猛发展有关系，和中国的崛起也有关系。当然我们的软肋就是，我们不是市场经济国家。在这些反倾销的案子中，我们的生产成本比较吃亏，不会被视为是真正的成本，因此算账的时候算得不一样。

在规则冲突方面，WTO 也好，它的规则也好，都只是相关部门比较注意，其他部门可能就不那么注意了。比如我国在制定九种原材料相关限制政策时，如果我们把保护资源、保护环境放在第一条，在抗辩的时候就会有更多理由。而现在可能我们更多地还是从国内产业政策的角度去考虑，没有考虑到规则的影响，这也是个逐渐适应和学习的过程。所以，**在未来制定这些规则的时候，我国应该多请一些相关方面的专家**。国际竞争就是人才竞争，需要各种专业的人才，比如 WTO 方面的人才，反倾销方面的人才，反垄断方面的人才，产品方面的人才，等等。只有这样，我们的话语权才会越来越强。当然，这是一个新兴大国成长过程中的阵痛，在软实力建设方面的软肋，要慢慢去弥补。

其实，在专家眼里，尤其是律师眼里，这种官司是很正常的。如果没有这些官司，如何能够更详细地去了解国际规则？就好像法律都有了，但是不去打房地产官司的话，如何知道中国的房地产法律到底是怎么回事？只有通过官司，才能更好地丰富我国专业人员的知识结构，也能让 WTO 更了解发展中国家的一些需求，做出一些适当改变。

马忠普： 国际规则确实会有不公平的地方，就稀土矿纷争问题，我感觉中国一些政策是正确的，比如不能再以牺牲环境资源、牺牲资源的可持续性为代价，要转换经济增长方式。**中国转换经济增长方式应该是适应世界发展模式的一个进步，WTO 就应该充分考虑发展中国家的利益，在遵循规则的前提下，给发展中国家一些特别的空间，尊重它们的合理诉求**。毕竟时代在前进，政策不可能不调整。不过我们也不能期望太高，毕竟现在在 WTO 里，发达国家的发言权比我们大得多。

结束语：

15 到 18 世纪，欧洲流行"重商主义"，认为获得财富最好的办法是垄断对外贸易、利用关税等一些贸易壁垒来保护国内市场。对此恩格斯有一段评价说："这样的人就像守财奴一样，双手紧紧抱着心爱的钱袋，用猜疑和怀疑的目光打量着自己的邻居。"200 年过去了，"重商主义"又有所抬头。今天回想起恩格斯的这段评价，也许所有国家都应该好好反思。

【锋汇词典】

配额：一国政府在一定时期内对某些敏感商品的进出口进行数量或金额上的控制，其目的在于调整国际收支和保护国内工农业生产，是非关税壁垒措施之一。

卡特尔：由一系列生产类似产品的独立企业所构成的组织，集体行动的生产者，目的是提高该类产品价格和控制其产量。

霍建国

商务部国际贸易
经济合作研究院
院长

赵景光

福田汽车
新闻发言人

陈凤英

中国现代国际关系研究院
世界经济研究所所长

美国制造"东山再起"，
中国制造如何走下去

  2008 年的金融海啸向人们展示的是虚拟经济过度膨胀的巨大危害。大潮过去之后，人们发现那些注重实体经济发展，特别是注重制造业的国家在这次危机中受损最小，而且危机之后复苏也最快。于是人们开始重拾德国历史学派代表人物李斯特的理论，也就是一个国家的发展要不断蓄积民族生产力，特别要注重制造业的发展。美国总统奥巴马提出了雄心勃勃的出口倍增计划，宣称要让头号金融强国美国重归制造业。

视角一：美国为什么要复兴制造业

从国情咨文到新财年预算，再到竞选演讲，美国总统奥巴马在多个场合传递同一个信息：要让制造业成为美国经济持久发展的重要支点。

美国供应管理协会的最新报告显示，美国制造业活动连续扩张，且扩张速度继续加快。特别是汽车行业，复苏最为抢眼。

如果说汽车业的复苏，是美国制造业复苏的一个缩影，那么随后一系列的经济数据，则展现了美国制造业复苏的全景。

雷建国： 美国提出振兴制造业的目标，是经过慎重考虑，经过一些研究的。外界观点认为，应该是为了抵制 2008 年金融危机，所以 2009 年出台复兴与投资法。但是**随着配套的一系列政策出台，说明美国对制造业的整体考虑还是有一个系统安排的**。从现实看，这两年美国制造业数据也发生了一些变化，我觉得我国还是面临着一些新压力的。

奥巴马提出复兴制造业时，一般人都感觉是在说大话，为了选举。但是仔细看一些数据变化，会觉得确实还是有一定方略在里头的。它绝对不是一句简单的口号，这应该引起我们的一些关注。

陈凤英：美国复兴制造业的目的是多重的。首先，从短期看是为了振兴经济。2008 年金融海啸可以说是百年金融危机，经济衰退也是"二战"以来最严重的，所以奥巴马要重振制造业。重振制造业的第一个目标就是创造就业、拉动经济、增加出口。第二个目标，因为美国已经看到，这次金融危机不是一个简单危机，而是一个发展模式问题，所以美国要找一个出路，只有转型。华尔街在美国经济中很重要，但作用应该下降，如果美国金融继续膨胀，经济转型就不能成功。复兴制造业，不是简单拷贝旧的制造业，而是要复兴一个尖端制造业，这是一个主要目标，到现在为止还在实施中。第三个目标，也就是让美国经济长久不衰。

奥巴马这个目标跟美国大选当然也有关系。美国经济需要转型，奥巴马的转型口号就是重振制造业，发展高新产业，使美国立足于不败之地。此外还有一个人才战略。所以，美国在更新发展战略，以至于它在危机时代里依然是一个强国。所以，虽然其中有政治作秀的成分，但是依然有一个占领制高点的长远战略。

赵景光： 大家一般以为汽车是传统制造业，其实汽车是现代制造业的一个典型代表性产业。第一，它产业链非常长，一辆汽车实现的GDP要带动十几个相关上下游产业链的GDP。第二，汽车是一个长久产业。**美国被称为坐在汽车轮子上的国家，所以汽车业在美国既是传统制造业，也是有长远发展前景的产业。**实际上，这一两年来，我们也真真正正感受到美国制造业，特别是汽车制造业的振兴所带来的全球影响。

视角二：美国制造业何去何从

美国制造业在二战后和美国经济一起迎来了"黄金时期"，"美国制造"曾一度占到全球制造业份额的40%左右。

进入到20世纪70年代后，美国制造业的一系列弊病开始凸显。而同时期的日本产品由于劳动力成本相对低廉和质量优异，在汽车、半导体等行业建立了更强的竞争优势。在经历两次石油危机和恶性通货膨胀后，价格低廉又省油的日本汽车，在北美市场的占有率超过了30%。美国制造业的霸主地位受到了日本的严重挑战。

1985年，里根政府设立了产业竞争力委员会，重新强调制造业对美国的重要性。在相关产业政策的支持下，美国制造业以信息技术的高速发展为契机重新获得了优势。至20世纪90年代后期，随着发展中国家工业化进程的加快，欧美等发达国家只能将不具有竞争优势的劳动密集型制造业大量转移海外。特别是2000年后，受经济周期的影响，美国本土的传统制造业的比较优势进一步丧失并加速转移。

客观地说，目前美国制造业的制造实力仍然较强，特别是在高新技术制造领域。此外，通过将传统制造业向发展中国家转移，美国也充分利用了发展中国家的低成本优势，并通过对制造业价值链高端的控制，获取高额利润。

陈凤英： 20 世纪 80 年代后世界进入全球化，全球化浪潮的结果就是：中国这种新兴市场的进入，导致全球化行业产业分工更细。金融业和制造业的交叉点在 20 世纪 80 年代中就出现了，当金融业壮大以后，制造业自然会退化。因为金融更能赚钱，收益更高。

美国现在的产业实际上是服务业占大多数，制造业的比例很低，而像我国这类国家刚好进入工业化和城市化，制造业的比重在上升。当然我不太同意美国制造业在萎缩的说法，事实上美国制造业也一直很强大，主要的高精尖制造依然在美国。

比如美国未来的汽车发展方向，是竞争性很强的电动汽车。对于电动汽车产业，政府有非常大的补助，所以实现性非常大。电动汽车是未来汽车业竞争的一个焦点，它就是一个新兴的产业。而在这个产业当中，美国可能会领先于德国或日本，引领世界发展的一个潮流。

除了重组汽车业以外，这次美国重振制造业，还有一个领域值得我们关注，就是能源独立。 美国现在是世界上天然气生产最多的国家，超过俄罗斯。而美国的页岩气在 2011 年已经开始出口了，它的能源依存度已经降到 81%。所以，美国一个革命性的变化还是体现在能源上。奥巴马在国情咨文当中提到了一个重要问题，美国的未来在于能源，能源要带动一个新产业的发展。就现在来看，美国的页岩气开发，实际上又给美国创造了就业。

霍建国： 20 世纪 80 年代金融业兴起，利润升高，很多高端人才都集中在金融业。20 世纪 90 年代后，IT 产业又涌上来，高端人才又集中到该产业。金融危机发生后，大家都在反思，金融业是不是走得太快太高了？如果要限制金融衍生品的发展或者说泡沫性的东西，它的比例很有可能会被压缩下来。

总的来看，美国在全球制造业的地位有稳步回落。但是从价值上看，比如有一个材料现在的价值是 20 世纪 70 年代的 2.5 倍，这就说明美国在做一个结构性的变化。就是总量缩小，而集中在高端制造业，比如航空、航天、大型装备、电子、半导体等等。所以，从美国的这种战略看，在不同阶段它总是要设计出自己不同的盈利模式来。

新能源方面，各个国家都在开发，中国是最大的市场，但是目前美国在技术上还是占据优势的。不过问题是，美国需要克服劳动力成本高的问题，只能通过进一步发展自动化，提高自动化水平。最近国外在谈论第三次产业革命，就是以数字化和自动智能工厂为主。如果美国在这种车间配置上进一步减少人力，更多地通过自动化生产柔性生产，就能够继续保持优势。

赵景光： 美国汽车的优势体现在哪里？并非大排量，主要还是体现在技术创新能力上，这是非常重要的一点。从这几年中国的汽车消费结构来看，价格越高卖得越好，卖得最差的是自主品牌，也就是那些小的、轻的、排量低的、节油的。因为虽然现在试图把汽车做成一种大众消费品，但毕竟还没有达到洗衣机那种普及程度。所以，**汽车被称为传统制造业，但是这个传统制造业通过不断的技术进步，不断地创新，未来将成为生命周期非常长的一个现代制造业。所以我们要抓住这一轮竞争机会，不然有可能美国在这方面又要继续领先了。**

视角三：奥巴马的政策评点

再培训计划不过是奥巴马政府重振制造业的诸多手段之一。

在 2012 年初，奥巴马政府打出重振制造业的又一张牌。美国政府将用减税的方式，来切实帮助那些把就业岗位移回美国本土的企业。

在另一方面，为了给美国制造业的复兴打造一个理想的外部环境，美国政府早在 2009 年就开始着手通过贸易制裁和贸易壁垒的方式来保护美国的制造业，而其最关注的就是几年来让美国每个月都平均承担 200 多亿贸易逆差的中国产品。从 2009 年到 2012 年，美国先后发起了对中国的轮胎、硅晶产品、钢轮制品，以及化学增白剂、稀土产品的贸易制裁。

奥巴马宣称，本届美国政府对中国提出的贸易制裁是布什政府的两倍之多，而在今后还需要更多的对华贸易制裁，来保证美国制造商拥有良好的竞争环境。

陈凤英： 奥巴马的政策可谓野心勃勃，就短期来说，到目前为止的成绩，我认为应该有 80 分，是良好的。从长期来看，奥巴马的政策意向性很强，政治性很强，但关系到他的连任，所以分数会比短期差。

中国在 2010 年成为了世界第二大经济体、制造业第一大经济体、第一大出口国，这是力量格局一个非常大的变化。这种变化虽然并没有真正挑战到美国的核心技术，但是从量上已经威胁到美国。所以奥巴马复兴制造业也好，去全球化也好，实际上就是力量格局在发生一种量的变化，当然还不到质的变化。但是这已经是一种威胁，因为在**过去几百年的历史，发达国家永远是引领世界的，突然有一个新兴市场、有一个发展中国家来引领世界，这是它们不能容忍和不能接受的最主要的原因。**

赵景光： 对奥巴马政策，如果全面理解了他的讲话，或者问就他的政策能不能全部兑现的话，我不是很看好，也就给个 50 分吧。

奥巴马给企业减税，以及加强对外双反调查力度和一些技术保护，这些政策在短期内，对美国产业是会有好处的，但长期来说，显然对美国没什么好处，因为保护政策对产业的进步没有什么帮助。至于对于中国来说，因为美国的双反保护，包括有些技术壁垒的设置，确实对我国出口有很大影响，这点已经反映在我国好多产业中。但是另一方面，这也让我国企业学会了如何突破这种保护，如何提升自身技术和知识产权。同时我们也完全可以通过一些规避，比如技术上的限制出口，来解决这些问题。长期来说，一个大国，一个技术创新程度很高的国家，它的经济发展靠保护是不可能持续的。

霍建国： 对于奥巴马对制造业的政策，我最多打 60 分。短期看可以略高一点，因为这两年确实有一定变化，有一定效果。但是**从长期看，美国必须要有一个新能源和新技术的突破，或者是在智能化制造方面有所突破，不突破就解决不了劳动力的制约问题。**而这个突破，就目前来看，至少需要 10 年。全球化和产业内的这种分工，你中有我，我中有你，如果美国看到这一点，应该走向合作，它提供技术优势，其他国家提供制造业优势。也就是说，将来有一天，全球化仍然会发挥巨大作用，全球资源的优化配置仍然是解决目前发展困境的一个出路。

减税可以实现短期的刺激作用，但是配套的还需要其他政策，特别是对人才会有一些新的刺激政策。奥巴马强调官产学研，就是实验室技术如何转化为劳动生产率，都会有配套政策，而且对于各种研发的奖学金，比例、投入都在增加，这些是基础性的东西。

视角四：中国制造业的未来之路

2010 年，中国在全球制造业产值中的比重上升到 19.8%，超过美国的 19.4%，成为世界制造业第一大国。目前中国已有 200 多种工业产品的产量居世界第一位，对外出口量也居世界第一位。

然而中国庞大的制造业仍处于产业低端。缺乏自主创新能力和关键技术的薄弱，成为中国制造业长期停留在产业链低端，忍受微薄利润的重要原因。

反观美国制造业，一直拥有高技术和高效率，如今奥巴马"内外兼修"的回归政策，将进一步使得中国制造业的成本优势不在。"成本优势＋出口导向模式"是东亚经济先后起飞的主要因素，然而起飞以后将何去何从？在这全球制造的新局面前，中国可能会走哪条路呢？

陈凤英：资源瓶颈和环境瓶颈是我国最大的压力。我国的制造业或者说出口产业的发展，其中很多是来料加工，环境成本非常高。此外，我国进口资源占世界比例也已经非常高。所以，我国一定要立足于自主创新。核心技术是拿不来的，是自己创造出来的。人才可以引进，但是教育必须改革，要跟上全球化步伐。所以我觉得最主要的创新是自主创新。

中国优势我就说一点，人才回归优势。如今又是一个人才回归高潮的出现，对中国来说可谓天时地利人和。这样一种情况起码要 10 年才能遇见一次，不能放弃这个机会。所以，制造业在中国不可能转移出去，这是一个现实问题。

赵景光： 核心技术肯定要自己发展，别人不会给你，你也买不到。特别有两点，第一点，世界标准终端产品，比如汽车，欧洲现在已经欧五，你生产欧四就进不去了。但是欧五汽车，比如一辆欧洲卖人民币 100 万元，我可以卖人民币 50 万元，同样符合标准。过度的设计可以取消，这样就完全有了竞争优势。如此，除了欧洲市场以外，在广大的新兴市场，这种竞争优势就体现出来了，这是一点。第二点，就是要坚定不移地坚持双自主，自主创新，自主品牌。

作为跨国公司，它们最看好的中国优势是市场优势。就我们自己来说，除了巨大的市场以外，还有在全球化中走出去的决心。**中国不能光让人家进来，自己也要走出去。**在高端产业上，我国竞争力可能不如跨国公司，但是在某些方面，我们的竞争力明显比它们强。用个最土的办法，你到公路上去数卡车，几乎没有外国品牌。这说明我国的卡车产品比跨国公司的好得多。在新兴国家中，发展水平不如中国的大有人在，所以我们完全有可能走出去。

霍建国： **在转型升级和结构调整中，要特别注意不要忽视传统产业，因为在真正经济增长的过程当中，最有价值的是提高劳动生产率或者核心竞争力，或者做点高附加值的东西，这些都是会带来回报的。** 如果只是单纯地强调要拔高走向中高端或者走向新兴战略产业，在这个过程中，问题是你生产了，是不是有效益，是不是有竞争力，这是很核心的问题。

瑞士一辈子就做一个小军刀，它们的指甲刀很小，但是可以卖到15欧元，人民币150元，而我们国内指甲刀基本只要人民币15元，价值相差非常大。为什么我们就不能做出一个价值人民币100元的小刀，或者出口能卖10美元的小刀呢？最终还是劳动生产率决定一切。核心竞争力之所以存在，是因为投入产出高，劳动生产率高。所以有时候我们得去考虑，为了保持中国目前的竞争力，一定要控制成本，原材料成本、劳工成本，然后注入技术力量，让它更具竞争力。

中国也有竞争优势，比如人工成本，比如目前形成的制造业的这些配套设施，或者这种网络化的上下游的配套设施，现在都是我国的竞争优势。

结束语：

不管美国如何做，我国依然有自己的优势。2012 年初，主宰了全球金融百年的美国，号称要重回制造业，美国总统奥巴马对自己的国民讲："我们美国的工人是全世界劳动生产率最高的，如果给我一个公平竞争的环境，我可以保证我们美国将永远立于不败之地。"作为大洋彼岸的另一个制造业大国，我国应该在美国去工业化到再工业化这个过程中，吸取什么经验和教训呢？

【锋汇词典】

PMI：采购经理人指数，内容涵盖一个国家制造业在生产、新订单、商品价格、存货、雇员、订单交货、新出口订单和进口等八个方面的状况。美国的 PMI 概括了美国整体制造业状况、就业及物价表现，是全球最受关注的经济数据之一。

双反调查：是指对来自某一个（或几个）国家或地区的同一种产品同时进行反倾销和反补贴调查。

2. PART

变革与机遇

TOP TAILKS
ON FORTUNE

伊博

北京市环保局
大气环境管理处
工作人员

张莹

中国社科院城市发展与
环境研究所副研究员

韩晓平

中国企业投资协会
金融企业投资委员会副主任
中国能源网首席信息官

北京雾霾如何治理

北京进入雨季的时候，雾霾天似乎远离了我们，但事实真这么乐观吗？雾霾的根本原因在于旧有的经济增长模式，根治起来非一日之功，治理雾霾，国外有哪些经验可以借鉴？政府、企业、个人，都该做些什么？

视角一：环境保护和经济发展是否矛盾

夏天的北京，雾霾天时隐时现，冬春之交的雾霾似乎已远离北京。然而 2014 年 7 月上旬，北京再度出现 PM2.5 污染问题。北京市环保局最新披露的数据显示，北京全年 PM2.5 来源中，区域传输约占 28%~36%，本地污染排放占 64%~72%，本地污染源主要由机动车、燃煤、工业生产、扬尘等组成，其中机动车尾气排放最大，占 31.1%。北京正式监测 PM2.5 以来，2013 年 1 至 4 月出现了 15 次污染过程，重污染天共 31 天，占全年 58 天的一半以上。

伊　博： 入夏后雾霾确实有所好转。北京 PM2.5 污染具有季节变化的特征，比如**春冬季节，全市 PM2.5 浓度会比较高，主要由于燃煤污染集中在冬季，此外冬季也容易发生一些静稳逆温的不利于气象扩散的条件。**

北京市 PM2.5 来源，机动车尾气排放占 31.1%，其实是把本市内部分做到百分之百再去平衡各个比重所占的比例。从这个来源看，机动车已经成为北京市本地排放的一个最主要问题。毕竟北京市的机动车保有量已经达到 540 万辆，这个基数很大，而且机动车尾气中的一些有机物或元素碳，本身就是 PM2.5。第二，在 PM2.5 形成中，有一种二次污染的形成，机动车排放的氮氧化物和挥发性有机物，恰恰是二次污染的前体物或者催化剂。第三，机动车也是道路交通扬尘的一个主要来源。PM2.5 的成因中，机动车确实占了很大一部分。

有人觉得保护环境可能会制约经济发展，我不这么认为。经济发展的目的是为了改善生活，这点和保护环境的本意一致。两者之间并不是对立的，而是一个问题的两个方面。

张　莹： 从 2010 年到 2014 年的月度数据来看，**北京 PM2.5 浓度最高时在冬季，可能会超过 90 微克每立方米，夏季可能有 70 多微克每立方米，呈现出季节性变化趋势。**

2013年底，中科院发布了北京PM2.5数据，与北京市环保局发布的数值出入非常大，其中汽车尾气排放只占4%。当然这个数据引起了质疑，从国际经验看，汽车尾气、工业排放和扬尘应该可以各占三分之一的比重。所以汽车尾气排放占了第一，毫无疑虑。

在治霾成本方面，目前可能没有一个很精确的数值，毕竟治污治霾，需要涉及多领域投入。但有些成本是可见的，比如关停小火电，可能导致一些落后或者产能高污染的工厂以及与其相关的行业职工的转移，这些都可能影响到经济增长。

韩晓平：雾霾近来有所减弱，除了季节性因素，还有近来整个经济形势趋缓的原因，河北有很多高耗能、高污染企业相继关闭，这两个原因是最直接的。

在雾霾形成的原因中，机动车尾气排放占到第一位，这点我不太认可。北京机动车所用油已经是国五标准，不大可能会有这么大的污染。

治霾固然需要成本，有人因此觉得环境保护和经济发展有矛盾。记得前不久，我去了河北唐山南浦县的申家村，当地农民以前一家要烧两吨煤和很多柴火，现在用天然气采暖、洗澡、做饭，平均费用反而减少了。一个采暖期，每家一年大概400多方气，按照一方气两元三毛五来算，也就一千元左右，可是一吨煤却将近一千元。而且，我们还需要去比较两者带来的其他长远收益，比如对健康的影响，对未来可持续发展的影响等。当所有这一切都考虑进来后，大家会发现，经济发展和环境保护之间没有冲突。

视角二：如何借鉴国际治霾经验

半个世纪前，伦敦深受雾霾之害。1952 年 12 月 4 日至 9 日，大范围高浓度的伦敦雾霾，在短短几天内导致 4700 多人因呼吸道疾病死亡，之后数月又有 8000 多人死于非命。这一事件促使英国痛下决心治理雾霾。1956 年英国出台了世界上第一部空气污染防治法——《清洁空气法》，规定城镇使用无烟燃料推广电和天然气，冬季采取集中供暖，发电厂和重工业设施迁至郊外等。20 世纪 80 年代，交通污染取代工业污染成为伦敦空气质量的首要威胁。英国政府又采取了征收"交通拥堵费"、限制汽车尾气排放、推广使用无铅汽油、大力推广新能源汽车等措施应对。伦敦用了近半个世纪的时间，才摆脱"雾都"的称号。伦敦之外，洛杉矶、东京等国际大都市在发展过程中，都曾经历过严重的大气污染，之后得到治理。这些国际经验，北京能借鉴吗？

张　莹：作为最早的工业化国家，英国处理空气污染的整个进程也不是一帆风顺。首先，英国用立法体系去保障执行和治理的权威性。第二，英国在一些市场机制的使用和施行上做了有益的尝试。现在英国伦敦看似已经远离"雾都"，其实到目前为止，在所有欧洲的大型城市里，伦敦仍然是空气质量最差的一个。

北京的区域传输特点比较显著，这是和伦敦、加州这些地区的区别。在这种情况下，北京要治理污染，可能还需要结合自身特点加以摸索。其实我国也已经有了一些经验：奥运期间，北京采取一些措施，比如关停部分企业、限号等，所以那段时间污染问题有点趋缓。但是，奥运会结束后，生活生产趋于常态，问题重新出现。其实答案很明显，北京应该再重新采取这些措施。当然，其间面临的阻力以及需要付出的代价，这可能是决策者需要考虑的问题。

北京现在的空气污染，可能混合了英国、美国、日本各种空气污染和大气颗粒物的成分，非常复杂。而且北京还有些不同，相较其他城市，北京人口基数大、人口过度集中、污染气体排放水平高。近几年，整个北京市经济总量和人口的增加速度，在其他发达国家城市从未出现。所以，北京环境治理起来，并没有想象中乐观。

韩晓平： 英国的治理分三个阶段：第一阶段是第一次工业革命的污染治理，治理对象以煤为主，主要是二氧化硫，包括人为锅炉房的改造。但是直到 1967 年发现北海油田后，治理才起到根本性作用，并在短短 7 年内治理成功。第二阶段是第二次工业革命的污染治理，方法包括汽车减排、进城税等。现在进行到了第三阶段。所以，英国治理环境是个渐进过程，**而中国最麻烦的是，要把第一次、第二次和第三次工业革命出现的问题一起治理，所以问题比任何一个国家都复杂。**

除了伦敦外，加州也是很典型的污染城市。第二次工业革命后，加州的污染以汽车尾气污染型为主，加州执行了非常严格的氮氧化物排放标准。现在北京的执行标准也是非常严格的。比如欧五标准的汽车，氮氧化物的排放跟加州目前执行的标准完全一样，油位基本一样。但是，为什么空气质量还不见好转？主要问题还在于周边环境的污染。奥运会期间，关闭了周围几百公里的工厂，同时实施其他措施，比如单双号限行，减少 50% 的车辆，政府机关的车也不开。现在，限号政策只能减少大概 20% 的车辆，而且这些年机动车还在不断增加。

大家都认为雾霾很难治，需要很长的时间。其实，从发现问题到开始找到解决方法的过程中，发现问题可能需要 80% 的时间，一旦找到方法后，可能只要 6 年左右就能解决问题。英国是最典型的例子，1967 年、1968 年开始开发北海油田，以气代煤，发展核电，用了七八年时间就解决了煤污染问题。只要下定决心，不说全国，至少京津冀地区在三五年就可以见效。

伊　博： **北京在大气污染治理过程中，可以说正在借鉴或者准备借鉴英国的成功经验，包括立法、多部门控制以及机动车污染的防治等。** 北京在全国率先发布实施《大气污染防治条例》，这是继国家《大气污染防治行动计划》，也就是俗称的"国十条"发布后，第一个城市发布的省级《大气污染防治条例》。北京也实施了京五排放标准的机动车排放标准和油品标准，这是向欧美的排放标准学习。

国家发布的"国十条"对北京市提出了要求：从2013年到2017年，利用5年的时间把PM2.5的年均浓度比2012年下降25%以上。在全世界来讲，这速度算是比较快的。

视角三：治霾，从何处入手

2013年9月，《北京市2013-2017年清洁空气行动计划》正式发布。这一计划的目标是到2017年，北京的PM2.5年均浓度将比2012年下降25%以上，控制在每立方米60微克左右，为此，北京市的总投入预计高达7600亿，这些资金主要围绕压减燃煤、控车减油、治污减排、清洁降尘四个领域进行投放。

2014年2月国务院常务会议提出，在治理大气污染时，要发挥价格、税收、补贴等政策的激励和导向作用。全国政协委员财政部财政科学研究所所长贾康提出，在治理雾霾过程中运用财税手段来促进治理，包括征收环境税，对大排量汽车、私人游艇和飞机征收消费税等。还有环保人士建议，除了环保电价、专项资金、新能源汽车补贴、油品升级价格等措施外，绿色信贷、绿色证券、绿色供应链等经济手段，未来也应该更好地应用起来。

韩晓平：所谓乱世重典法，我觉得要用法律手段来治理雾霾。北京现在穿城而过的大卡车、重载卡车，这些车用的油不是汽车用的油，而是工业柴油，工业柴油的含油量才2%。这些车一定要先管理好，从根本上禁止其进入北京。此外还有一些违反排放规定的工厂，对之都要严格执法。但是我国往往执法不到位。在国外，如果一个工厂污染环境，必须立即停止生产，不进行改造根本不可能再恢复生产。

企业是逐利的，多数企业都不愿意花钱治理环境。现在我国地方环保部门最常用的方式是罚款。结果，企业认为，既然钱都罚了，那更可以肆无忌惮地排放了。所以罚款绝不是治理问题的根本方法。只有给企业一个外部动力，让它明白，必须改变，否则只有关闭。而现在很多地方企业和地方政府暗中博弈，它们认为，如果政府把我关了，地方就失去了 GDP 和税收。正是这样一层利益关系，导致地方政府对污染厂家睁一只眼闭一只眼。

企业要配合，个人也要配合。刚才讲的河北农民煤改气的例子可以作为参考。城市居民也需要配合，因为会逐渐去补贴化，然后更多地实行调节，比如采暖要可控、可调，不需要的时候尽量调到最小，尽可能节约能源。

前两天我遇到一个从海外回来的博士，他正在研究一种催化剂，尾气通过催化剂后，会有 95% 的氮氧化物被吸附。诸如此类的技术需要更多去研究推广。但是现在的问题是，新技术固然好，要变成政府推出的标准，让企业去使用，往往非常难。

张　莹：**我比较倾向于用经济手段，用市场机制来治霾**。因为环境污染问题必须要标本兼治，如果只用法律手段，在短期内可能会取得一些效果，但治标不治本。比如去年一些污染比较重的工厂被政府叫停，可是过了橙色预警后，又重新运转。当然，执法是必需的，只是还要有一个很好的机制，有市场手段，比如罚款，这就是经济手段。

工业污染的治理需要企业的配合，这方面需要制度上的改革，比如可以对炼油厂、电厂做价格上的改革，激励这些企业去做技术上的调整，提高能效，降低成本，不能总是从罚款的角度入手。在现阶段来说，要治污就必定要有投入，除非技术已经很成熟。所以现在需要实行价格补贴或者经济激励的手段，去鼓励企业研发，降低成本，以低成本实现环境友好型的生产模式。

我比较担忧的是，个人是否有积极性参与到治污工作中。去年成都做过网上的民意调查，调查网民是否赞成城市治理空气污染所采取的一些措施，只有不到四成的人表示支持。现在有一种情况，就是面对恶劣的污染，市民更多的是怒骂，缺少实际行动。当个人利益和共同的环境利益发生矛盾时，很多人还是倾向于维护自己的利益。

伊　博： 政府在制定措施的时候，也很想找到一个一步到位的措施，但是反复考虑，很难找到这么一个一针见血的方法。所以只能打组合拳，即各方面措施并举。所以**光靠经济手段或法律手段都远远不够，还应该包括一些标准的政策措施、技术手段措施等**。

对待企业污染，政府可以从两个方面入手。首先要严标准，严格制定有关的排放标准，排污收费也是促进企业改进、自我革新的不错方法。五年行动计划发布实施后，北京市大幅提高了排放大气污染物的工业企业的排污费收费标准，提高将近十倍。当时很多企业都在反馈，如果自身不改造不升级，所有利润都将成为排污费。其次，政府也要对企业起到引领和支持的作用，比如五年行动计划提出了环保方面的领先型企业，对这些企业进行补助，这能起到一定的示范效应，可以促进企业改革。

每一个普通市民其实都是大气污染防治的参与者，同时也是良好空气的受益者。市民在关心、监督和帮助政府推动实施各项大气污染治理措施的同时，也要从身边的事情做起，参与到绿色活动中来。比如出行尽量乘坐公共交通工具，或者拒绝露天烧烤。

结束语：

　　季节转变带来雾霾的消退，但是，我们希望雾霾的消退不仅仅是单纯的季节性趋势，而应该是一种长期结果。在强调绿色经济的时代里，治霾已经势在必行。北京应该从国外一些污染城市的治理策略中寻找经验，结合自身特点制定治理方案。同时，也希望企业和个人积极配合，毕竟城市是大家的。

【锋汇词典】

保有量：指某地某个时间点上已登记在册的或处于在用状态的某种物品的数量。

二次污染：当某些一次污染物在自然条件的作用下改变了原有性质，特别是那些反应性较强的物质，性质极不稳定，容易发生化学反应，而产生新的污染物，即出现二次污染。

绿色供应链：一种在整个供应链中综合考虑环境影响和资源效率的现代管理模式。

刘桓

中央财经大学
税务学院副院长

陈国强

中国房地产学会
副会长

顾云昌

全国房地产商会
联盟执行主席

房产税与高房价的博弈

    2013 年，国务院办公厅发布通知，提出扩大个人住房房产税改革试点范围。这也是当下经济体制改革的一项重要内容。此举被业内人士认为是本届政府楼市调控的关键一招。但是，上海试行房产税后，新建商品房住宅价格依然有所上涨，对此有人不禁要问，似乎试点房产税并不能成为楼市调控的一剂良药？

视角一：房产税的试点扩容

　　面对房价不断升高和逐渐"失灵"的行政性调控手段，房产税试点扩容被提上日程。事实上，扩大试点范围的方向早已明确，但继沪渝两地后，谁是第三个试点城市尚未明确，增量存量联动还是增量先行也没有具体方案。

　　在上海、重庆试点房产税之前，全国共有 10 个省（区、市）启动物业税"空转"试点，包括北京、辽宁、江苏、深圳、宁夏、重庆、安徽、河南、福建、天津。有分析认为，新一轮房产税试点城市也可能在以上地区中诞生。

　　作为第一批进行房产税改革的城市，上海的房产税，征收对象针对的是增量住房部分；重庆则是高端住宅。具体来说，上海主要针对新购房超过人均 60 平方米的部分，税率为 0.4%、0.6% 两档。前者的适用对象是市场交易价格低于上年度新建商品住房平均销售价格 2 倍（含 2 倍）的住房；而重庆则偏重对存量、增量独栋别墅以及新购高档商品房征收，税率为 0.5% 至 1.2%。

顾云昌： 几年前上海和重庆分别进行了房产税试点，取得一定成效。现在，税务部门想把房产税推向全国，当然，在前一时期难免会引来各种各样的争论：到底在哪几个城市试？以什么样的方案试？试点对房地产的影响有多大？面对这些争论，**政府首先要弄清楚设置房产税的目的，这样才能把思路和方案设计得更好。**

陈国强： 过去的房地产调控更侧重于一些短期目标，特别是降低房价目标，而房产税恰恰是一个长效机制的重要组成部分，这跟之前的一些调控做法显然是有差别的。**现在要进行的试点扩容，我觉得在城市选择上应该要有所分类，就是以不同类型的城市作为试点。** 可以分为一线、二线、三线，或者分为东部、中部、西部，等等。把一些具有代表性的城市列入试点范围，这是一种思路，可是这种思路在现有备选名单里似乎体现得不够明显。这次北京未必会进入试点范围，因为北京有个最不利的条件，就是房产有其特殊性，所以实施起来应该会比较困难。

现在如果要讨论征收方式，首先要明确我们接下来的试点扩容，是参考现有的上海版或者重庆版，还是另起炉灶，重新确定一种新思路。无论是上海版还是重庆版，它们都有一个共同点：税基比较窄，税率也很低。如果下一个试点城市只复制或者参考这两个方案，那么效果只是城市数量的增加，并没有多大意义。所以，新的试点城市，也许应该在现有方案之外另起炉灶，尝试一种新思路。

刘　桓：**现在试点扩容呼声最高的城市中，有些在七八年前就试点过物业税，所以自身会有一定的征收房地产税的基础。此外，因为大家都认为房产税可以抑制房价过快上涨，所以房价高的地方呼声自然也会比较大。**从这点来看，北京很有可能会入围，毕竟它是目前全国房价涨得最快的城市。只是北京的房子如果要征房产税的话，难度应该会比较大。首先它是首都，全国人民都在这里投资，在产权登记方面恐怕会产生很多意想不到的问题。第二，北京是中央所在地，有很多央产房，它们的登记管理办法无法采用统一标准。

房产税的征收办法各国有所不同，有以美国为代表的，凡是买房就要交税，这是天经地义的。还有一种方法为很多国家所采取，就是基本住宅免税，这种方法考虑到了基本住宅独特的性质。目前北京、上海的房地产市场很特殊。有一些大学生毕业后，全家用几十年攒的钱来帮他付首付，后面几十年的钱他自己按揭，这种情况要征税，似乎有点不合常理。所以在中国实行房产税的话，基本住宅也应该是免税的。

如果要参考国外经验，我个人比较推崇的是德国模式。先规定出生活必要的面积，比如 1958 年时，德国规定每人 42 平方米，超过 42 平方米才征税，后来升到了 60 平方米。然后还要考虑结婚成家的问题，德国家庭标准模式为一对夫妇两个小孩，所以买房的最低面积为 60 平方米乘以 4，等于 240 平方米，也就是说，无论是一个人、两个人、三个人或四个人，购买一套房子在 240 平方米以内都是免税的。这种模式比较细致，也比较人性化。但中国相对麻烦，比如买个 180 平方米的房子，没结婚之前一个人住，要交 120 平方米的税，结婚后两个人交 60 平方米税，生一个孩子后不用交税了，这样太麻烦。

视角二：房产税能影响房价吗

目前，市场中多数观点期望，房产税能直接抑制过高的房价，打击过热的市场。不过，作为首批实行房产税改革的城市，上海、重庆两年的试点并没有出现降房价的效果，房价反而还有所上涨。

土地市场也在急速升温。全国一、二线城市土地市场普现升温，几个大中城市的地方政府更狂揽百亿元土地出让金。由此可见，沪、渝两地开征房产税，增加了应税住房购买者的持有成本，一定程度上抑制了炒作心理，但对现在房价下降预期影响不大。

住建部政策咨询专家、亚太城市房地产业协会会长谢逸枫表示，现阶段单凭房产税、交易税等都难以达到彻底消除房价上涨因素的功效，需通过房地产制度与金融制度及经济体制改革等疏导市场政策的交替实施、配套运用，建立房地产调控长效机制，对症下药才能实现中国房地产市场"药到病除"。

陈国强：通过两个试点城市的经验可以看出，**房产税对于地方财政税收的贡献比较有限，同时虽然对于抑制房价上涨有一定作用，但是表现得不是很明显。**所以，不能去期待，或者指望通过房产税试点，能够有效抑制房价上涨。征收房产税并不会决定房价涨不涨，也并不是把税率定高一点就能抑制房价上涨，国外是这样，我国两个试点城市恐怕也不能免，毕竟房价上涨背后牵扯的因素太多。同时，也不能指望在试点阶段，就能对地方税收产生多大贡献。

还有一点，现在的试点方案所涉及的面非常窄，税基和税率都很低，能够收起来的税收就很有限，微不足道。如果加大力度，把税基和税率都调高，比方把上海征税的覆盖范围扩大 100 倍，税率上调 1 倍，这样一定会使情形改变。

刘　桓：当时设计物业税的时候房价并不高，现在一旦征收房产税或征物业税，大家马上想到一个问题，这些税种对这么高的房价有没有抑制作用？自从我国开征房产税以后，重庆也好、上海也好，房价都没有得到很好的抑制，所以，看起来房价似乎不受税收影响。其实这个说法可能不太准确，因为房价影响因素不仅仅包括房产税。

首先我们得承认现在房价还在涨，但要看到物价也在涨。在物价上涨的情况下，砖瓦沙石、政府出让土地、招拍的价格全在涨，所以房价是不可能跌的。现在政府的土地出让金一年高过一年，比如有的地方拍卖土地已经到了这样一种程度：还没盖房时，一平方米的底价达到 4 万元。试想如果面粉卖到 4 万元，那些面粉做成面包得多少钱？所以在这个过程中，政府首先要规范自身行为，不能因为土地出让金一高就成交。

所以房价涨不涨和房产税没有直接的线性关系，但确实存在一定关系。比如有房产税以后，买房要征税，这就增加了买房成本，导致很多投机者，尤其是按揭投机的人可能支付不起，自然就不买了。所以房产税一定程度上可以抑制投机。

此外，人们对房地产的发展预期会产生改变，于是有些可买可不买的人最后就选择不买了。但如果非要投资房产的人还是会去买，他只好采取一种办法，比如征 10 年 30 万的税，我最终转手全让买房者承担。这方法能不能成功很难说，但这种预期心理是存在的。所以只能说，房产税会改变大家的投机预期心理，但不能在根本上改变房价。虽然说 10 年前北京的房子平均是六七千一平方米，现在涨到了五六万，但同时不要忘了，当时一元可以买十个西红柿，现在十元就只能买三个。物价涨了这么多，房价不涨似乎不太现实。如果征收房产税能改变房价的运行轨道，使房价不涨得这么快，已然很不错了。至于加大力度，调高税基和税率，还要看老百姓的意愿。税收是没办法无限增加的，都会有个限度，这个限度要符合国情，符合民意。

顾云昌： 房产税和房价并没有什么直接关系。美国也有房产税，税率并不低，可是房价照涨、泡沫照起。德国也有房产税，虽然它的房价稳一点，但是也在上升，只是上升速度慢一点。香港的房价更不用说了。所以，也许**房产税能起到一定作用，但绝对不是决定作用，对房价起决定作用的还是供求关系**。所以归根到底，讨论房价问题一定要抓住牛鼻子，也就是供求关系。

视角三：房产税的终极使命

当下，房产税扩容的目标不再只是平抑房价，而是上升到经济体制改革的重要内容。具体到房地产市场，业内人士普遍的共识是，房产税的全面开征一定要厘清四个方面的问题：第一，房产税与土地出让金、住宅土地 70 年使用权之间的关系；第二，对于持有环节征收的房产税一定是建立在交易等环节减税的基础之上；第三，房产税的全面开征，最终要向存量房开刀，即向多套房拥有者开征，只有这样，才能真正起到抑制投资投机的作用；第四，房产税能够真正起到调节收入分配、缩小贫富差距的作用。

目前，我国房地产税收主要在三个环节：开发、流通和保有。开发环节主要是针对房地产开发商的税收，流通环节则包括契税、印花税、二手房转让的营业税等，种类较多。但保有环节的主要税种，只有城镇土地使用税和对经营性房地产征收的房产税,且事实上征收率较低。

统计显示,从 2003 年起,土地转让金逐渐成为地方政府收入的主要来源。有关专家认为,开征房产税可以解决分税制改革以来地方财政过度依赖土地出让金的状况。未来,房地产税有逐步取代土地出让金的可能。

改革需要一个渐进的过程。从长远看,房产税制改革有利于政府在履行职责和财政来源建设上建立一种良性循环;有利于优化土地资源配置,推动房地产市场稳健发展;也有利于实现收入的良性再分配。可是,短期内,房产税也引来了一些反对声音,他们认为在目前中国人均 GDP6000 美元左右的情况下,提高财产税在个人税赋中的比例不太合适,这无疑在增加大家税收方面的负担。

刘　桓: 中国目前 19 个税种中,大概有 10 个税种涉及房地产。比如,房地产开发要交营业税,要交企业所得税,个人炒房要交个人所得税,此外还有房产税、土地增值税、土地使用税、契税、印花税等等。所以这方面百姓的负担还是比较重的。

　　一个国家国民的赋税能力,是政府制定政策的一个依据。比如,一个人一个月赚 4 千元,征 10% 的税,可能意味着他三天没饭吃。如果是赚 4 万元,征 10% 的税,他的生活水平只是有所下降,就是这样一个差距。所以,税收的负担应该施加在较富的人身上,只有这样才能解决收入分配不公的现象。所以,房产税问题归结到税收应该施加在谁身上,如果是施加在普通百姓身上显然不合适,如果是施加在那些特别有钱、有许多空房子不住的人身上,那就是合适的。

　　对房产税的试点,地方政府的积极性都不是很高,这也是让地方政府很纠结的事。虽然征税可以增加地方财政收入,是好事,但同时也可能影响到活跃的房地产市场,使房地产市场交易减少。所以地方政府有点投鼠忌器,两头为难。如此,必须找到一个平衡点，既让政府有税收收入，又让房地产市场不受影响，这也是政府该考虑的问题。

还有一个问题，我国目前土地财政的现象比较严重。现在很多部门都认为我国不是土地财政，钱还是有计划地在使用。但是，一个城市土地出让金几乎占市本级财政收入的80%，这还不算土地财政吗？比如北京，虽然这几年由于房地产调控后稍微好转，当时房地产价格最高的时候，土地出让金曾经高达1300多亿，相当于市本级财政收入的80%。这么大的财政收入是不能持久的，一旦降低，后期问题就很难解决。2003年、2004年设计物业税的时候，也是希望能够通过这个税收去替代土地财政，但现在看起来，我们当时想得似乎并不对。

虽然问题颇多，但推出房产税已是大势所趋。关键在于，我们要让大家都明白，开发土地只是暂时的，是不能持久的，这点国外也概莫能外。其实中国开放改革那几年，个别省份也出现过这方面的问题，地卖光了，财政陷入了困难。所以**应该把眼光放远，给地方政府找到一个可持续的、健康的收入，而房产税，尤其是存量房征税正是这样一个必不可少的收入。**

顾云昌： 有个上海开发商曾告诉我，他从拿土地开始到最后的物业管理，一共要盖258个章，大多数章都是要交费的，这方面负担比较大。所以在开征房产税的同时，也应该减少流通环节的税收，规范开发环节的费用，该取消的取消，这样才能使整体税赋不至于太重。调整税收结构，开征房产税，这两点都不能遗漏。

关于地方政府对房产税试点热情不够这个问题，我想到简政放权。**这次房产税收改革中，也应该按照这样一种思路去做，简政放权以促进地方积极性的发挥。**此外，开征房产税以后应该增加透明度，就是让公众都知道，钱从哪里来，收了多少钱，花到哪里去。

陈国强： 与房地产相关税种的规定，不同城市有所不同，但是有些费用是一致的，比如一些配套费、城市建设费、教育附加费等等。这还是在开发环节，要是在交易环节，如果是出租，就有一个 12% 的房产税，如果是转让，还要加上 20% 的营业税。此外还有一些小额费用，包括中介转让过程当中的中介费等等。这种费用多而杂，是比较麻烦的。

此外还有一个问题，就是地方政府对推进房产税试点缺乏积极性。这个原因很简单，因为在抑制房价方面，房产税作为一个长效手段，比起限购限贷来见效慢很多。而且从两个试点城市来看，房产税带来的税收贡献相对有限，和当地政府通过土地出让获得的土地出让收益相比，根本不是一个级别，不可同日而语。

将来房地产是调控也好，或者改革也好，都应该更多地关注长效机制的建设。房产税恰恰就是能理顺行业未来发展的一些结构关系，促使行业健康发展的基本的长效手段。

结束语：

目前，中国房产税的话题尽管还存在着诸多争议，比如房价是否有泡沫，以及房产税是否能抑制房价过快上涨等等，但大家达成的一个共识就是，房产税的开征既是大势所趋，短期内又不能操之过急，要兼顾地方财政、房地产市场以及公平等各方面的利益。

【锋汇词典】

央产房：职工根据国家政策，按照房改成本价或者标准价购买的由中央在京单位建设的安居工程住房和集资合建住房，也视为已购公房。

存量房：是指已被购买或自建并取得所有权证书的房屋。

杨燕绥

清华大学公共
管理学院教授
就业与社会保障
研究中心主任

缪青

北京市社会科学院
研究员

阎陆军

中国人寿养老保险
股份有限公司北京市
分公司总经理

养老金差距谁来补

　　长期以来，企事业单位退休人员在养老待遇上的不平等饱受诟病。有句话是这么说的，企业退休人员热热闹闹几百元，机关退休人员不声不响几千元。话虽不完全准确，却在一定程度上道出了这种差距。我国从 20 世纪 90 年代起，启动了养老保险制度改革，从那以后企事业单位的员工在退休金上就拉开了差距。随着改革的推进和社保的提高，"双轨制"终将合并统一。然而何时合并？怎么合并？关乎数亿人的养老金问题改革路线目前还并不清晰。

视角一："双轨制"改革势在必行

同样是退休，从企业还是从机关、事业单位退休，待遇可谓天壤之别。目前，我国实行两套并行的养老金体系，一是政府部门、事业单位的退休制度，个人无须缴纳社保，由财政统一支付养老金；另一套是企业单位的"缴费型"统筹制度，企业和职工本人按照一定的工资比例来缴纳。

同样的工资、工龄，同一时间退休，企业职工和公务员的退休金最高能相差三倍。养老保险是社会资源的重新分配，首先要解决的就是"企业人"与"机关人"之间的公平性问题。人民网网上调查，网友直指养老金"双轨制"是当今社会收入分配的最大不公。对此，人力资源和社会保障部曾表示：无论是养老还是医疗，很多事业单位包括机关的社会保险制度改革正在稳步推进，其人员与企业职工一样逐步参加了各类社会保险。随着社保标准的提高和改革的不断推进，"双轨制"终将合并统一。

杨燕绥： 所谓养老金"双轨制"，主要还是相对于职工范围来说。拿相等工资的职工，在机关事业单位上班的，自己无须缴费，退休时按退休工资的 80% 至 90% 发养老金，水平一般在 3000 元到 5000 元之间，可以保证生活；在企业上班的，每月由企业缴费 20%，个人缴费 8%，按照缴费工资形成一个替代率，然后根据一个公式计算出养老金，现在平均是 1700 元，相当于缴费工资的 43%。两相比较，一边是零缴费，最后养老金是个人工资的 80% 至 90%；一边是 28% 的费率，最后养老金是缴费工资的 43%。两个制度相差非常大。

可以说企业职工这个养老金制度，用老百姓的话来说就是一个倒贴制度，缴的太高，领的太少，所以无论是企业还是职工，都对这个制度缺乏积极性。所以企业拼命降低费基，实际工资 8000 元，却宣称只 2000 元。

如果"双轨制"还不改革，两者之间的养老金差距会越来越大。十八大以后，我国计划收入翻番，则按照个人基数的80%至90%，机关事业单位的养老金将越来越高。而企业职工因为是社会互济计划，替代率相对较低。在过去那么多年里，给企业职工养老保险每年增长10%。即便如此，现在差距依然在拉大，如果还不进行改革，这个差距将更大。

如何改也是一个问题。如果要把企业员工养老金往上提，又能提到什么程度？那个费率，现在很多地方靠中央转移支付，上届政府每年增长10%，下届政府也每年增长10%吗？如果是让事业单位往下降，可是这福利是刚性的，降一分钱都不可以。此外更没有什么折中办法，所以实际上是没有出路的，阻力非常大。

阎陆军： 现在养老金"双轨制"的不公平，目前已经成为小范围内凸显的一种社会矛盾。所以"双轨制"改革必须进行，而这样一个改革的实施，其实就只要一个条件，那就是政府要下定决心。而且在并轨改革上，肯定不能单纯地在双方的制度上去设计，应该统合所有人群，统合设计一个制度，然后双方一起实行一些改变。

缪　青： 现在的年轻人都会犹豫要不要交养老险，因为他们认为现在交了很多，将来不一定用得到，而且也不确定将来能实现这种保障。所以"双轨制"一定要进行改革，但显然不能把事业单位的养老金往下拉，这会引起新一轮的社会不稳定。所以关键还在于，如何把企业的养老金标准逐步提高，而这又涉及整个顶层设计。

视角二：养老金缺口和空账问题

"双轨制"合并迫在眉睫，当务之急就是提高企业养老金的支付水平。然而，当下养老金缺口和空账增长迅猛，已经成为企事业单位养老金并轨的最大障碍。

空账问题源于 20 世纪 90 年代。当时我国启动养老保险制度改革，其中企业职工养老保险实行社会统筹与个人账户相结合的二元结构方式。然而 1998 年的国企改革中，2800 多万职工下岗，其中 80% 的职工是提前退休，按照之前的制度设计，这部分人的养老金没有预算，只能挪用个人账户中的钱来支付，从 1998 年挪用至今便形成了所谓养老金空账。面对日益严峻的养老金亏空问题，人们不禁要问：未来我们的养老金是否会存在支付危机呢？

对此，人保部经过统计后，宣称短期内中国养老金应该不会存在支付危机。然而由中国银行首席经济学家曹远征牵头的研究团队发布的《化解国家资产负债中长期风险》中预测，如果不改革，2050 年养老金累计缺口现值将相当于当前 GDP 的 80% 左右。

那么，未来中国养老金支付到底会不会有缺口？对于养老金空账的远虑和近忧，应怎样去权衡？

杨燕绥： 缺口和空账是两个概念，空账的威胁在于，我国现在还是九个劳动人口对一个老龄人口。计划生育几十年，结果少生四亿多人口，未来 10 年，劳动人口跟老年人口的比例将急剧下降，很快我国会是五个养一个，然后三个养一个。所以，空账不仅仅是当下问题。现在对空账有两种观点：一种认为近忧大于远虑，认为当下做实账户很难，不如不做。一种认为远虑大于近忧，如果现在不解决将来可能出现的人口结构问题，政府未来还得起这个钱吗？

我们的养老金准备是不是充足？不足就形成负债。从未来折算到今天看负债，还要看统计口径，如果统计口径只是按照企业职工来看，则个人账户被挪用，记账利息低于实际通货膨胀，意味着将来政府要补三笔钱：个人账户挪用的本金要补上；空账利息也是个承诺，要补上；储蓄不足，因为投资不够，所以贬值造成将来的支付替代率越来越低，这个差额也要补上。这三笔账都要补，加起来就是一个大数目。这还只是对于企业职工而言，如果机关事业单位也加入企业职工的养老保险，或者随着城镇化进程加快，农民工转移进城，一并参与到这个计划中，则人群更大，负债也就更加严重。所以实际上，缺口将变得非常大。"人保部"说没有缺口，指的仅仅是短期内。随着收入倍增，缴费基数变大，未来三五年也许真的不会出现缺口问题。但是政府没有考虑到老龄化问题，这可能导致将来的负债问题要比当年支付缺口问题严重得多。

并轨解决不了空账问题和未来的负债问题，而且还可能使它的成本更高。因为机关事业单位原来是国家财政兜底的，如果让它参加到企业职工养老金制度，意味着要承担 28% 的费率，作为非营利机构的事业单位，如何去筹集这个资金是个很大的问题。所以为什么改革进行了五六年，事业单位都不响应，因为它没地方筹资，而国家财政也不会负责这笔钱。这就可能产生很大的问题，如果事业单位加入企业职工养老金制度，却解决不了费率问题，一旦有人要退休，只能用退休基金里的钱，这意味着事业单位的职工养老金要用企业职工的钱来填补。

阎陆军： 现在对缺口问题普遍有两种看法，一种认为有缺口，一种认为没缺口，但是千万不能让这个问题掩盖了空账问题。现在正是由于空账问题，也就是说个人账户没有做实，导致制度设计理念的缺失，也就是说减少了一种人们解决自己保障的一个途径。

现在**只要政府下定决心，并轨是可以操作的。但是一定要算清楚账，至少底线应该是使这个制度可持续，同时还要消弭制度层面本身存在的缺口和空账问题**。特别是缺口问题，必须得在统筹账户的层面上去判断，而不是把个人账户的钱挪用了，然后自欺欺人地认为不存在缺口，这是不科学的，也是不理性的。

缪　青： 随着人类社会的发展，医疗保障、社会保障的发展，人的寿命不断延长。寿命延长以后，会出现大量慢性病、老年病，这需要花费巨额的医疗开支。**如果我们在护理模式方面能够提供比较好的服务，来降低高额的医疗费用，能有效减缓养老金将来可能出现的空账问题。**

视角三：养老金制度如何改革

专家预计，中国劳动年龄人口绝对数量减少的拐点将发生在 2015 年，据此测算中国将在 2020 年时步入深度老龄社会，未富先老的隐忧给制度创新带来了挑战。

针对"双轨制"带来的问题，2008 年初，国务院出台了《事业单位养老保险制度改革方案》，在山西、上海、浙江、广东、重庆五省（市）进行试点。改革思路是：对事业单位中具有行政职能的纳入公务员的劳动保障体系，具有经营性质的单位参照企业职工保障制度，而对占绝大多数的从事公益服务的事业单位人员实行与企业职工一致的养老保险制度。

后来颁布的《深圳市事业单位工作人员养老保障试行办法》，决定对其实施后新进入深圳事业单位并受聘在常设岗位的工作人员实行基本养老保险与职业年金相结合的制度，基本养老保险与企业完全一致。这一办法被广泛解读为消除机关事业单位与企业养老金"双轨制"的积极步骤。

中国社科院世界社保研究中心为养老金改革设计了"三步走"的方案：第一，事业单位和公务员的职业年金的制度设计要一起宣布；第二，事业单位不分三六九等，一起参加改革；第三，公务员和事业单位一起联动参加改革。它表示"不要再做试点，应直接启动改革，可以用老人老办法、新人新办法来过渡。"

杨燕绥：养老金也是一个应对老龄化的问题，必须把这个问题放在一个老

龄化的时间表上去考虑。这个问题没有什么中国特色而言，我们必须借鉴那些老龄化比我国更严重的国家。家里老人多了，孩子出去挣钱，发现挣钱不容易，怎么办？只能由两代人共同解决这个问题。所以养老金制度的顶层设计叫二元结构。

其中一元结构就是国家要建立中央统筹的国民基础养老金，通过税收来解决，这就不存在各地方的差异问题。通过税收建立养老金税或者社保税，保证老年人的吃饭问题。另外一方面，要把政府责任限制到保基本、全覆盖，但不等于不用改善老年生活，让老年生活的改善靠自己。所以二元结构的另一元结构，就是个人养老金计划，包括个人储蓄，包括企业缴费，甚至企业的员工福利，企业年金缴费，还有商家消费积分，积分可以转换养老金，此外还有一个准公共品自储公助。就是说，政府要做三件事：税收减免，服务系统要终身携带，而且低成本养老基金必须保持增值。长期存的养老金不可能亏损，如果亏损肯定是投资策略不到位。如此形成一个二元结构的养老金计划，这件事应该提上日程了，给的时间最多是 8 年。

还有企业年金。中国从 2004 年至今，企业年金作为一个非常好的实证，证明了如何培养养老金受托人，如何培养养老金市场。企业年金为中国养老金市场培养了 11 个很优秀的受托人，这是它最大的贡献。现在，企业年金的年化收益已经超过 6%，是一个非常好的成绩。

现在，事业单位之所以不愿意改革，一方面因为负担太重，还有另一方面，事业单位认为机关不改，为什么自己要改？这样看来，机关和事业单位必须先放下架子，做出表率，引领国家养老金结构调整，应对老龄化，这才是大势所趋。

阎陆军：企业年金制度在设计之初，就是为了动员企业和个人的力量，对个人基本养老保障做补充。设定很科学，考虑到一些风险因素，设立了几种资格管理人，包括受托人、账户管理人、托管人和投资管理人四种身份，以此确保资金的保值增值和安全。如果再有一些公共政策予以支持，可能还会更好，而政府在这方面的制度支持还不够。

未来政府应该会给予支持，包括现在，政府已经对社会保障的问题做了一些直接的支付。我认为可以多出台一些公共政策，进行一些转移支付，这样杠杆效应会更好。比如税优部分，已经讨论了很长时间，包括对企业年金这种制度给了部分的税优政策，一下子就解决了很多问题。

国外一些保障好的国家，都是在自身工业化进程中，伴随着养老需求的提出。但是它有成立制度的基础，有丰厚的财政投入，特别是这次欧洲财政危机，就因为起始的社保制度设计提供的标准太高。而对于中国来说，在这方面的压力，就是缺乏一个雄厚的社会保障基金，不管这基金是来源于哪些方面。

缪　青：关于顶层设计和整个结构调整，其实在养老金这个方面最重要的是开源，就是多管齐下解决空账问题。**在开源方面，可以针对老年人护理和医疗费用，开设一些护理保险**，这个在德国、日本都有。

"双轨制"主要是从社会公平来解决养老金问题，如果各个方面能同时进行，虽然中国可能会碰到未富先老的挑战，但可以及时调整，比较平稳地应对这种老龄化挑战。

结束语：

中国养老金制度，除了有历史遗留下来的空账问题，也有不断扩大的缺口问题，可以说既有远虑，又有近忧。戴相龙先生在谈到这个问题时，用"有缺口、有办法、有保障"来形容目前现状。但是只有正视问题，尽快启动相应改革，以一种顶层设计、重点突破的长远眼光来解决民生问题的百年大计，才是解决问题的根本之道。

【锋汇词典】

养老金空账： 是指养老金个人账户里名义上有钱，但实际上却只是个空头数字。

养老金替代率： 是指劳动者退休时的养老金领取水平与退休前工资收入水平之间的比率。

企业年金： 是指在政府强制实施的公共养老金或国家养老金制度之外，根据自身经济实力自愿建立的一种补充性养老金制度。

郑秉文

中国社会科学院世界社会保障中心主任

金维刚

人社部社会保障研究所所长

养老金并轨动真格

　　百姓盼望已久的养老金并轨改革终于有了进展，事实上，早在2008年，养老金并轨改革就已经在上海、重庆等五个城市试点展开，遗憾的是现在都停滞下来了。那么，这次的改革能冲破既有的利益藩篱吗？

视角一：养老金变革真的来了

国务院总理李克强在他的第一份《政府工作报告》中，提出了"改革机关事业单位养老保险制度"。

养老金"双轨制"，是 20 世纪 90 年代国有企业制度改革过程中形成的。1992 年，城镇职工养老保险率先纳入社保体系，而机关事业单位人员的养老金仍由国家财政和单位按退休前工资 70%-90% 的比例支付。1993 年以前，机关事业单位和企业的人均离退休工资基本在同一个水平线，年均不到 5000 元。此后两者的差距就越来越大，到 2011 年，机关事业单位人员离退休工资年均达到 2.61 万元，而企业职工的仅为 1.81 万元。

自 2008 年以来，养老保险改革曾 3 次被写入《政府工作报告》，人力资源与社会保障部也多次宣布，正在就此进行综合研究和顶层设计，但一直没有具体改革时间表。

如今，养老保险制度改革又出现在李总理的《政府工作报告》中，这次是要动真格了吗？

金维刚： 机关事业单位的养老保险制度改革，是在中央开始全面深化改革的背景下，作为其中一个重要内容列入政府工作计划里面的。关于这项工作，已经列入近年国务院的工作重点，同时也列入人力资源和社会保障部的工作重点。也就是说**养老保险制度改革已经列入到政府的议事日程和工作计划里面，所以，它是一定要付诸实施的**。早在几年前，我们部门就按照国务院领导的指示针对这项改革进行研究。我们现在方案都已经开始初步拟定，所以下一步主要是中央决策的问题。

郑秉文： **养老金并轨这次是动真格了，如果说以前是只听见楼梯响不见人下来，那么现在就不仅仅是楼梯在响，而且好像见着人影了。** 这个人影具体指的是，政府有一些真正的动作了。在进行改革方案的推动、设计方面，与之前的改革相比，是不一样的，以前没有这些前期准备。相关单位、学者也都被咨询或者被要求提出一些切实可行的改革思路和方案，这回要动真格的气息，确实是感觉到了。

视角二：改革的阻力

2008 年，国务院确定在山西、上海、浙江、广东和重庆五省市进行养老保险制度改革试点。具体办法是，事业单位退休制度向企业看齐，在此基础上建立职业年金。改革经验一旦成熟，便推进公务员的养老改革。时至今日，这五省市的改革没有实质性进展。深圳市意外地取得了一些突破。

为什么试点改革那么久却一直没推广呢？对此有媒体总结四点：一是事业单位规律人员担心待遇下降而反对；二是相关配套改革滞后；三是改革需要巨大财政投入，地方缺乏积极性；四是企业基本养老保险制度本身问题重重。哪一点最关键呢？

金维刚： 2008 年的时候，国务院已经正式出台了有关事业单位工作人员养老保险制度改革的指导意见，并且确定了山西、重庆、广东等五个省市进行试点，中央是下了决心要推进这项改革的。之所以还没有出台实施的方案，这里面原因非常复杂。第一，事业单位的改革，需要有一定的必要条件，比如事业单位要进行分类工作，这分类本身就是一个难题，所以到目前为止，事业单位的分类制度改革还没有到位。第二，事业单位的工资制度改革也不到位。第三，我们现在还有很多相关政策也不配套，包括事业单位养老保险制度改革以后，要相应的建立职业年金，这里面也涉及到单位将来如何筹资的问题。所以很多地方在制订相关的具体实施方案时，会感到很困难。此外，从我国过去的福利性养老保障转向保险性养老保障，这种转变对于目前很多机关事业单位人员来讲，还不是太适应。最后，我国现在事业单位和机关过去一直实行统一制度，现在只有事业单位进行改革，这样会让事业单位工作人员会觉得不合理，从而生出一些抵触的情绪。

可是，**改革的主要阻力并不来自于被改革的群体本身，关键在于政府如何设计政策或者改革方案**。在 2008 年的事业单位改革的时候，当时我们有些相关配套改革不成熟，所以单独推进养老保险制度改革就会很困难。实际上，在改革方案的制订时，会考虑到一些利益相关者的实际情况，也会采取一些妥善办法来处理这些问题。

推进这项改革，肯定会加大国家财政负担，因为国家财政一方面要支付已经退休人员的养老金，另外一方面要为在职人员参保缴费，要提供这方面的资金支持，特别是公务员、全额拨款的事业单位，完全由财政来负担，所以这会在一定时期内加大财政负担。就我国目前来讲，现在总体上虽然经济放缓，但用整体财政收入来保障这方面的支出应当是没有任何问题的。

2012 年的深圳改革试点，是对在招聘以后，作为聘任制的公务员，实行新人新办法。按照目前企业职工的这种养老保险制度模式，单位缴纳工资总额的 20％，个人缴纳本人工资的 8％，其中单位缴费部分是由财政来支付的，同时同步建立了职业年金，这个职业年金也是由财政来支付的。员工工资核定的时候，可以考虑这种缴费的因素，所以实际上对他的工资本身来讲，不会有太大的影响。这项制度实施以后对于这些新招聘的公务员来讲，便于流动，因为年轻人不一定想一辈子待在机关里面，也许他将来会到企业去，这样一来，如果他到企业去的话，他的这些养老保险的权益都能够带过去，都能够得到保障。而且这个职业年金是完全由政府财政出资的，所以对他们来讲这也是一个很好的福利性保障。

如果说深圳的改革将来在全国其它地方推行的话，对于一些经济比较困难的地区，中央会加大转移支付的力度来解决这方面的实际问题。

郑秉文： 2008 年养老保险改革推行，后来，《南方周末》做了很多报道，说有的高校教师五十多岁就提前申请退休，有些高校人事处的门槛都踏破了。大家普遍有一种心理：认为改革以后就像现在企业那样养老，感觉自己的利益受损了。于是，为了规避这种被改革的风险，五十多岁的人纷纷申请提前退休。

之所以出现这种情况，是因为改革决策层没有给大家公布一个完整的、不降低待遇水平的改革方案。如果公布的话，大家就也不会产生这种恐慌心理了。

此外，跟财政方面也毫无关系。即使从中人开始改革，比如说从 50 岁开始改革，那么财政为他缴费，他每年增加的费用负担微乎其微，可以忽略不计。唯一有点区别的，就是全额拨款单位、差额拨款单位或者完全是自筹经费的单位，它们资金来源不一样，参加养老保险之后，单位缴费的这部分来源渠道跟工资的来源渠道是同向的，这一点就决定了不管员工分类是什么情况，参加改革就是大家一致，必须都得改。要是中央下了这个决心，那么一切都是顺理成章的。所以，**其实改革最根本的阻力，我觉得还是决策层决心不够**。

深圳的改革试点方向是对的，改革方案是非常合理的。它没有大幅降低职员的待遇水平，所以人们还是愿意加入进来的。当然，任何一个养老金制度，不可能"包打天下"，不可能既适合经济发展水平很高的地区，同时又适合经济不发达地区。深圳改革试点，它的负担肯定还是来自于深圳的财政收入，甘肃宁夏的财政收入、财力不可能跟深圳一样，所以实施一个统一的制度，肯定需要考虑得更全面一些。

视角三：怎么改更合理

"老人老办法，新人新办法，中人平稳过渡"可能是最佳的解题公式。对于"中人"的改革方案争议最多。人社部已完成养老金并轨方案的制定，核心内容是根据公务员的现有工龄，经过计算补齐相应的养老保险和职业年金。在公务员养老金并轨方案出台后，养老保险补齐的年限至少 15 年，需要补齐的社会养老保险和职业年金将形成庞大的支出，而目前公务员退休金全部由国家财政支出。

归根结底，养老金改革的核心还是钱的问题。一方面，"并轨"后，机关事业单位需要拿出相应的职业年金；另一方面，参保的人也要承担一定的缴费比例，而对于从来没有缴纳过养老保险的机关事业单位工作人员来说，这部分减少的钱又从哪儿补呢？

郑秉文： 在这场改革中，企业和事业谁靠拢谁，目前还有一些不一致的看法，不同的改革思路。机关事业单位养老金水平高于企业，他们加入到这个新的社保制度里，待遇水平是不应该降低的。这就存在一个问题，本来是因为高才让它改革，才让它跟企业一致，这下它既然进来了，又不降低，这叫什么改革呢？这里就有一个重要的命题，改革以后，机关事业单位的养老金分成两个部分。国家基本养老保险这部分，机关事业单位跟企业单位拿的比例是一样的，这就是公平的地方。那么如何让这个群体在加入以后不大幅下降，于是在他退休的时候设立了一部分职业年金。这个职业年金不是为机关事业单位建立的一个特权制度。在企业它叫企业年金，在机关和事业单位叫职业年金，这是一个自愿性制度。按照目前企业年金的税收优惠政策来看，个人缴费税优是占工资的 4%，缴费的最高限额是 8.33%，占工资的 8.33%。所以职工要是交到 4% 有税收优惠政策，最高也就交到 8.33%。这可以给职业年金的制定作为参考。

之前发的财税 103 号文件，实施了一些税收递延的优惠政策，这对企业来说，对职工来说，是一个非常好的消息，所以我相信在企业年金这个领域里边，在未来这几年，肯定也会有一个大发展，会刺激职工纷纷加入这个制度。实现这种税收的递延政策，可以鼓励个人多缴费。因为个人缴费不需要现在把它纳入到个人所得税来征税，而是等他将来退休的时候，领取职业年金或企业年金的时候，才会按照所得税去缴税。

在企业里面大力的推广和普及企业年金制度，这是提高企业职工退休以后退休收入的一个重要手段。这样的话，企业退休收入结构发生变化，基本养老保险占比越来越小，补充养老保险的退休收入结构比率越来越大，这样既改变了结构，同时又提升了退休职工的总体收入水平。机关事业单位和企业职工的这种养老金双轨制的待遇差现象，自然就缩小了。

金维刚： 制度的改革方向是很明确的，就是机关事业单位和企业建立统一的城镇职工的养老保险制度，实行统筹基金与个人账户相结合这样一种制度模式，同步建立职业年金。这是一个大的发展方向。要顺利推进这个改革，首先应该同步进行机关事业单位的工资制度改革。在这方面改革的时候，肯定要合理地调整工资结构，适当地提高基本工资所占的比重，还要考虑绩效工资这方面的考核。

改革之后，仅仅依靠基本养老保险来计发待遇的话，养老金水平是明显会下降的。为了弥补这种待遇差，就需要从制度上来解决问题，这就需要同步建立职业年金。同时，还要吸取过去机关事业单位养老保险制度改革的教训。过去制度改革只是把它纳到参保缴费的范围，但计发办法没有变，换句话说，就是它的待遇和缴费之间没有关联。所以这次如果要改革的话，会在计发办法方面进行实质性的改革，同时也要同步建立待遇的调整机制。

我举个例子，比如月薪 5000 的事业单位员工，首先单位会按照单位所有职工的工资总额的 20% 为他缴纳养老保险，同时他个人需要按照自身工资的 8% 缴纳养老保险，也就是说每个月要交400 元，计入自己的个人账户。与此同时还要同步建立职业年金。职业年金的资金来源有两个渠道，一个是单位缴费，一个是个人缴费，如何筹资则取决于将来改革方案如何制定。如果个人也要缴费，意味着改革以后，员工当期的收入会有所下降。所以才说养老改革也需要跟事业单位的工资制度改革相配套。

并轨后，要解决企事业退休人员的待遇差距，这就要求国家采取必要政策，包括适当降低基本养老保险企业的负担。因为现在企业的费率还是偏高，这样会挤压企业建立企业年金的资金空间，所以这方面要适当降低费率，使得企业能够拿出一部分资金，为职工建立企业年金。

结束语：

养老金并轨改革已经势在必行，我们也看到了政府相较于以往更加坚决的态度。当然，改革涉及的问题依然存在。如何逐渐消除企事业之间的待遇差，而又不损害任何一方的原有利益，想必是改革的一个不小的挑战。

锋汇辞典：

税收优惠政策：是指税法对某些纳税人和征税对象给予鼓励和照顾的一种特殊规定。

胡乃军
清华大学就业与
社会保障研究
中心助理研究员

阎陆军
中国人寿养老保险股份
有限公司北京市分公司
总经理

朱俊生
首都经济贸易大学劳动
经济学院副院长

"以房养老"怎么养

　　目前，我国正在进入深度老龄化社会，然而我国养老体系与目前深度老龄化社会的现实并不匹配。鉴于此，国务院提出鼓励和支持老年人以住房反向抵押养老保险试点，即俗称的"以房养老"。然而，在养儿防老观念占据主流的中国，"以房养老"的提出，可以说触动了两代人的神经。到底谁需要"以房养老"？在"以房养老"的过程中，老人、儿女、政府、银行和保险公司分别扮演着什么角色呢？

视角一："以房养老"，你接受吗

这是一个真实的故事，一位 80 岁的老奶奶，患病后长年卧床不起，每月退休金 3000 元，光吃药就用去了一大半。老奶奶有三个子女，全逾花甲，每人养老金不到每月 2000 元，刚够自己的生活。如果要请一位全日护工，每月工资至少 3500 元。一家人为此犯了愁。后来，老人将自己的三间大屋过户给儿子，家庭的矛盾最终闹上法庭，把法官请到了老奶奶的病床前。

如今，诸如此类的家庭纠纷越来越多，如何化解？如何让老年人有尊严地度过自己的晚年生活，在国家养老、企业年金、商业养老之外，一种新的模式正在探索。年轻时贷款买房，退休后把房子抵押给银行，换得每月支付养老金，抵押人可以继续在房子里居住，但房子最后归银行所有，这就是"以房养老"最通俗的表述。国务院对于住房反向抵押养老保险试点的鼓励和支持，使"以房养老"再次成为社会热点。

阎陆军： 在我国老龄化人口加剧的情况下，因为房子而闹翻的家庭现象恐怕不在少数。老人将房子过户给后辈，应该有一些附加条件，而不是把名下产权轻易交付出去，这会为后来一些反抵押举措带来很多障碍。

国务院提出的"以房养老"，其实本身不是一个制度层面的问题，不是从制度层面上解决普惠全体的一项制度。它只是给大家开辟了一个选择，也就是说，当你的情况适合于通过"以房养老"这种方式来改善养老状况时，你可以做出这个选择。最有"以房养老"需求的是那些鳏寡孤独、失能者和大病就医困难者，或子女缺乏赡养能力者，他们可能也只有通过这样一种方式来维系自己的体面养老或者生存。从目前来看，这部分受众还是比较狭窄的。

"以房养老"作为一种解决方案，我是可以接受，但是我接受的前提要根据我和我父母的保障状况，如果仅仅是做经济意义上的评估核算，我肯定会选择这一方式。此外，在房价高起的情况下，还可以把自己现有的房产直接变现，然后做现金理财的方式来解决养老保障的问题。如果这样更合算，则可以选择这种方式。

朱俊生： "以房养老"其实有很多变相方式：可以把自己的房子过户给赡养人，然后由赡养人来养老；或者房子比较大，可以把大房子租（卖）出去，自己租（买）个小的；还有，把自己的房子租出去，自己住老年公寓；还有，可以把房子卖掉，同时把它租回来，用大量的销售收入来养老。

国务院提出的"以房养老"概念有政府的介入，但这种**"以房养老"更多的还是一种市场行为和个人行为，其实不太涉及政府行为**。政府之所以想推行，无外乎是承认这种本已经存在的现象，或者给我国养老收入增加一个渠道而已。也许会有特定群体有"以房养老"的需求，但不一定很普遍，毕竟这需要满足一些条件，比如至少得有独立的住房，或者家境适中。如果家境特别好的人，根本没有必要。诸如空巢家庭、丁克家庭或者没有继承人的老人，往往比较合适。还有一点，地价房价相对稳定的时候，才可以"以房养老"。所以，"以房养老"更多的是一种市场行为，可能会有一些潜在需求，但不要高估这种需求。

现在很多人都把"以房养老"理解成用以弥补养老金缺口的方法，这肯定是有误解的，两者根本就是两个不同概念。**养老金出现缺口，有各方面的原因，包括历史原因、现实原因，但是跟"以房养老"有根本性不同，根本就不是一回事。**

我个人是接受"以房养老"的，毕竟它确实增加了我们的养老收入。但是在实际操作中，我可能不会接受我父母去做这件事。因为"以房养老"只是经济保障，但一个人的养老，除了经济保障，还需要服务保障，需要精神慰藉方面的保障，从这方面来说，一个人的老房子，能带来的情感价值也是很大的。

胡乃军： **"以房养老"牵涉到政府的介入，这时，政府可能要对房价的评**

估、老人长寿的风险等方面做一些介入，这就不仅仅是一个简单的市场行为，而变成了一个准公共品。如果这是纯粹的市场行为，那就不需要政府来出台文件了。

现在大家都认为"以房养老"是政府在转移责任，因为养老金缺口很大，政府期望能通过买卖房子的方法来解决缺口问题。其实，"以房养老"和养老金缺口并没有很直接的关系，因为它根本不能替代国家的基本养老保险和基本养老保障。

我个人是支持"以房养老"制度的开展和推进的，但是从我个人角度来讲，如果我的收入能力可以供养双亲，那我肯定不会让他们去做这项业务。但如果我自己将来养老遇到什么问题，有可能会采取"以房养老"这种方式。

视角二："以房养老"会面临的困境

推行"以房养老"，房子、金融机构、政府这三个要素缺一不可。先说房子，受惠于曾经的福利分房政策，我国拥有自主产权住房的城市老年人达到了约80%，具备了推广"以房养老"的条件。再说金融机构，早在2011年，中信银行就推出了"以房养老"的倒按揭贷款业务，这项业务要求申请人需年满55岁，至少有两套住房，贷款期最长为10年，必须用于养老，这诸多限制导致门槛过高，生意冷清。而政府的决策是"以房养老"政策能否实现的最重要一环，申请人资质如何审核？房屋价值如何评估？70年产权到期后如何处理？这些棘手的问题，都在等待着政策的落地。

北京大学经济学教授孟晓苏根据国外抵押式养老住房标准计算出一些数字：如果房子评估价值500万，每月大概可以领取2.6万；评估价值200万的房子，每月大概能得到1万。这数字似乎挺客观，可事实是这样吗？

胡乃军： 不同地区的房地产市场价格差异比较大，同样 100 平方米的房子，东北某个城市做住房反抵押贷款和在北京完全不一样，在价格上可能差十倍甚至几十倍。但是在东北的一些城市和在北京养老的一些成本，比如衣食住行、护理等，可能差别就没这么大。所以在不同城市推行倒按揭，恐怕要有一些差别。鉴于此，房价到底如何核定？很明显，**金融机构希望房价核定越低越好，而要进行住房反抵押贷款的老人和家庭当然希望房价越高越好，这个时候就存在市场交易上的不对称，也就需要一个中介机构**。所以必须要有政府的介入，对房屋价格做一个评估。还有一点，现在 60 岁以上的老人，手头的福利房建筑时间也比较早，金融机构如何来评估它的产值？愿意给多少钱做这个住房反抵押贷款的限额？这将不仅仅是市场问题，还需要政府介入解决。

我们做过一些计算，一幢评估 150 万的房子，假设房屋价格有百分之八左右的增长率，贷款利率是百分之六点多，办理这项住房反抵押贷款业务的管理费费率大概是百分之零点几，按照这些假设参数，这所评估 150 万的房子，所得大概只能是一半，七十多万。也就是贷款总额的现额是七十多万，如果每月领取，假设领 20 年，不考虑贴现率，做一个简单除法，70 万除以 20 年，每年就是 3 万多，意味着一个月只有 3000 多。这和孟晓苏先生的计算结果相差很大。如果按照他的算法，1 个月 2 万至 3 万，1 年就是几十万，那 20 年就可以把房屋价值领回来了。当然，我不晓得孟晓苏先生的前提条件和假设参数，所以不好说他的计算结果是高还是低。

阎陆军：房价评估行为，首先得按照当地当时的市场价格做一个基础评估。从我国目前做这种抵押评估的机构的资质情况来看，问题可能还是比较多的。 也就是说，这些评估机构会担负双向责任。尤其在中国目前的情况，房价高起，政府正在调控，这个时候操作这件事，显然增加了难度。

还有预期寿命这点，实际上本质反映出一种对赌协议，就是老人和银行在赌寿命，老人寿命长就划算，反之则银行划算。这看似和养老保险很像，但保险公司运用的是大数法则，把所有人都考虑进来。而这种业务则是对个人来说，充满了很大的不确定性。

中信银行的业务之所以无法成功，是因为它的一些限制条件。比如有两套住房，满足这个条件的人似乎本身不太需要住房反抵押贷款。而且以 10 年为期，可能 10 年内发给老人的钱比房屋价值要低很多。毕竟，老人会去做这个业务，是为了规避风险，但银行这些条件显然是无风险套利，自然没人愿意。

朱俊生：住房反抵押贷款业务，最后金融机构愿意付多少钱，不光取决于房价，还取决于人的预期寿命，以及当时的市场利率，甚至还考虑到自然灾害。这些都是金融机构要去考虑的，所以影响因素非常多。

视角三：日本的"以房养老"经验

在西方发达国家，"以房养老"已经平稳运行了 30 年。先说美国 20 世纪 80 年代，出现了政府主导的"以房养老"，前提是老人要年满 62 岁，而且拥有一套无贷款的自住房。在逆按揭过程中，如果放款机构因破产或其他原因无法按约发放贷款，政府就会适时介入，以保证贷款正常发放。近邻日本，在 1981 年从东京都武藏野市开始推行"以房养老"，只要大于 65 岁，并在当地居住 1 年以上的老人，都可以用自己的房子做抵押获得养老贷款。初期的热烈关注，很快就遭遇到了子女的冷遇，在家族观念浓厚的东方观念里，这个政策似乎有些超前。时至今日，来自子女的反对、土地私有的观念、房屋修缮资金大，以及房价下跌等各方面压力，使日本的"以房养老"政策，依然处于"鸡肋"窘境。

那么，中国在这方面是否会出现这种日本式困境呢？

胡乃军： 中国肯定也会有和日本一样的问题，因为两国文化基础都属于儒家文明，对家庭观念代与代之间的关系看得比较重。子女会认为，老人家把房子抵押出去养老，对自身名声不好，外人会认为自己没有尽到养老责任。

我国房屋土地产权使用年限是 70 年，这点也许算不上是推行"以房养老"的阻碍，但确实是一个困境。 70 年产权并不意味着 70 年后一定会被收回，物权法里有明确规定是可以继续使用的，但是没有明确规定到底如何继续使用，是不是需要交钱，交多少钱，由谁来交，等等。所以，如果做了住房反抵押贷款，商业机构是不是要承担这个成本，这都是问题。

朱俊生： 其实现在还不能说日本模式就是失败的，这不叫失败，只是还没有发展起来。其中固然有一定其他原因，很重要的一点就是经济因素。因为日本 20 世纪 80 年代房价比较高，20 世纪 90 年代泡沫经济破灭，一直到后来的经济停滞，导致整体房价下降明显。处在这样一个市场背景下的金融机构，房价预期明显都是非常不乐观的，自然会有所影响。这个问题在中国也是非常严重，因为现在我国很多人认为国内房价充满泡沫。如果对未来房价没有一个明确的预期或者乐观的预期，肯定会影响金融机构，包括个人对这样一个市场的看法。

另外还有一个问题也需要考虑，就是日本的人口结构，这点跟美国有所不同。当一个国家和地区的年轻人越来越少的时候，意味着房子的需求在降低。房子的需求降低，从供求关系来考虑，意味着价格会下降，这就不仅仅是因为泡沫破灭了。这点也是中国需要考虑的一个重要问题，因为中国的人口结构现在正在发生非常大的逆转。

还有一点，日本经常发生地震，即使房屋质量再好，自然灾害频发也会导致房价评估不乐观。而中国，虽然不像日本地震频发，但房屋的建设质量普遍不及日本，比其他西方国家也差一些。这也可能会成为影响我国"以房养老"推行的一个重要因素。

对于中国的"以房养老"，70年的房屋产权可能是一个最大的问题。试想，如果一个东西不完全是你的，你怎么能把它当成自己的资产去跟金融机构交易呢？所以产权问题是最核心的问题。解决的方法其实非常简单，就是保护私人产权。无论是日本还是美国，产权和土地权都是非常明确的。只有在产权普遍被尊重的前提下，市场交易才可以实现。

在"以房养老"问题上，可以考虑建立一个住房反向抵押贷款保险基金。也就是说，如果一个老人的房产抵押贷款额度跟房屋价值出现较大差异，则金融机构可能亏损。这就需要有人来兜底。国外是购买保险，我国也可以由政府、金融机构或者个人出资，形成这样一个保险基金。另外，政府该做的就是保护产权，少干预房地产市场，这样，我们的"以房养老"可能会发展得更好。

阎陆军：日本判断钢筋水泥结构房屋的寿命年限是47年。设想一个年轻人，假设他30岁拥有房产，住了40年到70岁时，对于金融机构的价值就仅仅剩7年了。如果按照日本的平均寿命，他可能活到80多岁，这时候金融机构显然承担了巨大风险。

这个问题在中国也有所体现，**老年人自身的产权所有权的价值没能确定，而这些年我国也没有做出这方面的引导。这是政策不确定性的成本，可能是金融机构现在最担心的一个成本。**我觉得这些机构现在都在加紧研究这方面的介入可能，它们是有热情的。但是，起码房屋的评估、风险评估、自身价值的准确评估定位以及给付额度的监管，这些配套东西在齐备的情况下才能够实现。同时，可能还需要有一些非常性的救济措施。

所以，金融机构可能要及早做一些市场的相关调研，在取得相关数据的基础上，可以参照国外的一些做法，及早为社会提供一些适用产品。

结束语：

"以房养老"应该属于一种金融创新，同时也应该是一种个人的自主选择，不应该也不可能替代我国社会基本的养老保险制度。当然，"以房养老"的概念在儒家思想体系的东方国度中，连同一些市场原因，可能会存在很多误解。如何更好地让老百姓去理解它、信任它，也许这需要政府付出更大的努力。

【锋汇词典】

准公共产品：是指具有有限的非竞争性或有限的非排他性的公共产品，它介于纯公共产品和私人产品之间，如教育、政府兴建的公园、拥挤的公路等都属于准公共产品。

福利分房：中华人民共和国成立以后计划经济时代特有的一种房屋分配形式。在计划经济中，人们所有的剩余价值都被国家收归国有，国家利用这些剩余价值中的一部分由各企事业单位盖住房，然后按一系列条件分给一部分人居住。

倒按揭：也称反向住房抵押贷款，指房屋产权拥有者，把自有产权的房子抵押给金融机构，后者在综合评估后，每月支付房主一笔固定的钱，房主拥有居住权直到去世；当房主去世后，其房产出售所得用来偿还贷款本息，升值部分亦归抵押权人所有。

刘国恩

国务院医改专家
委员会委员、
北京大学光华
管理学院经济学
教授

邱彬

中国人民健康保险公司
社会保险补充业务部
总经理

郝演苏

中央财经大学
保险学院院长

大病医保新政思考

  近几年，中国因为重大疾病而使生活陷入困境的人已经突破500万。鉴于该问题日益严重，国家发改委等六部门共同公布了《关于开展城乡居民大病保险工作的指导意见》，新政让更多家庭看到了希望，但同时也带来了新的思考。政府和社会有多大的实力来解决老百姓"大病看不起"的问题？

视角一：大病医保是及时雨吗

目前，医保所覆盖人群的医疗开支，仅有 49% 至 64% 的比例能够报销。而职工医保、居民医保、新农合这三套制度之外，公务员和事业单位人员享受的公费医疗，报销的比例接近九成。对于最贫困的群体，政府提供兜底的医疗救助。但在基本医疗保险和医疗救助之间，仍存在一个庞大的资金缺口。

同时，医保目录对"保基本"的定义非常谨慎，可以报销的药品多是常用药，极少会涉及大病的特效药、进口药。所以，即便有较稳定的收入、有相当积蓄的家庭，也常常会因大病导致"一人得大病，全家陷困境"的窘境。比如，治疗恶性肿瘤、心脏病和脑血管病这三大疾病中的任何一种，花费动辄十几万甚至几十万。因此，针对"因病致贫"型疾病，政府还应出台特殊的政策设计。时至 2012 年，这份涉及 10 亿公众切身利益的"指导意见"终于出台。

新政将惠及两大人群，即城镇居民和新农合参合农民，这两大人群总数高达 10 亿人。

邱　彬： 大概 10 年前，山东一个小朋友患了白血病，当时没有保障、没有保险，家庭支付不起医疗费用，父亲很着急。后来这事被登上了《中国保险报》，报道以后很多人捐款，捐款金额达到十几万。最后小朋友的病基本治好。这个故事开始很让人心痛，同时又令人欣慰。不过，如果没有捐款，我们无法想象小朋友的治疗结果会如何。所以说，大病保险是医保中很重要的一环。

郝演苏： 有一句话叫"努力三五年，大病回从前"，这种情况很常见。我们曾在东北老工业区做过调研。一些下岗双职工家庭本来状态不好，后来自己做小买卖，稍有起色，结果一场大病又返贫了，很多地方的调查经常会发现这样的案例。

在 2012 年的新政当中，提到一点，即报销范围不再以病种划分。

财经大趋势 财经热点怎么看，怎么办

因为病种很难划定，有些病种根本想象不到。常见病、多发病，或者一些恶性肿瘤，可以列出来，但要是遇到一些特殊情况怎么办？所以新政以医疗费用来作为一个报销标准，还是比较公平的。

新政大病保险增加的范围，是城镇居民和新农合，也就是最大的塔底部分。这两部分，尤其新农合和城镇的自由职业者，过去是被遗忘的。因为城镇职工有工作、有单位，而自由职业者和个体户是零星的，没地方保障，还有数量庞大的农民。所以大病保险要广覆盖，也是新政医改的主题。

刘国恩：**人们的医疗费用远远超出基本医疗保险所涵盖的范围和支付水平，主要是为了解决这个矛盾，所以2012年出台"大病医疗保险"的政策。**

这次政策在确定报销范围时，不再以病种划分，而以医疗费用划分。也就是说，我需要的药，尤其是治大病的药，可能不在报销范围药品目录里，在以前只能自费，但新政出台后，只要超过费用标准，只要合规合法，就可以进行再次报销。或者车祸，无法提前预计，可能导致终身护理、截肢、装假肢，甚至生命受到威胁。车祸需要的治疗费用可能达到几十万，但它是没办法被界定到病种里面去的创伤性疾病。所以，根据费用标准来作为医疗保险报销的一个基本原则，是更具操作性、更公平的一个办法。

还有大家非常关心的第二个问题，即个人缴纳的保费会不会增加？原则上是不会，这次大病基金的筹集主要来自基本医疗保险的节余基金。节余基金全国非常充足，但现在要属地化，要各个地方，比如说各个城市或者各个省来筹集大病基金，这样就会出现有的地方没有节余基金，也就可能增加老百姓基本医疗保险的缴纳负担。

有一件非常值得骄傲的事情，就是中国的基本医保覆盖率已经达到95%。公费医疗覆盖人群主要包括政府部门、事业部门职工，还有城镇职工（主要是企业、厂矿、公司这类规模比较大、比较正式的机构人员），以及城镇居民（主要是小摊小贩、自由职业者、失业者、一老一小等等，加起来大概有 2 亿多人），此外还有农村居民（通过新农合来实现）。

视角二：大病保险和商业保险

大病保险和商业保险耳熟能详，但它们之间到底是什么样的关系？如果投了商业保险，在大病保险获得报销后，是否能从商业保险方面获得二次保险？这是大家比较关心的问题，它决定我们如何在这两个保险之间进行选择。

刘国恩： 大病保险运用于保险疾病对象产生的费用水平超过一个标准时，商业保险指的是由保险机构来承办的医疗保险。**我们希望，以后大病保险能更多地通过商业保险公司来承办，这样可能会提高经办效率。**

大病医疗保险更多从医疗保险支付的金额上来界定。商业医疗保险，如果完全是由个人购买的医疗保险，那它之所以支付，肯定是发生了一般医疗服务或者重大疾病。而一般医疗服务本来就已经被基本医疗服务所覆盖，所以剩下更多的只能是大病医疗保险。

邱　彬： 大病保险具有一部分准公共商品职能，因为它是由政府提供的，由政府筹资，然后委托商业保险公司来承办。它的服务对象是所有人群，所以具有准公共商品性质。而商业保险是纯商业化运行，是按照完全营利的原则来进行。第二个区别就是，大病保险对参保对象是没有选择的，而商业保险有所选择，它对次健康体和非健康体，一般不予承保。

商业保险和大病保险的报销并不矛盾。从我们享受的多层次医疗保障体系待遇的报销层次来讲，一般先有基本医疗保险报销，其次是大病保险报销，最后才是商业保险报销。因为商业保险的提供一般针对特定人群，针对特定对象，针对特殊需求，包括特殊病种。所以它对需求，或者说对消费的服务是有差异的，有针对性的。

郝演苏：商业保险可以事先确定客户是谁。而大病保险在没有发生大病时是无法确定的。超过基本医疗保障的相关费用，事先不知道这个人是谁。两者在报销上也无矛盾。而且，有些大病的商业保险，在重大疾病保险方面是给付型的，也就是你得了病，我给你钱，不管你治不治。这种报销不影响前端的治疗。前端的基本保障，包括大病救助可以照常安排。

视角三：保费从哪里来

基本医疗保障制度，是社会保障体系的一个重要组成部分，是由用人单位和职工共同参加的一种社会保险，它采用个人账户与统筹基金相结合的方式，从而保障广大参保人的基本医疗需求，比如用于支付一般的门诊、急诊、住院等费用。

1998 年 12 月，国务院发布《关于建立城镇职工基本医疗保险制度的决定》。随后 2002 年 10 月，《中共中央、国务院关于进一步加强农村卫生工作的决定》明确指出：要"逐步建立以大病统筹为主的新型农村合作医疗制度"。这是我国政府历史上第一次为解决农民的基本医疗卫生问题进行大规模的投入。2007 年，国务院启动城镇居民基本医疗保险试点，2010 年全国推开，逐步实现覆盖城乡全体居民的医疗保障体系。

国务院医改办曾针对居民医保和新农合抽取 1 亿人样本调研，测算出大病发生概率为 0.2%~0.4%，即三四百万人口规模的地级市，医疗费用超过 20 万元的个案一年不超过 5 例。由此测算下来，平均每人每年从医保基金拿出 40 元，即可保障大病，以目前医保基金结余可以支撑未来 3 年用度。

北京大病医保的初步设想是在参保人员已经缴存的社会保险基金中拿出一部分钱，形成基金购买保险公司的商业医疗保险。患有重大疾病的参保人员医疗费用超过起付线之后，首先享受基本医疗保险的报销，减轻一部分负担之后，再通过商业医疗保险进行一个"二次报销"，目前正在调研的重大疾病包括恶性肿瘤、肾透析、白血病、血友病等 11 种特殊病种。

刘国恩：大病医疗保险基金主要的筹资渠道来自于基本医疗保险的节余基金。有一个观点认为，这个基金池 3 年会见底，我觉得这个说法有欠考虑，并不严谨。如果考虑到未来 3 年的基金节余会急速下降，则可以从两方面着手。第一是加大国家机构和个人筹资力度，也就是继续开源；第二是在支付手段上做一些改进，提高费用的使用效率，控制一些不必要的开支，通过支付手段改革等方法来节流。

在保费方面，还有一个保大病还是保小病的问题，应该说各有利弊。保大病更多的是从分担个人医疗风险的角度来考虑。但是小病，比如门诊，如果不保又会出现另外一个问题，就是人们会觉得小病没保，那就扛着小病，不去门诊。结果很可能有一部分人因为小病扛久了变成大病。

这次大病界定和大病报销的基本原则是，当大额医疗费用占到家庭年收入的 40% 以上，就算大病。如果基本医疗保险涵盖或者补偿了费用以后，还要缴纳一部分，如果没有超过年收入的 40%，这部分由自己来承担。也就是有一个起付线，只有达到起付线才算大病。所以这个比例并不是很高，自然不用太担心保费投向大病会导致资金池见底的现象发生。

最后，基本医疗保险要发挥作用，还可以继续挖潜革新。基本医疗保险的部分能够更多地涵盖健康的维护、健康的促进花费，包括检查、健康教育部分。老百姓觉得这方面不收费，就会主动去做检查、做维护，这可能使后面发生大额费用的压力有所减少。所以这两个制度要非常好地衔接起来，这样，基本医疗保险发挥的作用越大，后面大病医疗保险的压力就越小，所以这两个制度不能脱离开来分别进行管理。

郝演苏： 基本医保的节余基金作为第一笔大病医疗保费的保底费用，那之后保费的进口管道有没有可能增加呢？根据城市的不同，有些极个别的贫困地区，还有人口年龄偏高的地区，后续费用是不是赖于地方财政来解决？我觉得，最终的目标还是要全国统筹，才可以达到公平原则。但是短期内大病花费的出口可能会很大，像北京、上海这种老龄化城市可能会遇到麻烦，但是它们又是财政收入颇丰的地区。

我不同意现在有人所说，3 年基本医保节余基金会见底的论调。首先医保基金每年都有增量，此外，既然是基本医保节余的部分已经采购大病保险，其中与商业保险公司还有个平衡关系。要考虑能不能相对平衡，如果不能相对平衡是很难操作的。最基本的养老保险，退休了肯定有钱拿，但并非所有老人都会患大病。这是一个比例关系，也就是说基本医疗保险是针对所有的基本保障人群，而基本保障人群中，不是所有的人都会用到大病保险。

在保费运用方面，有人认为增加小病保费比增加大病保费来得公平，其实不见得。因为在整个基本医疗保障设计当中，更重要的是防止因病致贫、因病返贫。这才是关键的，否则这个保障计划就没有意义。对一个普通居民家庭或普通农民家庭影响最大的和健康有关的经济风险是什么？肯定是大病。小病好处理，可以自己买药或者看门诊。但是大病处理不好会引起很大麻烦。

刚才提到，像北京人口老龄化程度越来越高，但是有一个问题，为什么人活得时间长了，反而变得更健康了。目前我们调查研究的数据显示，随着人口老龄化比重增加，发病率反而有所下降。因为正是身体健康使一个人活得更长。而且现在人们很注重保健，健康、饮食、卫生各方面条件都提高了，所以大病的比例其实相对下降了。所以说，人口老龄化或许不会导致资金池见底。

邱　彬：保费要从哪里来？首先应该是来自政府或者医保基金，这是最主要的来源。当然也不排除其他公益组织、社会捐赠等渠道。

在保费运用方面有个形象比喻，大病和小病分别被比成粗管子和细管子。那么，在运用保费的时候，是增加粗管子的直径，还是增加细管子的数量呢？我还是倾向于前者。因为大病医疗保险制度出台的初衷，就是要解决因大病导致贫困的问题。

实际上，目前整个大病医疗保障制度的建设跟医保体系和新医改推进是密切配套的。医疗保障体系里，也包括农村，乡村医生还有小诊所建立的基本药物制度。基本药物制度的建立，降低了药物价格，建立了大量的乡村医生、小诊所等。在这种条件下，小病就医的方便性和成本都是能够承受的。但是大病就不一样了。所以从目前来讲，首先肯定保大病。

视角四：大病保险试点的难题

医疗改革是世界性难题，各国政府都在努力想尽一切办法，尽量满足人们的需求，但实际情况距这个需求似乎永远都存在着距离。

2000 年左右，我国开始在各地试点，建立城镇职工大额医疗保险制度，并尝试引入商业保险公司经办。

被视为典范的江苏太仓，在城镇居民医保、新农合统一为城乡居民医保的基础上，从职工医保基金中拿出每人每年 50 元，城乡居民医保中拿出每人每年 20 元，向人保健康保险公司江苏分公司购买商业保险。而此前，太仓城乡居民医保政策范围内住院报销比例达 68%，当医疗总费用达到 10 万元时，实际自付比例只有一半。当补充医保介入后，患者自付部分总额超过 1 万元的部分，是可以在扣除医疗高消费项目之后，享受大病医保补助的。

据统计，太仓整个地区住院医疗总费用超过 20 万元的患者，实际报销比例高达 70% 以上。当然，在这一高水平保障的背后，是城镇职工的极力"反哺"。然而，对于绝大多数制度分立的地区，这种"反哺"制度难以实现。

大病医保的启动能否成为中国医疗体制改革的助推力，仍然有待实践的检验。

邱　彬： 城镇反哺农村这种制度是指，每个城镇职工缴费 50 元，每个城乡居民缴费 20 元，进行大病保险的风险基金，它的受益对象就是所有太仓的城镇职工和居民。每个人的报销水平都一样。这种模式，我们可以说，是经济比较发达的地域，反哺了经济相对不发达的地域。

广东湛江是城乡居民一体化模式，它的缴费是以个人基本医疗缴费比例为基础，根据不同的报销水平，由自己选择。比如，如果希望报销水平高，可以选择缴费的比例高；如果希望报销水平低，可以选择缴费比例低。通过这种方式建立起一个补充医疗保险，然后对于基本医疗封顶线以上的部分给予报销。

我曾到湛江调研过。那时我们在一个医院看过一个病人，他的医疗费用是 6000 多元，基本医保基金报销 2000 多元，补充医疗保险报销 1000 多元，他自己只需要支付两到三千元。如果没有报销，可能要花费他三到四个月的工资。报销以后，只需要花两个月的工资。

医保除了付费方式的改革以外，还有一个非常重要的方面，就是

对医疗过程的管控。因为这次大病保险明确是以保险合同的方式来进行承办，而不是简单的委托经办。委托经办，商业保险公司不承担盈亏风险，对医疗过程管理就没有动力。而以保险合同的方式来做，保险公司就有控制医院风险过程管理的动力和积极性。

大病医疗保险制度明确的是保本微利。也就是说，商业保险公司在确定利益的时候，是一个微利利润，比如3%或5%，不能太高。而商业保险公司获得的利润来源，是通过自己专业化的管理提高自身的医疗风险控制技能，通过这个方面来获得合理收入。

郝演苏：　"湛江模式"实际上在基本医疗保险方面，由政府把整个基本医疗保险通过外包方式，委托给商业保险机构来管理，商业保险机构在其中做出一个风险监控，防止可能产生的基本医疗保险的"跑冒滴漏"现象。这样可以使费用达到最佳匹配，真正需要帮助的人得到了帮助，也防止了一些费用浪费，是值得推广的。

目前通过政府来采购或者购买公共服务，这是一个趋势。**当政府采购服务的时候，保险公司可以代表老百姓监督。如果由政府自己操作，那谁来监督？**

刘国恩：　**所有进行大病医疗保险试点的城市里面，其实存在一个共通的待解决难题，就是如何去管理大病医疗保险基金？** 特别是在重大疾病发生以后，如何去结算？或者说如何进行支付？如果大病医疗保险的支付手段仍然停留在过去，基本上是一个被动的主体，所以必须把这个支付方式调过来，应该逐步从事后的、根据诊疗项目来进行支付结算的一个状态，转变为一个事前的、根据疾病的种类来进行结算。比如，一个阑尾炎发生以后，与阑尾炎相关的一些诊疗疾病都放在一个组里面，平均起来大概会花多少费用，这在医学上叫作DRG。根据这样一个疾病种类来进行支付，可以在很大程度上减少医疗服务机构人为炒作。

我觉得作为大病医疗保险的管理，无非就是从几个方面来考虑。

第一，首先界定什么叫大病？一旦界定下来，根据流行病学的分布，基本上就可以计算出发生大病的概率，这种数据是很确定的。一次大病发生以后，它的平均补偿标准至少要50%。50%乘上大病发生的概率，就等于基金的一个标准。在这个基础上，政府给保险公司增加一个3%的正常微利，然后把责任和权力都给它。一旦责任权力界定清楚，保险公司控制不好就赔本，控制好就盈利。从这个意义上，我们可以把保险公司的经济收益和主动性，还有老百姓的收益统一起来，而不是对立起来。

委托保险公司，还有一点比政府机构经办好的原因。因为政府给保险公司的责任和权力是有限的，合同是有限期的，这意味着存在竞争。保险公司要是在合同期内做得不好，那就换另一个保险公司。有了竞争机制的引入，制度上运行的效率也就得到了一个基本保证。

结束语：

医保是一个世界性难题，没有哪一项政策是一针灵，它需要政府不断寻找一个最佳的平衡点。这考验着政府选择的智慧，同时也依赖于企业的努力和老百姓的理解和配合。当然我们还应该算另外一笔账，毕竟保险是一种事后的经济补偿，如何把保险转向保健？这不仅是国家需要算的一笔大账，同时也是每个人需要算的一笔小账。

【锋汇词典】

灾难性卫生支出：按照国际标准，一个家庭的卫生支出如果占家庭可支付能力的比重等于或超过40%，即遭遇灾难性卫生支出。经测算，国务院医改办认为可将各地城镇居民年人均可支配收入或农民年人均纯收入水平，作为当地家庭灾难性卫生支出的标准。

公共产品：是私人产品的对称，是指具有消费或使用上的非竞争性和受益上的非排他性的产品。

二次报销：就是城镇居民医保或新农合的居民，如果去年看病有高额费用，除了正常报销之外，还能再报一次大病保险，而且不设封顶线。

DRG：即按疾病诊断相关分组付费。所谓按疾病诊断相关分组付费，即先参考患者的年龄、疾病诊断等多个因素，将疾病分入若干诊断组；然后，医院与保险机构通过谈判合理确定各疾病诊断组的付费标准，保险机构按此协定的标准向医院支付费用。

于莺
原北京协和医院
急诊科主治医师

盘仲莹
北京和睦家医院院长

朱恒鹏
中国社会科学院公共
政策研究中心的主任

急诊科女超人辞职：
医疗体制的反思

　　于莺，北京协和医院急诊科主治医师，微博 ID 名称"急诊科女超人于莺"，拥有上百万粉丝。2013 年 6 月 8 日，于莺在微博上宣布从北京协和医院辞职，从此离开了体制。她选择离开的真正原因是什么？下一步又会怎么做？与此同时，面临着私立和公立两种体制的转换，对于老百姓又有着怎样的切实影响？我们该不该为此担心呢？

视角一：离开体制为了什么

"妞爸要去玉树支边3年，而我，干完这个月就辞职了。打算给自己放一个月大假，追求自由执业之梦想！想说点什么，不过，还是干杯吧！"于莺在微博上这么说。

随后，她连续吐槽公立医院的各种制度，表达对自由执业的渴望。一石激起千层浪，短短几条微博，引来数万条转发和评论。曾经，医学院毕业生打破头也要挤进著名三甲医院。可如今，这个一贯讲究出身门第的行业却变了，这到底是为什么？

于 莺：我1996年2月进协和，那会儿铁了心要学医。很多人问过我为什么，因为我妈妈在我高二时得过乳腺癌，后来在上海的长海医院做手术。当时我觉得那个医院太棒了，大夫穿着白大褂特别潇洒。后来我离开了协和医院。**离开的理由我在微博上也谈过好几次，大概有这么几个：科研考核大夫的评价体系、劳动薪酬制度不被尊重、医院的管理制度以及特权服务**等。

我当然赞同搞科研，可是也有人偏重于临床，这两类医生在公立医院里都应该得到尊重，得到他应有的价值体现。但是现在实际情况是，在公立医院里，只有科研特别好的医生才能如鱼得水。这是评价体系的问题。在中央组织工作会议上也谈到，我们再也不能简单地以GDP来衡量地方的主政官员，应该代之以涵括民生、生态、经济等全方位的考核。

其实我认为当一辈子主治医生并不丢人，但是整个社会评价体系决定了，如果你是在主治医生的岗位上退休的话，那是一件很丢人的事。这是我离职的一个原因。既然我年轻的时候就选择要做一个很好的临床医生，现在完全可以按照这个思路继续走下去。

当然，离开跟钱也有一点关系，但绝不是主要问题。只是因为我自己想出来另谋生路，或者说创出自己的一片天空。我大概在

2012 年有这种想法，只是当时时机还不成熟。到了 2013 年又重新把创业或者再就业的计划提上日程。

我觉得自己必须离开，其实是因为一件事。一天早上，有一个病人躺在地上，我过去询问病人：从哪里来的？是我们急诊的病人吗？他支支吾吾，说是我们的病人，但拿不出病历，说病历拿去看门诊了。后来等他把病历拿过来，我一看，发现这个病人其实很可怜。他发烧来医院检查，在协和医院已经看了一个半月，看了很多专科，还没有医生给他开住院条。他来急诊只是为了输血小板、输血浆，整个过程中，病人家属因为积怨已久，也可能跟护士医生发生过冲突，情绪非常激动。病人觉得："我病成这样你为什么要赶我走？"后来我帮他找张床，告诉他等输完血小板后再让他自己决定去留。再后来他走了，但是我心里特别难过。我觉得可能会有一条生命从我手中消失了，但是我留在这里又能帮他什么呢？

朱恒鹏： 医疗行业是一个专业性很高的行业，也是个服务行业，是服务于患者的。所以，它最好的评价体系应该是来自患者。当然患者如何评价医生，需要其他一些信息，比如医疗团队作为专业群体之间的自我评价，一些专业媒体的评价，但最终还是该由患者亲自评价。

患者的评价能体现在几点：第一，我选择哪个大夫就诊；第二，我选择给这个大夫支付怎么样的诊疗费。但是这种评价体系实际上就是市场经济体制与患者说了算。而我国现行的医疗体制是公立主导体制。在这种体制下，医生按我国的专业说法是国有事业单位职工，按照国际标准就是政府雇员。**在政府雇员的评价体系中，评价的主体不是患者，不是同业，是政府。行政依靠指标来评价，这个指标必须可测量、可核实，所以最后简化为论文数量，这也就是所谓的科研水平了。**至于患者满意度等指标听起来挺好，但是它不能测量，不能核实。

这就像小姑娘找对象，凭感觉。虽然只要小姑娘满意就好，但感觉这东西是不能衡量的。这属于自由选择体制，属于市场经济。但是如果有媒婆介绍就不会仅凭感觉了。小姑娘会有一些可以衡量的要求：一米八二，浓眉大眼，月收入超过两万，有房有车。

于大夫辞职会引发关注，我觉得与她在"协和"的身份有关。"协和"是我国一流医院，你还不满意，大家肯定会好奇。于莺代表着今天医生或者说公立医院医生的一个主体，高学历、高学位、中青年、主治医师，所以她辞职对于这个群体的影响或者说示范效应要比一个教授还大。因为如果她辞职后反而道路敞开了，意味着主流医生将可能更多去谋自由执业。

盘仲莹： **在医生的评价体系上，我们和睦家医院更关注患者满意度。** 我们有一个360度考评，包括同行间评价，以及这位医生是不是积极参与患者教育，参与社区健康教育等等。我们觉得这是医生很重要的一个职责，他不光要看好病，还要帮助社区居民掌握健康知识。

其实协和医院已经有医生全职加入和睦家医院，但是他们没有那么多粉丝，没有广而告之。我觉得，于莺大夫这样的年轻医疗骨干可以离开公立医院，说明私立医院也发展到一个阶段了。就现在而言，我们在北京的医院有全职医生一百四五十名，其中中国医生有七十多人，大部分也都是从公立三甲医院转来的。

视角二：医生"出走"利于患者吗

急诊科女超人的离开引起一片惊呼。与以往默默离去不同的是，离开的医生们开始变得高调起来。著名作家、诗人冯唐，在协和医科大苦读8年，最终弃医从文，再从商；2012年，协和医院肾内科主治医师朱岩、上海血管外科医生张强的"出走"，成为震动医疗界的两件大事。现在，离开的两人，一个瞄准了医疗市场金字塔的顶端，进入外资背景的私立高端医疗机构；另一个则走向塔基，按国外的家庭医生模式创建社区诊所。我们不禁要问，突破限制，医生自由执业，对于患者来说，是好事吗？

朱恒鹏： 公立医院的骨干大夫离开体制，对老百姓肯定是好事。**医生辞职后，可以到社区当全科大夫，可以做健康管理。首先从方便上来说，居民见到他的机会多了**。比如如果在家门口步行15分钟的范围内，我们能找到于莺大夫看病，并且她能给我们安安静静地看15分钟到20分钟，这比起我们在协和医院从凌晨3点甚至1点开始排队，排了一个上午，结果只在门诊看了三五分钟来得方便多了。

不过也要考虑医保问题，这是很多人会关心的。会不会医生去开私人诊所，收费反而更高了，结果老百姓反而更看不起病了？北京市有个统计，政府三级医院门诊均次费用需要约450元。再看朱岩大夫，他在深圳开了一个卓正诊所，是打包收费，门诊一次380元。这380元里包含着挂号费和检查费，还有药费。所以单从费用上来说是划算的。至于诊所能不能医保，这是政府的事。

在英国，全科医生就相当于持有独立执照，这正是于大夫他们想做的。英国的全科大夫解决了英国门诊的90%，这90%的患者就不需要去医院。我们国家呢？**以北京为例，社区卫生服务中心只解决24.7%的门诊，这意味着75%的门诊还要去二三级医院。本来可以在小区里做的事结果还要到医院。于大夫的做法正是在改善这种情况。**

于　莺： 如果医生辞职去当社区大夫，对患者来说一定方便许多。但是医院开出来的化验可以报销，开出来的药也可以报销，甚至可以拒绝开自费药。可是**如果在诊所里，开出来的药肯定是不能报销的，这是老百姓很关心的问题**。

盘仲莹： 在国外，全科医生不光帮病人解决常见病、多发病，同时也对慢性病进行管理，甚至有的病人整个家庭都会去看同一个医生，这就是家庭医生。大家都以为家庭医生是拎着包到别人家里看病，其实不是。家庭医生是能够照顾全家人，能给他们治疗常见病和多发病的医生。

就我身边看过的例子，医生离开体制后，都是混得很好的。比如网上很有名的崔玉涛大夫，有人称他崔神，他当初离开公立医院时，很多人觉得他以后没有机会做科研了，没有机会出名了。但是他通过在和睦家医院十几年的工作，致力于公共教育，告诉大家如何培养正确的育儿观念，现在他拥有了一百多万粉丝。

视角三：辞职后的机会

医生出走，需要勇气，但是更需要机会。

2012年8月，离开协和医院的朱岩，和朋友一起创办了一家医疗连锁诊所，现在，第五家即将开业。"因为有天使投资，诊所不用靠卖药赚钱，我们也做好了未来三五年内不盈利的准备。而且，医生的薪酬比较高，这叫阳光薪酬。"朱岩如是说。

在朱岩的诊所，诊费380元起步，并且严格规定，医生首诊时间必须在20分钟以上；如果患者一个星期内再来，听诊20分钟诊费100元。在这里，所有医生的诊疗费都一个价，有谁想多花钱找主治医生，对不起，不行。如今，相当多的深圳年轻人、外籍人士都愿意到朱岩的诊所看病。

如果有一天，朱岩的诊所设在北京，你愿意来就医吗？

于　莺：我这两个月都在接受外界各方面的信息，不断自我更正。**我也去一些私立诊所看了下，思考自己能不能开这样一个诊所，像朱岩的诊所那种打包式的服务，服务于中等收入人群。**但是我琢磨的过程中，觉得这当中会有很多困难，说不定哪天我琢磨过程中突然崩溃了，脑子没反应了，可能就去他们那里工作了。

如果我要开一个所谓的于莺诊所，诊所地点的选择，取决于人们的价值观和消费观。为什么朱岩的卓正诊所开在深圳？首先，深圳大型公立三甲医院不多，但外来人口多，总体收入高，离香港又近。很多有钱人以前要去香港看病，后来发现卓正诊所或者其他私立诊所也能提供香港一样的服务和沟通，他们自然就没必要花时间到香港。其实就是出于时间成本和便利性考虑，让他们选择卓正诊所。但是北京的情况大不相同，北京公立三甲医院有一百多家，选择很多。要把当地人的消费观念转变过来，对我来说相当困难。毕竟传统力量是很强大的，比如淘宝推出的挂号平台，最后还不是没了。

我在微博上经常提到自由，其实自由就是双向选择的作用。**我在协和医院时是没有选择性的，凡是病人我都要为他看病**。有的是属于专科的病，由我来看也许不能解决什么，但是病人的确是走投无路才来急诊。急病的时候我可以看，但是慢性病急性加重时需要一个专科住院的时候却住不进去怎么办，那也去急诊，所以我就没的选择了。

要是我辞职后自己开了诊所，我就会跟患者说：你这些病其实是什么情况，我建议你下一步去找哪个专科，但是如果你信得过我，如果专科的诊断和我一样，后期疾病的处理控制过程都可以来找我，我会比专科大夫花更多心思帮你讲解整个疾病的过程，帮你调节用药，帮你监测指标，当我发现你的疾病呈现不好趋势，我会建议你再去专科医生那边继续治疗。我觉得这是一个很好的服务概念。

朱恒鹏： 坦率地讲，我不太支持于莺到诸如和睦家这样的高端医院去。首先，急诊女超人这个品牌价值很大，她过去和睦家后，和睦家不能让她继续当急诊女超人，这个品牌价值就会大大缩水。

第二，**作为急诊大夫，出来发展中国的全科，全科大夫形成家庭医生制度，这是中国医改的一个方向**，也正好符合中央提出的"希望形成分级诊疗，首诊在社区"这一个关键目标。想让老百姓首诊在社区，社区大夫必须是老百姓相信的好大夫。卫生部门总说小病到社区，但是什么是小病呢？于莺说的小病我相信是小病，但如果是现在社区大夫说的，那我还真不大放心，这就是我们要去三甲医院的原因。

有10年临床经验的医生到了社区，能够带动社区大夫、全科大夫、家庭诊所发展起来，所以我看好卓正诊所。当然于莺大夫如果选择高端私人医院，我也祝福她，因为这样安稳、保险。只是我更支持她去做连锁的社区诊所。

盘仲莹：在和睦家医院，如果有病人或者病人家属很不礼貌地对外国医生乱喊乱叫，医生就可以拒绝给这个病人治病。因为病人不信任、不尊重医生，毕竟医疗的前提是相互信任和尊重。你都把命托给他了，但是你还辱骂他，他心里也会有嘀咕的。所以对于一个医生来说，如果病人不信任他，在诊治过程中间发生其他状况的话，他们自然也会觉得没有办法解释。所以我认为于大夫说的自由包括说"不"的自由，对院长说"不"。

结束语：

从于莺离开"体制"一事，看到了"体制"和现在时代脱节的一面。但是如果从一个更长的历史跨度来看，今天于莺已经有足够的自由离开"体制"，未尝不是一种时代的进步，而另外一方面，对于不同层级的医疗机构，比如公立医疗、私立医疗包括方兴未艾的个体医疗体制之间，如何进行有效的衔接和配套，齐头并进，让每一个患者拥有更多选择，这更值得我们期待。

【锋汇词典】

全科医疗：执行全科医疗的卫生服务。又称家庭医师或家庭医生，是保健管家服务的主要提供者。

阳光薪酬：即阳光工资，就是将公务员以前除基本工资以外的收入（如补贴、津贴之类）都纳入到工资范畴内统一核算。

天使投资：是权益资本投资的一种形式，是指富有的个人出资协助具有专门技术或独特概念的原创项目或小型初创企业，进行一次性的前期投资。

丁志杰

对外经济贸易大
学金融学院院长

谭雅玲

中国外汇投资
研究院院长

蒋钰锟

外汇之声香港控股
有限公司 CEO

 # 疯狂的黄金

　　一向被市场誉为避险之王的黄金再也无法让投资者淡定了，2013 年 4 月 12 日和 4 月 15 日黄金经历了 30 年来最大的两次下跌，短短两天暴跌 15%。这种雪崩式的下跌震动了全球市场，大家在恐慌之余也纷纷寻求答案：是谁引发了这次黄金地震？

视角一：如何看待购金热

2013 年，国际金价高台跳水，暴跌中力挽狂澜的竟是中国大妈的疯狂抢购。北京菜百发布数据显示，金价大跌当周，日均销售额超过1 亿元；福建全省金店，金价大跌 10 天内销售黄金制品不低于 30 吨；另据香港媒体报道，2013 年 4 月 28 日，超过 12 万内地游客抵港，同比增加两成多，其中赴港抢金是重要因素。

不仅中国，印度、新加坡等亚洲国家也频频传出金条售罄的消息。疯狂的散户进一步席卷全球。世界最大的银行金库，摩根大通金库于2013 年 4 月 24 日一天，库存减少 20%；25 日当天降至历史最低水平。

疯狂背后，是人们笃定地认为黄金可以保值的信念。果真如此吗？美国经济学家杰里米·西格尔教授分析了过去 200 年中主要投资品的收益后发现，如果在 1801 年以 1 美元进行投资，到 2003 年的结果是：投资股票的将变成 579485 美元，年化复合收益率 6.86%；投资企业债券的将变成 1072 美元，年收益率 3.55%；投资黄金的将变成 1.39 美元。而如果持有现金，那今天 1 美元的购买力只相当于 200 年前的 7 美分。若按此结论，今天急跌快涨的黄金，还能成为压箱底儿、抗通胀利器吗？

谭雅玲： 用抄底理念来形容中国投资者，我觉得有点太低端了，因为任何价格的最低点都是由自己来衡量的。每个人的标准不一样，因为财富基础不一样，专业本身定位和水平不一样。大家都在期待抄底，等底出现，可是，比如在金价较低的时候买入，等它上涨时卖出不就获利了吗？为什么非要等那个底呢？所以，投资者经常问我什么时候抄底，我会反问他，你知道底在哪里吗？而且，即使我告诉你这是底，你买入多少卖出多少，什么时候买，什么时候卖，都是大有学问的。

还有一点，黄金在所有金融资产配置中只应该占 10%，即便金价再涨也只能占 20% 到 30%，不能把所有的资产配置都放到黄金上，这叫赌，不叫投资。所以巴菲特曾经有一个黄金立方理论，买这么多黄金放着又不能升值，还不如买个公司或者土地。

很多老百姓都在买黄金，我认为，**实物金在中国市场还不宜过多发展，更应该促进纸黄金和期货金的发展。**因为后者既有现货市场又有期货市场，老百姓既可以用人民币买，又可以用美元买，其自由交易程度和银行服务的便捷程度以及国际化程度都非常高。

丁志杰： 首先要正确理解当时亚洲出现的购金热。现在包括中国、印度都是物价总体上涨且涨速比较高的国度，我们很少发现商品比过去便宜的情况。如果我们判断黄金市场未来要进入熊市，可能更多发现它回归本来的作用就是保值，而增值的作用会减弱。也就是说，**黄金可以作为资产组合的一部分，但不应该放入投资组合，因为这意味着你未来面临的风险可能会更大。**

从研究者角度来看，对于购金热这种情况，其实多买一些实物金作为保值手段是合理的，特别是作为资产组合的一部分。因为中国传统就是拿金条来压箱底儿。或许黄金现在会下跌，或许买的时候觉得贵了，但是 5 年后回头来看，保值绝对不会有大问题。

蒋钰锟： **我非但不建议抄底，甚至认为这是非常愚蠢的做法，**因为这个底一定要让市场去形成。而且在市场中有一个不变规律，就是跌快涨慢。所以我相信如果抄底黄金的话，要给大家足够的时间，尤其底部形成了，然后右侧抄底，右侧买入。不要预测市场而是跟随市场，这样风险小一些。

如果前期已经买了黄金，当时买一盎司还不用一百美元或者最低几十美元，我觉得应该了解，或者是在这个时间建仓去做空，短线的做空黄金。现在不论是做涨还是做跌都应该是短线而不是长线，因为市场转势需要跨度。在这个跨度时，震荡会比单边行情时间要长，这时应该做短线交易。

视角二：黄金暴跌的"幕后黑手"

两天跌了 240 美元，之后十天又涨了 150 美元。国际金价的走势似乎在向中国股市看齐。暴跌背后是否真的有幕后推手？随着市场各方的深层讨论，人为操纵的"阴谋论"甚嚣尘上。

2013 年 4 月 12 日、15 日两个交易日，国际金价暴跌近 15%，特别是 15 日，国际金价创 33 年来最大单日跌幅。一夜间，每盎司跌去 90 美元，跌幅达 9.7%。用一位伦敦瑞银贵金属交易商的话说，买方罢工了。金价断崖式的暴跌，对于沉浸在牛市梦中的黄金多头而言，无疑是场噩梦。一些在期货市场做多的投资者，很多都来不及清仓，眼睁睁看着爆仓。据世界黄金协会统计，各国央行持有的黄金总量为 31694.8 吨，占全部黄金产量的 19%。此次暴跌后，这一数字价值缩水达 5600 亿美元，相当于一座埃菲尔铁塔的估值。

黄金暴跌还引发了多米诺骨牌效应，商品市场和全球股市集体下挫。令人困惑的是，市场没有就触发黄金暴跌的原因达成共识。塞浦路斯危机，恶意抛售，还是另有阴谋？当然，市场也有观点把金价下跌看成是投机行为。尽管之后连着四个交易日小幅上涨，但众多市场人士也只是认为，亚洲散户购买实物黄金的热情一时打败了国际空头。全球金融市场犹如一盘棋，最终胜负难料，而且连对手是谁都不知道。

究竟谁是黄金暴跌的幕后推手？国际金价高台跳水的背后，又有怎样不为人知的秘密？

蒋钰锟： 我认为**黄金的下跌是必然的**。2001 年九一一事件爆发时，当时黄金是 270 美元 / 盎司，到了 2011 年的 9 月 6 日达到了高点，为 1920.8 美元 / 盎司，有了 10 年的上涨。这次可能会出现一个技术性调整，而且这段下跌从波浪理论来讲，应该是一个 C 浪的下跌，是必然要进行的，因为 A 浪的下跌和第二段的反弹已经结束，结束点就是 2012 年 10 月 10 日的 1796 美元 / 盎司，当时则是延续 C 浪的下跌。

谭雅玲： 我觉得**市场本身就有操纵者，有大的操纵者，有小的操纵者，有投资者，有投机者，所以面对一个价格的时候会做不同的规划。**

一个有经验的投资者，一定是在策划或者规划市场，而不是像投机者，简单地看着价格，只求不亏损就好。市场的玩法不是这样的，一定会有庄主，有操纵者，只不过根据资金的规模，经验的规模，它的能量和结果有所不同而已。这不叫阴谋，只是利润和利益本身的需要。所有资金都是独立的，独立的心态，独立的方法，独立的动机，这是非常重要的。

金价下跌，可能塞浦路斯的问题也是一个比较重要的原因。塞浦路斯要抛十吨黄金，是否抛出，现在市场无法证实，但是它有这种意向。美国作为庄主，想让抛金者不能得到更多现金，因为塞浦路斯的解救对整个欧元区的命运至关重要，所以我觉得这是一个纠结的地方。第二个因素，跟国际投行做空这种预测有很大关联。因为投行本身要盈利，所以一定会唱空，可是在唱空过程中自己会不会做空，这是投资者应该考虑的一个问题。

还有一个非常重要的原因，就是全球资产和产品在重新配置和调整。因为全球的股市在涨，大家一定会追求有明确收益的投资品。所以市场会在资产配置和资金流上进行调节，进行结构性的组合。

丁志杰： **对于黄金价格跳水原因市场没有形成统一看法，就是说任何一个理由都不合理。**但是我个人对市场的一个观点就是，要看谁事先做出了这样的预判，这个预判的理由就有可能是成立的。因为早在 2013 年 4 月初，法信银行就抛出一个报告称黄金可能面临价格的大幅度跳水。

伯南克的阴谋也许能对金价下跌提供一个基本面的分析。从美国前期数据来看，它的经济在复苏，这种复苏可能会导致美联储提前退出 QE 政策。也就是说正好这样一个分析和后来美联储利率会议的公报决议提前泄漏这些因素导致了包括始终唱多的高盛也加入了看空市场。这个导火索引燃急剧的大抛售，最终形成金价跳水式的暴跌。还有一点，可能是由于俄罗斯应对美国QE的举措，这就上升到国家层面的博弈在市场上的一个反映。还有保证金的问题确实存在，交易所提高了保证金需求，但是从量上来看不足以造成这么大的下跌。所以，其中的真正原因也许还有待揭示。

当然还有疑问，为什么贵金属暴跌，其他价格却在上涨？市场的解释是，现在市场和过去不一样。过去有的可能愿意持有风险大的资产，有的愿意持有风险小的。而现在市场都是一致的，要么大家都去驱险，推动风险资产价格上涨，一旦出现风险，大家又共同避险。

视角三：美元和黄金的较劲

金本位时代，贵重而稀少的黄金本身就是货币。1944年二战结束，布雷顿森林体系建立，美元取代英镑直接挂钩黄金，成为世界经济的"硬通货"。1971年8月，美国在朝鲜战争、越南战争中元气大伤，尼克松总统宣布关闭美元兑换黄金窗口。美元挂钩黄金的布雷顿森林体系随之崩溃，此后黄金迎来第一个长达12年的大牛市。国际金价从1971年的1盎司兑35美元一路飙升到1980年的1盎司兑850美元，10年上涨至24倍。

这期间，作为国际贸易的主要结算货币，美元远不如它的前任那样恒定。1978年秋，卡特总统发起"拯救美元计划"，黄金牛市终结，迈入了20年的漫漫熊市。借助互联网的兴起，美国引领世界经济走向繁荣，美元称霸世界，而黄金价格随着保值避险作用的下降不断下跌，到2001年跌至255.95美元一盎司。国人记忆中60元一克的黄金，就在这个阶段。

21世纪初迎来了黄金的第二轮大牛市。美国互联网泡沫破灭，以及九一一事件、伊拉克战争、次贷危机后，美元不断贬值；而黄金却历经考验，价格坚挺。从 2001 年到 2011 年，金价累计上涨近七倍，创下了 1923.20 美元／盎司的纪录。

透过黄金市场两牛一熊的行情，40 年世界经济轮回中，美元似乎就是左右着黄金沉浮的一双无形的手，如今这双手的作用还有多大呢？

丁志杰： 纵观黄金市场几十年历史，可以用几个字概括，叫作"两牛一熊"。第一轮牛市应该是美国国家利益的需要。因为在布雷顿森林体系下，一直到 20 世纪 60 年代末，美元和黄金挂钩，35 美元兑换一盎司黄金。但是到了 20 世纪 60 年代末以后，美国人发现这个对外短期债务的负担已经超过了持有的黄金价值，所以把黄金和美元脱钩。黄金通过官方协调，从 35 美元一盎司调到 38 元，接着调到 42.2 元。在这样一个背景下，美国继续通过弱势美元的手段，在那一段时间里支撑了第一轮黄金牛市。

到了 20 世纪 80 年代以后，美元又突然走强，特别是到 1985 年快速升值阶段。这种升值实际上又导致黄金价格下降。在这个过程中，甚至到目前为止，全世界还是迷信黄金的。也就是说，即使这个阶段美元已经是主导，但是黄金出现一个反向。

最近十几年来，市场出现了金融化趋势，华尔街的力量进入了这些所谓的商品市场。所以除了美元，现在一个重要因素就是华尔街的控制，在影响黄金的价格。但是目前我们不应该把它简单归结为买卖双方的一个自由过程，一定要看到买卖双方的力量悬殊。

包括贵金属和大宗商品的价格应该在过去显现出进入熊市这样一个周期特点，为什么会进入熊市？金融化以后，市场的供求关系可能使价格偏离价值，从而出现泡沫。泡沫是不可以完全治愈的，需要价格的重新调整。从这一点来看，有利于未来经济的复苏。

谭雅玲： 为什么黄金的牛熊历史，每次时间跨度都这么长？我觉得这跟美元的货币制度和霸权地位有比较大的关联。因为无论黄金牛市也好，熊市也好，都没有脱离美元定价和美元报价的影响，这是一个核心因素。还有可能跟美国的经济基础以及跟美国全球化的进程有非常重要的关联。

这些分析综合了环境因素，战略和经济因素，如果从技术本身角度去看，这是不对等的。

这次黄金下跌，我觉得对美国的有利方面会更多一些，因为它可以检验市场承受力的水平。**美国人绝对不会傻到去囤积全世界最多的黄金，这样只会使金价大降，这不是美国人想要的结果**。如果美国人储备了全世界最多的黄金，那是因为美国明白自己的风险。美国是全球最大债务国，最大财政赤字国，它的风险不可抵御、不可承担的时候，卖黄金可以防范和应对风险。所以美国拼命把金价往高处抛，一方面为了自己的风险防范，另一方面要削弱货币竞争的对手，重新把黄金纳入国际金融价值体系，以美元为主，黄金为辅。所以，市场上很多针对美国所谓的阴谋论是低估了美国的能量和势力。

大宗商品和黄金的价格如果用供需理论来论述是很难论述清楚的，因为从黄金本身的角度看，可能在 20 世纪 90 年代以前，黄金市场是以消费为主，而 2000 年到 2007 年应该是以投资为主，2007 年到现在应该是以投机为主，所以黄金价格到底是由供求决定还是由投资和投机决定很难判断。包括大宗商品，诸如石油、天然气、煤炭、钢铁和铜等，都是由供需决定吗？也许已经完全超出供需的基础原理，而是由投资和投机来推动价格的上涨。

所以对黄金的定位还要有所改变。投资者在某种程度上是极其简单的，认为黄金就可以避险，黄金就可以保值。但是价格背后是有操纵者的，我们根本不清楚他的目的、需求量或战略宗旨。

蒋钰锟：黄金价格波动与美元的大背景和美国的霸主地位有很大关系。2011 年的牛市是因为反恐战争，而且更重要的是，白银的价格牵着黄金的价格。白银在2011年4月24日达到历史高点，但一周后本·拉登被击毙的消息传出，市场大量抛售白银，黄金也随之下跌。白银下跌从此没再创新高，但是黄金再创新高，也表明美国的霸主地位再次出现。

美国的大战略方向，就是必须确定世界霸主地位。在这个过程中，美国肯定不愿意回到金本位，这就要打击黄金价格，让大家明白金本位回不去，美元依然是霸主地位。这有点敲山震虎的意味。

我早已抛弃对黄金保值的信仰。举个例子，在1913年，一百两黄金在北京二环边上也许可以买到一个很好的四合院，但今天在四环也未必能买得到一套房子。所以**认为黄金一定能抵御通货膨胀，一定能保值增值，这是错误的观点。**

结束语：

从黄金历史上两牛一熊的规律来看，黄金2012年牛市是否终结？要回答这个问题，我们无法从2013年黄金暴跌中得出非常简单的结论，但是我们记得巴菲特说过的一句话：在市场恐慌的时候要贪婪，在市场贪婪的时候要保持着一丝恐惧之心。所以大家在疯狂购买黄金的同时，是不是也应该保持一些理性呢？

【锋汇词典】

波浪理论： 即艾略特波浪理论，是股票技术分析的一种理论，认为市场走势不断重复一种模式，每一周期由5个上升浪和3个下跌浪组成。

QE: 即量化宽松政策（Quantitative Easing），简单理解就是"印钱"，其中量化指的是扩大一定数量的货币发行，宽松就是减少银行储备必须注资的压力。

戴斌

中国旅游
研究院院长

王振华

发现旅行
创始人兼 CEO

喻慧

北京众信国际旅行社
股份有限公司高端旅游
负责人

 定制旅游

　　时下流行这么一句话：如果你不出去走走，会以为这就是世界。

　　马上春暖花开了。您会选择什么样的方式出游呢？是传统的跟团，频繁的奔波，还是体验一种乾隆下江南式的定制旅游呢？

视角一：深度体验式的旅游

正月里，微信朋友圈中一如既往地晒着全家游。与往年不同，近年除了传统的名胜古迹外，冰峰、波尔多酒庄、亚马孙河、卡尔加里、落基山脉的照片也纷纷晒出。

2014 年 1 月，中国护照免签或落地签的国家和地区增至 45 个，随着各国对华签证简化以及免签等政策的推出，马年春节的出境游不仅更加火爆而且形式小众多样。比如，极地体验的小团，游客可深入北极腹地，猎寻极光，入住冰砌的酒店。

时下，国内最热的旅游目的地，不再是往年的海南，而是东北雪乡——牡丹江。受《爸爸去哪儿》热播的影响，选择雪乡游的人数比去年增长了十多倍。而旅游的形式，也不再是传统大团，而是流行的"私家团""特色小团"。一家两三口人即可成行，全程专车、专属导游，任意选择景点、航班和酒店。据途牛网监测数据显示，春节期间，虽然特色小团的价格比传统跟团游的费用高出两成，但预订量仍比去年同期增长 60%。

王振华： 在整个春节期间，我们公司的接待量超过了春节前三个月的整体接待量。可以说，越来越多的人选择了自由行的出行方式。

其实更高级的旅游体验，就是跟目的地的一种深度接触。 定制首先是针对目的地的定制，然后在这个基础上去根据个人喜好进行微调。比如我们公司春节推出的闺密游，这也是近来比较火热的旅游方式。我们为用户定制行程，包括体验 SPA 等等。这个旅行独具特色，满足了女孩子热衷的美容保养，或者身心放松。

定制旅游最原始的初衷就是体验目的地。无论是发达国家或发展中国家，它们的情况好不好，美食好不好吃，合不合口味，如果你想近距离接触它们，只能去体验。这种体验为定制带来了一种真正的美妙感受，切身体验，而不是像之前那样站在玻璃房里远远观看。

喻　慧：随着老百姓的旅游观念趋于成熟，旅游出行的时候会老练一些，因此在选取旅游地时会根据自己的爱好决定，比如卡尼亚的探奇之旅。

当然，**就当下来说，主要还是以旅行社为主导，为游客制定一些比较独特的，有主题性的，能满足越来越个性化需求的旅行线路，**就像我们去理发，还是希望找专门的设计师，因为他了解我的发质，了解我的脸形，能设计出适合我的发型。游客也一样，当我们给某些客人安排行程的时候，会了解他的饮食习惯，健康情况，还有生日等等。我们多方面了解他的个人情况之后，就可以帮他进行定制了。

但是，现在提到的定制旅游是"定"而不是"订"，这种"定"制是阶段性的。一开始肯定是旅行社安排，因为一般老百姓的旅游依然需要有人带领。但是随着旅行经验越来越多，需求越来越高，包括人在精神层面的需求增多以后，将会有越来越多的预"订"需求。

戴　斌：我国 2014 年春节期间出游总人数是二亿三千一百万人次，比往年同期增长 14%。旅游总收入是人民币一千二百六十三亿元，比往年同期增长 16.4%。这个数字是非常可观的，市场规模很大。从结构上看，一个是远程游客的增长。在远程游客的增长中，出境游的消费意愿第一次超过跨省游的消费意愿。大家更愿意走出去多花一点钱，追求一种个性化的东西。

从法律语言上说，"订"和"定"的含义是不一样的。"订"表达一种意向，表达一种诚意。"定"则表示双方已经达成一个契约，像质押品一样。从这个意义上引申开，**定制旅游肯定不是完全由游客意愿来决定，还需要有乙方的辅助。这乙方就是旅行社，由他们来帮助你确定你的行程。**

这样一种旅游模式正在兴起。从消费者角度来说，相对于标准化、大众化的产品，一定是更倾向于选择小众的、个性的、有特殊设计感在里头的。从供应商角度来说，一定有文化创意在里面，也就是说，供应商定制的产品并不是简单地把一堆东西拿过来组装，其中还可能加入自身的理念。举个例子，现在韩国男神在中国那么火热，大家可能想到韩国去追寻影星踪迹，或者去做美容。旅游定制供应商将不会简单安排游客的每日行程，而是在体验过后，抽象出一个主题来，这就是我理解的定制旅游。

视角二：定制旅游的前世今生

国内最早的定制旅游始于自助游也就是自由行。2013年"十一"期间，国内参加自由行的人数首次超过团队游，自由行最热门线路是日、韩、东南亚各国以及中国的三亚、厦门、香港等。招商银行最新发布的《高端人群生活形态和消费报告》显示，国内有超过72%的人选择全自助游或半自助游。

后来，《旅游法》颁布，禁止旅行社通过安排定点购物和另行付费旅游项目获利，引发旅游市场的"洗牌"。传统的大团游开始向个性化小团转变，同时，旅行社将整体行程中的住宿、交通、门票、游览、接送机、签证等各个环节拆分，定制化旅游成了"自助游"的升级版。

戴　斌：其实定制古已有之，最早是服装领域。在旅游方面，早期零散的旅游可能相当于裁缝时期的定制，而跟团走就相当于生产服装的流程，所以跟团价格便宜，因为买者多价格一定便宜。跟团之后，大家会有一些定制化的需求，这种定制化不允许供应商从大街上随便买一个东西过来充数。从经济方面来说，定制化要求个人负担所有成本，所以价格一定是昂贵的。

好的定制设计都有共同点，就是对生活的热爱。一个完美的旅行不是说走就走，这是诗歌才会写的，还要顾虑到很多方面，要考虑机票、酒店预订、体验度，还有身心放松，或者一些有附加值的东西，等等。所以**真正的定制应该让游客处在意料之中，但也不乏意外惊喜**。

喻　慧：**定制旅游其实完全由市场推动**。现在客户已经不仅是为图便宜。最先时候，欧洲八国或九国 15 天游销量好，后来是法、瑞、英三国 12 天游更受欢迎，再后来是法国一地游、瑞士一地游或者清迈一地游等等。所以，老百姓的需求推动着旅行社不断定制出更独特的、更有吸引力的产品。

现在的定制旅游产品五花八门，比如美国名城名校之旅、NBA 观赛之旅、北极深呼吸之旅、韩国整容之旅、米其林三星之旅等等。其中北极深呼吸就是到北极，去观赏漂亮的冰岛和海鹦鹉或者北极熊等。前阵子有一个新闻，一对年轻情侣在北极订婚，准备到南极结婚。其实这计划是可以实现的，乘坐飞机到北极时间不太长，到南极三十多小时，相对较远，所以全世界一年中去南极的也就几千人。可就是因为稀少，使得某些人产生了这种愿望。

还有，比如结束不久的世界杯，我曾经尝试着设计了一个高端的行程：到巴西直接观赛，看决赛、半决赛、闭幕式，进入这种狂热状态；之后安排一个南美旅行，主要围绕巴西，还有秘鲁的马丘比丘，或者古巴的海滩，有利于在忙碌的开始过后，获得一个舒适的休息。整个旅游下来，估计需要十天或者十二天的时间。

王振华：之前的旅游基本都是一种所谓的观光游，就是看景点。但是**现在，出境游更多地成了一种定期生活方式。每一年，或者情侣，或者家人，一定要出国旅行一次，这就是消费升级**。

我们公司产品有美国名城名校之旅，属于教育之旅。现在越来越多的父母，选择让孩子到美国上高中或大学。所以，他们会让孩子到哈佛大学图书馆看一下午的书，体验一下这种感觉，看是否喜欢。与普通自由行区分开，这种定制的教育之旅，比如在住宿方面可能不会选择酒店，而是当地公寓，也就是家庭旅馆，去近距离接触美国人的生活。此外，一个特定的地方有些比较稀有的东西，比如票或者餐厅，需要提前预订，可能需要提前三个月，这些我们是能提供的。所以，要有一个好的旅行，其实还是需要有一个专业机构来服务，这样能确保旅行体验更好地进行。

视角三：旅游之贵，如何说走就走

电影《甲方乙方》中的"好梦一日游"正在变成现实。专机去波尔多体验私人酒庄、在 VIP 包厢现场看奥运、观赏肯尼亚野生动物的豪华亲子游、到南极体验极限……私人定制的高端旅游市场出现了越来越多的"蓝海"。与高端相匹配的是高额费用。在欧洲，高端定制旅游被定位在单次消费 5000 欧以上；日本则是 100 万日元；在中国则是人民币 5 万元以上。

胡润《中国高净值人群消费需求白皮书》显示：目前中国个人资产在 600 万元以上的高净值人群中，旅游、养生保健、子女教育是最关注的服务内容。而《中国奢华旅游市场白皮书》则显示：中国高端消费者人均国内旅游约 4 次，人均国外旅游约 3 次。

喻　慧：对于旅游，大家都会在意价格因素。其实，高端旅游看似贵，主要是因为成本高。它内部所含的服务，如公务舱、特色酒店，甚至一些别人去不了的专属场所，等等，这些都是一般游客依靠自己的能力所难以达成的。所以**定制旅游并不是特别大众的，实际上还是一部分人有了个性化需求和一定的支付能力后，才能进行消费**。

至于需不需要一个导游，我觉得，服务是一种体验，需要感官，我们很多客户会依赖导游，导游到哪儿他就跟到哪儿，其实这是一种软性服务。在这其中，导游起到了管家的作用，所以我觉得称作导游或者领队有点低估了这个带队人物。其实他是一个从照顾游客的生活起居，到带领游客开阔眼界，然后传输给游客旅游知识的使者，就这点来说，不管旅游发展到什么程度，这个主体还是不能淘汰的。

王振华：我们希望能让大众化人群获得更多更好的旅行体验，而不希望使定制旅游成为少数人的专利。我们没有门店成本，而是通过互联网方式，比如手机 APP，实现消费者的自我服务，最后让整个旅游价格降下来。比如到柬埔寨，如果从北京出发可能要四五千，但从广州出发可能只要两三千。当然，我们强调的不是廉价，而是如何提高性价比。

在导游这方面，我觉得他在过去承担两个最主要的职能，一是协调安排，一是担当专业历史文化的讲解员。第一个职责，依靠一个良好的运营流程和系统，是完全可以进行处理的。第二个职责，比如游客到了柬埔寨的吴哥窟，我们公司会在当天安排导游，但其他时间是没有导游的，这样能保证游客充分拥有属于自己的私密空间。

戴　斌：越标准化的东西越有品质保障，可是高级的东西，是非标准化的东西的品质，那就是仁者见仁智者见智了。比如，一个商品价格很高，销售者说因为资源是独一无二的，很难获得。从商业上来考虑这些因素，万一发生纠纷时，由谁来界定商品品质的高低，这是我担忧的一个问题。

至于需不需要导游，也许还要视情况而定。多数出境游游客依然有导游这种诉求。但具备一定知识素养、一定经济支付能力和一定旅行经验的游客，可能就不需要了。所以，导游可能会从早期的信息提供者，到资源整合者，再到一个行程安排者，最后可能走向一个私人定制行程中的产品品质保障者，这个发展趋势在不断地对导游提出新的要求。

结束语：

生活品质的提高，促进了定制旅游的发展。但在旅游经验不足的情况下，由专业供应商来"定"制旅游似乎比自己去"订"制旅游来得划算。但是定制旅游毕竟刚起步，如何缔造出旅游业的风光，让游客可以更好地体验而不仅仅是走马观花，让游客可以以更低廉的价格享受不一样的生活，这都是从业者该思考的问题。

【锋汇词典】

米其林三星：米其林公司所出版的美食及旅游指南书籍的总称，其中以评鉴餐厅及旅馆，书皮为红色的"红色指南"（Le Guide Rouge）最具代表性。

余文胜

五百彩票网
副总裁

李剑

彩通咨询
联合总裁

王雷中

英伦操盘手

体育博彩"阴谋论"

　　精彩的世界杯已经画上句号，与足球相关的赌注更是将全球博彩市场的热度推至沸点。足球与赌博之间有阴谋吗？博彩公司是如何运作的？世界杯是不是一场彻头彻尾的局，背后又是否存在操盘手呢？

视角一：体育赛事有人为操纵吗

一直以来博彩公司控制足球比赛的"阴谋论"就没停止过。1998年世界杯决赛，巴西 0:3 输给法国被认为是"默契球"；2002年韩国队一路打败西班牙、意大利进入四强，也被认为存在人为操纵；更有甚者指出，上届南非世界杯是一场彻头彻尾的"局"，操盘手是大型博彩公司，阿根廷和德国都是执行者。当时巴西队遭荷兰逆转，梅洛的乌龙球和自讨红牌成为巴西小组出局关键。赛后有人分析比赛结果与博彩公司开出的盘口暗合。

而本届世界杯从开幕赛起，乌龙不断，黑马迭出：智利、哥斯达黎加等新生代球队不断羞辱着老牌欧洲劲旅；上届冠军西班牙小组赛出局；传统强队英格兰也早早回家。这是竞技体育的"不确定性"本质，还是另有"隐情"？

从世界杯盘口分析，多场被球迷认为是爆冷的比赛结果，却符合盘口数据。以西班牙对智利为例，赛前欧赔方面，主流公司的主胜数据分歧非常大，这预示着本场比赛西班牙再败的可能性较大。无独有偶，英国《每日邮报》近日披露，国际足联安保主席穆沙克证实，已有赌博集团将黑手伸向了巴西世界杯。对于穆沙克的此番表态，也有市场人士认为这是英格兰出局后的自我安慰。

孰是孰非，博彩公司有可能影响世界杯比赛的结果吗？

李 剑： 博彩公司有没有操纵世界杯？就这一个问题，我问过现在最大的体育博彩公司的老板，他坚定地表示没有。他说，在操盘或者下注的过程中，只要有上百万人投注这场球，他们只需要把每个人的胜负平平均一下，然后抽取中间的水位就可以稳赚，根本不需要铤而走险，去跟玩家对赌，或去操纵。

当然，**体育赛事被操纵是肯定存在的，只是更可能偶尔发生在一些小级别的比赛中**。不可能每一场球赛都被人操控，更不可能有大赛被操控。

余文胜： 现在基本上有点规模的博彩公司都会跟国际足联、欧洲足联、还有网球协会、赛马协会等签有协议。这是一个信息交流的协议，**如果任何一个协会觉得这场比赛有可疑，可以无偿跟博彩公司索要客户投注信息。**如果发现有某一个用户投的金额有问题，就可以索取这个用户的资料，调查他是不是一个球员，或是球员的亲人。这种用户实名登记，对于防止比赛被操纵很有帮助。

其实，类似操纵比赛，或者作假行为，在每一个行业的每一个环节中都可能出现。所以关键还在于，如何通过技术，或者监管机构和一些机制，将一个正在迅速发展的行业里造假的东西抓出来，从而更好地管制它，让它更健康地发展。实际上，现在所有博彩公司、体育国际组织或者是单个国家和机构都在相互合作，相互通信，甚至跟国际刑警一起合作。

王雷中： 几年前，苏格兰有一个联赛，当时我们行业内有个朋友跟我讲了其中一场非常异常的比赛。在这场比赛中，突然接到一个客户的投注，他下注 5 万英镑，在走地盘中会出现第三张红牌。这是一个概率非常小的事件，当然赔率也比较大，一般客人不会这么下注。所以我朋友怀疑这场比赛有可能被人操纵了。后来，过了差不多八个月，经过一系列监控调查手段，查到了这个账户的信息，是一位有名球员的父亲。这件事曝光后，在英国影响非常大，是列入丑闻级别的。诸如此类事件，也在其他体育赛事中出现过，比如斯诺克。所以，**在英国，一个人想成为职业球员，必须得先发表声明，声明自己和家人不会参与到体育博彩中。这可以说是一个职业道德的问题。**

其实，每一年都有足球小联赛爆出这种丑闻。最主要的问题还在于，在一些足球不太发达，或者足球业收入较低的地区，运动员一年的收入可能还不如赌赢一场比赛的收入多，所以他们愿意铤而走险，这是人之常情。所以我们一般不去碰一些小联赛，比如意大利乙级联赛、韩国联赛、希腊联赛等，尤其是在赛季末的时候。从操盘的角度，也能看到一些非常诡异的盘口。但就以我来说，从业这么多年，还没有经历过在赛前收到消息说这场球赛会发生什么，基本都是从赛后的复盘里看。

视角二：如何玩转博彩

最早的博彩起源于中世纪的赛马，为了证明赛马前自己预测的结果是正确的，人们会把赌金交给德高望重、诚实可信的中间人保管，并支付小费。中间人就成为最初的职业博彩商。为了吸引更多人参与，职业博彩商为参加比赛的某一匹马获胜，或多匹马获胜，提出了不同的下注标准，这就是赔率的雏形。

1790 年英国人奥格登最先提出"赔率"概念。现在大家通常说的欧洲赔率，是指欧洲博彩公司为一场比赛开出的胜平负指数。而在亚洲则被习惯地称为盘口。尽管赔率与盘口形式上有所区别，但实质是一样的，都是一种博彩指数。比赛前博彩公司通过分析对阵双方的出场阵容、以往交手战绩、联赛排位、球队近期的状态斗志、俱乐部的运作情况等各种资讯后，计算出胜平负三种结果的概率，然后再通过公式算出各自应开的赔率。

与亚洲盘口相比，欧洲赔率的数据与足彩竞猜的模式更贴切，也更直观和易操作。目前中国足彩利用欧洲赔率最多的是胜平负三种结果的赔率，彩民可以依据赔率，判断出博彩公司的倾向性，并以此为投注参考。

王雷中： 其实彩票，尤其是竞技彩，就是一个概率游戏。把这个过程分成两步：一部分是开盘，另一部分是操盘。开盘指的是，将很多数据做成数据模型，得出一场比赛中胜平负的概率，然后把这组数据放到市场上。开盘以后，就要进行交易，有客人投注进来，这个过程就是操盘。这两个过程是紧密配合的。

开盘的方法有几种。第一种，通过数学模型来开盘，也就是通过几千场、几万场的比赛数据，然后请一个专业团队去精确地计算出概率。其实这些数据没有想象中那么复杂，只要有比赛的历史赛果就可以，这就构成了一组历史概率的数据。然后要对得出的模型年复一年地不断修正。因为一个盘口开到市场上，并不能确定这个价格就是合理的。所以在开盘的时候，会把接受投注的量放得非常低，先试试水。

第二种方法，是通过模型加操盘手来开盘。举个例子，两个人去上班，A 每天早上 9 点到公司，B 每天早上 8 点 50 分到公司，在过去的 10 天里都是如此。这就可以得出一组概率，认为 A 比 B 晚到。然后让市场来开盘，把这个赔率放到市场上，控制交易价格，让它自己形成一个稳定价格。而且越临近比赛，价格越趋近于一个真实价格，这就是整个操盘开盘的原理。

操盘的话，就是在接受投注期间，不断地注意交易量。比如资金量大了，操盘手需要把赔率调下来；资金量小了，则要把赔率升上去，来吸引投注。

经常会出现一些情况，比如开赛前 5 分钟，发生一些意外，突然使得庄家的风险高出很多，这时候就要找个地方去对冲，或者做价格调整。这是经常发生的情况。所以作为庄家，不会将输赢押在一场比赛里，也许会在一个周末里开 300 场比赛。这样，即使一场比赛输掉了，风险也可以承担。

这种经营思路更像现在的电商。电商一定要拿出一款非常有特色的产品来打折销售，吸引客户，从而引导客户再去购买其他产品，以此形成效益。

总的来说，**我们会努力去获得更多数据，尽可能将风险降低。**如此进行一个深度分析，这是我们对自己的要求。其实对于客户来说，也要尽可能拿到更多的数据，才能把这个游戏玩得更有意思。

有一些深度玩家，家里甚至建起了私人盘房，就是很多台电脑，存放很多资料。然后他还要到处找信息，不停地搜索价格，当价格出现时他才进行交易。当然，能不能取得准确数据和信息，能不能分析到点上，这也是很关键的。

不过，从博彩公司的角度，我们并不希望市场的客户变得越来越专业。老实说，我们更喜欢一些傻客人。这不是说他头脑傻，而是他对于博彩这方面并没有考虑特别多，只是当作一种乐趣在享受、在消费。

李　剑：如果问买彩票要如何取胜，我有个有趣的回答，就是"看谁帅"。因为单个**个体很难拼得过几百个操盘手，那感觉就好像，彩民一思考，操盘手就笑了**。所以我觉得还不如放弃，或者纯粹拼脸。

余文胜：**如何赢得彩票，我有一句话，就是"You know more，You get more"，也就是要进行"深度分析"**。比赛前的各种数据，还有球员的受伤情况、天气变化等一些临时变化，都会影响比赛结果，影响彩民的判断。所以，无论是彩民，还是体育爱好者，只有及时掌握这些数据和信息，才能做出深度分析，这样一来，获胜的概率会大一点，当然也不能做到百分百正确。

视角三：做个彩民能不能赚钱

回顾彩票在国内二十多年的发展历史，法律和道德上的争议从未间断。一夜暴富的个案，让越来越多的彩民憧憬着靠彩票发家致富的梦想。然而在博彩业发达的美国，梦想一夜致富的"问题彩民"的比例却相对较低。

哈佛大学医学院精神病学教授，霍华德·谢弗发现，在过去35年，尽管博彩业发生了巨量增长，但美国"问题彩民"所占比率却一直相对稳定。数据显示在20世纪90年代后，该比率有一个高峰，但自此之后水平逐渐下降。谢弗博士将该曲线与一副典型的病毒感染曲线进行对比后得出结论：开始水平较高，这是因为一开始那些最容易感染病毒的人大批生病，但随着时间的推移，人们逐渐适应了病毒，曲线水平逐渐下降。

李　剑：彩民和股民一样，挣钱的总是少数。在股市中有这么一种说法，"七赔两平一赚"，就是只有10%的人能赚钱。而这个数据在彩票业里只有3%，甚至比股指期货挣钱的概率还低。

虽然挣钱少，但沉迷其中的大有人在。对于这个问题，博彩公司是有责任的。说大一点就是责任博彩，国内也叫责任彩票，就是博彩公司要拿出部分收入，捐给一些社会团体，或者是帮助解决因为参与博彩而产生的不良事件。

王雷中：要说购彩挣钱的概率，这个问题还得看购买什么彩种。要是选择数字型的，比如乐透型的彩种，因为它是大奖，同期有上百万人在竞猜，最后获胜者只有几个，概率非常低，当然，利润也非常高，中过一次可谓一劳永逸。如果是其他彩种，比如竞技彩，实际上它不是以小博大，更是一个高风险、高回报的彩种。

余文胜：在彩票业里能够一直赚钱的，基本都有共同的特质：有钱，有团队。这个团队可能会有几百号人，每个人负责不同的线。线的概念就是，比如一场赛马，如果有十匹马，每一匹马就是一条线，需要一个人去跟，去收集一些直接有效的数据。足球赛也一样，计算很复杂，包括观看每场比赛的录像，关注每个球员发生的事情，诸如这些影响比较大的因素，都会放进他的算式里，然后得出比赛可能有哪些结果，发生概率最大的又是哪个。这些人是很专业的，甚至可以说有点上瘾。

在世界杯期间，有人不上班不上课，只看球买彩票。这已经算沉迷其中，也就是所谓的"问题彩民"。对于这个问题，外国公司一般会采取相应措施。比如限制下注额度，限制风险额度，就是划出一个风险上限，超过上限就不能下单。还有，如果彩民察觉到自己有沉迷的危险，可以主动打电话申请冻结账户，冻结后，一年内无论以什么理由，账户都不能开启。

结束语：

如同各个行业均会存在的造假现象，博彩业存在人为操纵也是不可避免。从这点来说，监控的意义尤其重大。作为博彩公司，应该具备职业操守和责任，正当营利，并积极参与到对博彩引发的社会问题的解决当中。作为彩民，切勿沉迷其中，博彩更多的是作为一种快销品、娱乐品存在，而不应该是生活的全部。

【锋汇词典】

盘口： 流行在东南亚和我国港澳地区的一种足球博彩方式，由于大部分足球比赛中客观上存在些许差距，为了使博弈更加刺激和公平，庄家常常对比赛列出某队和某队之间的人为差距。

水位： 一般是相对于欧洲赔率来说，相对于亚盘，高低水的定义是，用欧洲平均赔率换算为亚洲盘口，然后用博彩公司开出的盘口与其对比，如果差距在 −5%~+5% 之间，称为中水，高于这个标准，称为高水，反之称为低水。

问题彩民： 指心理上呈现病态的彩民。这类彩民往往呈现出一种对彩票在精神上"成瘾"的症状，进而演变成生理问题。

宗庆后

娃哈哈集团有限公司董事长兼总经理

宗庆后的新商业逻辑

中国一句传承多年的老话，在当代有了一个新变化：读万卷书不如行万里路，行万里路不如阅人无数，阅人无数不如仙人指路。今天的嘉宾非常神奇，他的商业模式跟很多人不一样，特别难以复制，他的生意从一分钱做起，到今天已经是一个 700 亿的帝国。

他就是宗庆后。有人将宗庆后与松下幸之助相提并论，称他为中国的"经营之神"。的确，靠卖饮料成为首富，除了宗庆后，举目世界，找不到第二个。

视角一：宗庆后的多元化尝试

2012年6月，宗庆后率团奔赴意大利、法国、西班牙考察。四个月后，娃哈哈第一家欧洲精品商场"娃欧"在杭州钱江新城开业。商场里汇集了来自欧洲的一线奢侈品和二线的服饰、手袋，其中大部分品牌是内地其他商场见不到的。"隔行如隔山"，从制造业到零售业，从饮料到奢侈品，这之间的跨度着实不小。但宗庆后认为，做生意是相通的。娃哈哈的营业利润之所以高，靠的是缩短通路、节省每道环节产生的费用。而"娃欧"的经营思路，也是要将经营中的"五道贩子"变成"二道贩子"。娃哈哈作为这些欧洲品牌在中国的总代理，在全国设立加盟店，从而在短时间内形成较高的销量。

梦想很美好，现实却很残酷。开业至今，不断有消息传出，"娃欧"顾客寥寥无几。对此，宗庆后却一直坚持宣称，会继续拿出100亿元，5年内扩张100家商场。在宗庆后心中，娃哈哈的未来是一个零售业帝国。

宗庆后：实际上娃哈哈从去年开始准备进行多元化经营。以前对多元化有各种不同看法，我认为，企业多元化的关键在于企业有没有需要、有没有能力、有没有机会。这么多年，娃哈哈一直专营主业，现在需要多元化。因为娃哈哈基数大，现在增长20%就是一两百亿，拼命增长只可能导致更严重的恶性竞争，影响整个行业的发展。所以娃欧是规避未来可能出现的矛盾以及当下要找到一个突破口来做的关键一步。

我们当时主要想发展零售业，但是我感觉这两年，国外的零售商进入中国市场后，带来很多不好的运营习惯。比如乱收费、拖欠货款，这会影响制造业的发展，或者拼命进行低价竞争，结果造成利润损失，没有利润就没有办法加大科技投入，遑论开发新产品。我国家电行业以前也是把国外产品打出去，结果它们又回来了，因为自身没有研发，没有改进。所以我觉得企业必须要不断逆水行舟，不断发展才行。

我这么说是从制造业或者厂家的角度出发，卖场不应该用自己的权利把制造业这个链条生态给破坏掉，也不能形成恶性竞争，让大家完全降低成本，甚至没有利润。

我们刚开始想做商超，但是商超没有好的地段。因为商超需要方便群众购买，要在居民区附近地段才有生意。后来经过调研，在商业零售方面我们设定了几个模式，首先就是吃喝玩乐一体，包括健身娱乐，也就是现在很多人做的综合体。这可以当成社区中心，让老百姓享受生活。而且这是电商无法竞争的，因为消费者体验这些消费必须面对面进行，这是一个方向。

第二是专业性，我们做零售那么久，不可能跟在别人屁股后面，要有差异化。为什么我选择在杭州开了一个欧洲精品商场，因为那个地段是新区，市政府还没有搬过去，下面的地铁站还没有开通，旁边的写字楼只有部分进驻，前景很好。但如果在这里出售的商品很普通，购买者肯定寥寥。

为什么做欧洲精品？因为中国跟欧洲是最大的贸易伙伴。现在欧洲经济不好，我们出口也相对减少。但中国消费水平提高了，也喜欢欧洲的商品。我到欧洲调查过三次，他们从工厂到零售大概有两倍半到三倍的差价，因为渠道商还有许多费用。这差价到了中国变成十倍，导致我们感觉在中国购买欧洲产品还没有到欧洲去买便宜，所以很多中国人都到国外购买。另外**我觉得中国外汇储备越来越多，拿出去的是真正的财富，拿回来的是一个数字。人家让你升值，他贬值，把你的账慢慢赖掉，所以外汇应该尽快用掉。如此看来，不如买成货。**

我们做欧洲精品，价格下得来吗？其实我们现在还不是以奢侈品牌为主，奢侈品牌今年可能要下架。我们现在主打年轻时尚、价格合理的二线品牌。和二线品牌相比，其实一线品牌无非是早进入中国市场，赚够知名度，所以变成一线品牌。实际上现在欧洲的二线品牌，都是一线品牌的加工商。便宜又时尚的 ZARA，在中国销量也很好，但它在欧洲可能是三线以外的品牌了。所以主要看你如何做市场。

我们现在有五六十种品牌，平均价格还会逐步下调。现在以采购的方式，所以品牌方给出的价格不会便宜，我们的价格自然也不会便宜。后面会逐步改成代理方式。这一阶段，娃欧生意不能说好，但不亏本，三五年后会达到我的预期。当然，我现在的目标还不是全国。后面我们会以租的方式，一、二、三、四线城市齐头并进，哪里有机会，就去哪里。而且各地形势不一样，要根据当地的消费水平和收入水平判断该卖什么商品，但主要还是以综合体为主。

娃哈哈过去是制造业，转行做零售，开始大家肯定会质疑。但是，第一点，我觉得生意是相通的，都是解决谁来卖你、谁来买你的问题。我希望把我的商业平台做成工厂的折扣店，给工厂创造一个销售平台。工厂的通路好了之后，也有钱赚，商品价格也有竞争力。

第二点，娃哈哈有合作伙伴，**我们不是在转型，是在做多元化探索**。除了娃欧以外，我们也触及高新技术产业，比如正在研究的节能电机。我们现在有两个基建厂，模具和一些简单的设备也都自己生产自己用。

当然，娃哈哈现在的主业还是饮料，比例能占到 90% 以上，年收入 600 多亿。其他方面都只是起步，刚开始探索。我觉得零售这方面收入要达到一千亿很简单，有一百个商场，就有一千亿了。也就是要跑马圈地，最后做大规模。现在中国是大企业瓜分市场阶段，没有规模就活不下去。

视角二："水虫儿"崭露头角

　　和那个时代的多数年轻人一样，宗庆后的青春岁月是在浙江的农场和茶场中蹉跎度过。直到 1987 年，42 岁的宗庆后才迎来改变人生的机会。靠着借来的 14 万元，他接手一家连年亏损的校办工厂，卖起冰棍、汽水。在每天的走街串巷中，宗庆后观察到，孩子营养不良是很多家长最头痛的问题。于是，带着校办工厂的一百多号人，宗庆后转向开发、投产娃哈哈儿童营养液。这一年，宗庆后赚到了人生中的第一桶金，700 多万元。一年后，这个数字飙升到 2000 多万元。到了第 3 年，企业产值突破两个亿。

　　25 年过去了，当年的校办企业已经壮大为娃哈哈商业帝国。作为中国最大的饮料企业，娃哈哈的产量占全国饮料 20 强企业总产量的 25.6%。尤其让宗庆后引以为荣的是，在饮料行业，企业的利润率普遍为 5%，而娃哈哈的利润率却是 15%。

　　老北京习惯将精通某个行业的人称为"虫儿"，宗庆后就是个典型的"水虫儿"。一般人不会注意纯净水的瓶盖内有几个齿，但宗庆后会告诉你，18 个。

宗庆后： 如果我今年 18 岁，几十年后可能取得成就，也可能没有成就。我在 42 岁之前，包括 42 岁，都没有取得成就。**当今社会的创业机会已经比我那个时代少了，因为当时经济资源紧缺，做什么都能卖得掉。现在的市场竞争比较激烈，对创新的要求更高，创业难度也就大得多了**。但是关键还在于努力、创新、寻找机遇。在美国发达的时候，比尔·盖茨不也创业成功了吗？

　　所以，不能认为以后做饮料的就不会出现巨头，只要他的饮料比我们更好，就可能超越我们，只是难度大了一点。现在，饮料业在中国来讲集中率已经比较高了，五大企业占了市场份额的 60% 左右。但是两年来也有发展很好的小企业赶上，只是规模没有我们这么大。

就饮料市场，我最看好的还是生物工程。现在很多病都是吃出来的，比如"三高"，所以人们希望把吃出来的病吃回去。把食品饮料从解渴转向保健，这是盼望健康长寿的老百姓所需要的，也是娃哈哈未来要做的事情。可以说生物工程把整个行业转型升级了。以前全世界只有三种饮料口味，可乐、柠檬、橘子。现在中国饮料带动了全世界的消费潮流，我国发明的饮料品种太多太多了，不止几十种，各种口味都有，包括核桃味，玉米味等等。

国内的饮料市场竞争激烈，优胜劣汰很正常，以前规模大的可能衰落了，以前规模小的可能发展壮大了，所以每个时期有不同对手。当然每个产品都有一两个强劲对手，这样竞争起来才会更加复杂。我刚开始做饮料的时候，可口可乐进军中国市场，把中国当时的八大家企业击垮了七家，这事在饮料行业叫"水淹七军"。当时杭州也有中国可乐，还有四川的天福可乐，想跟可口可乐抗衡，结果也失败了。他们都缺乏实力，娃哈哈当时也没实力，后来慢慢有了，而且可乐制作很简单，加上当时可口可乐还没有进入全国市场，主要在大城市或有工厂的地方销售，所以经销商鼓动我们生产可乐。我们很快研发出来。同期的还有汾煌可乐，他们想做生姜可乐，广告投得比我们还大，但没有成功，因为老百姓概念中的可乐就是可口可乐，变了口味就不正宗了。所以我们做的可乐跟可口可乐口味几乎一样，稍微有点差异，这样让人家感觉我们比汾煌正宗。这就是我们生产的非常可乐。当时我们抢先汾煌开发市场，所以在一些地方我们更正宗。如果说他已经做了几十年市场，我们再去做，那肯定是鸡蛋碰石头，失败无疑。

视角三：娃哈哈帝国的未来之路

在饮料行业，宗庆后有着自己的生意经。他从不认同国外一些管理理论，甚至不止一次公开嘲讽"蓝海战略"。如果说他有什么理论基础的话，就是《毛泽东选集》和中国历史。在浙江山区沉潜的 15 年里，他将一部《毛泽东选集》背得烂熟于胸。中国传统的智慧与机变，铸就了他日后纵横商场的武器。

宗庆后的办公室，三栏书架上摆满了世界乃至国内小到县级市的地图，这是为了方便他划分销售区域。如今，娃哈哈有 8000 多个一级批发商，三四万个二、三级批发商。这些密密麻麻分布在全国各地的销售网络，搭建起一个独特的管理模式——"联销体"。

在这种模式下，经销商与娃哈哈签订协议，按照规定完成销售任务，交纳保证金。娃哈哈则规范经销商的销售区域，授予其代理权，支付高额的保证金利息，无偿协助其开发市场。在大多是赊账和三角债的当下，娃哈哈与经销商却形成了一个拥有"共同的目标和利益"的销售共同体，将一家企业在市场上与人竞争，变为千万家企业合力，一起与人竞争。

宗庆后的用人制度，可以概括为"大权独揽、小权分散"。在娃哈哈，有 20 名中层，却没有一个副总，大事小情全要宗庆后决定，甚至 50 元以上的财务支出，都得宗庆后签字。在相当长的一段时间里，宗庆后任免干部，不经过任何程序，只要在办公楼走廊的黑板上写上"任命××"或"免去××"即可。娃哈哈内部把这种现象称为"黑板干部"。

与许多国内民营企业家一样，"接班人"是宗庆后不可回避的话题。有外界猜测，"娃欧"精品商场的横空出世，是宗庆后在为女儿宗馥莉铺路。宗馥莉 2004 年海外留学回国，直接参与娃哈哈集团的管理与决策。2010 年，她开始负责娃哈哈的国际业务。

管理上，父女俩有着相似的强势，但在方式上却大相径庭。父亲深谙为人处世的"人情"哲学，女儿则崇尚制度。不过，宗馥莉能不能胜任娃哈哈帝国领导者的角色，宗庆后似乎并不担心，而且他觉得自己依然年轻，依然保持着足够的创业激情，甚至对自己提出了新的目标：未来3年，带领娃哈哈冲入世界500强。

宗庆后： 我曾经说过我做出的规划很民间，但目标也是有的。**我们现在的目标是追求卓越，基业长青，争取做百年老店**。因为社会进步很快，市场变化很快，谈五年规划、十年规划实际都是空的。所以我们希望能做百年老店，基业长青。

有人说娃哈哈应该挤进500强，但是现在的500强是500大，并不是真正的500强。要实现500大也很快，但是要实现真正的500强不是那么容易。我也不急于求成，为了面子去争一个500大。不过，要对自己的企业永远不满意，这样才能进步，如果满意了就再也不会进步。

我当下对娃哈哈最不满意的是管理水平，这个可能跟我自己也有关系。因为我布置工作比较细，人家对我的依赖性比较强。这就像一种管理模式，叫作扑克牌模式。中间是有大猫的，如果大猫能够决定一切事情，其他的牌会不由自主地依赖他或者靠近他。时间久了，员工碰到新问题，都交给老板解决，自己反而不去寻找解决方法了。因为解决问题能力和创造性不够，让员工做原有工作基本没问题，但做新的东西，可能就会有困难。

为了解决这个问题，我们采取分级授权模式，宁可损失一点效率，也要让员工先去尝试。我认为**企业经营者要强势开明，因为企业跟军队一样，商场就是战场，如果企业是一盘散沙，肯定发展不好**。

还有一个接班人问题。我感觉民营企业家当中，二代愿意接班的可能最多只有一半。因为民营企业起步的行业层次一般比较低，比如制造业，非常辛苦。如果没有这些年的发展壮大，没有形成现代化企业，这群出国留学回来的二代可能看不上眼，自然不愿意继承老一辈产业。

娃哈哈已经是现代化企业，我女儿应该还看得上。当然，她也做一点新产业，想开发国际市场。我女儿最早是接触美国文化的，在美国文化中，老板和员工分得很清楚，拿多少钱就干多少活。但这点在中国行不通，中国必须以人为本，从心底调动他的积极性。这就是中国的人情文化，现在她也已经慢慢接受这种文化了。

她在管理时，我不插手。我不会打听她在做什么，她也不会跟我报备。我就放开手让她去做，让她经历一些碰撞，慢慢磨炼。再不放手，可能她永远也成长不起来。她本身很勤奋，这点很好。**年纪轻吃点苦是应该的，凡事要靠自己努力，社会应该塑造这种机会均等的氛围，才能鼓励大家勤劳致富。**

结束语：

42 岁才着手缔造娃哈哈帝国的宗庆后，凭着坚强的毅力和独特的管理模式，创造了饮料行业出首富的奇迹。奇迹已经缔造，但娃哈哈未来的道路还有待商榷。无论是多元化发展、管理模式的改变还是接班人问题，都需要宗庆后不辞辛劳，躬亲力行。

【锋汇词典】

外汇储备：又称为外汇存底，指一国政府所持有的国际储备资产中的外汇部分，即一国政府保有的以外币表示的债权 。

蓝海战略：由 W. Chan Kim 和 Renée Mauborgne 在合著的《蓝海战略》一书中提出。该战略认为，聚焦于红海等于接受了商战的限制性因素，即在有限的土地上求胜，却否认了商业世界开创新市场的可能。

联营体：指不相关的任何两个或两个以上的自然人或法人为了建立和运作任何形式的商业项目或企业而进行的各种形式的组织安排。

三角债：是人们对企业之间超过托收承付期或约定付款期应当付而未付的拖欠货款的俗称，是企业之间拖欠货款所形成的连锁债务关系。

大趋势的逻辑，
互联网时代的变局

TOP TAILKS
ON FORTUNE

杨涛

中国社会科学院
金融研究所
所长助理

孟祥轶

中央财经大学区域
经济与金融发展
研究中心主任

裴晓辉

现任嘉实基金
固定收益执行总监

互联网金融的潜在危机

　　2013 年，融资理财类互联网金融产品纷纷涌现，这一现象直接导致商业银行存款大搬家，人民币存款中的住户存款减少了将近 9000 亿元。与此同时，P2P 网贷平台和部分网络理财产品的风险已经显现。互联网金融从出生之日起，即缺乏有效的监管。眼下，在风险来临之际，互联网金融资产的拥有者，该如何识别潜在的危机，减少自身的损失呢？

视角一：网络贷款的安全系数

2013 年 4 月 2 日，一家名为众贷网的 P2P 网络公司在其网站上发布公开信，信中说："由于管理团队经验的缺乏，在开展业务时没有把控好风险这一关，造成了无法挽回的损失。"对于投资者的损失，公司经营者表示将用自己的资金先行按照一定比例进行垫付。

事实上，众贷网不过是众多 P2P 乱象中的沧海一粟。诸如东方创投、川信贷、宜商信贷等多家 P2P 平台也陆续爆出问题，纷纷倒闭：天力贷董事长刘明武以"吸收公众存款"被立案；注册资金 2000 万元的"网赢天下"倒闭，是目前规模最大一家；10 月 15 日，上线仅三天的"福翔创投"倒闭，创运营时间最短纪录。

作为融资类互联网金融的典型，P2P 网贷神话的破灭，让人们联想到其他同样缺少法律约束和监管的互联网金融，如支付宝、财付通、余额宝、百度百发等，它们是否也有潜在的风险呢？

杨　涛：我国有很多 P2P 网络公司，只是传统的民间融资机构，披上了一个互联网外衣，换了一个马甲而已。实际上，我国的 P2P 网贷和那种原始的欧美国家所谓的 P2P 中介平台相去甚远，后者更多的是作为一个信息中介，并不介入到实际的债券债务关系当中。

P2P 网贷的利率是比较高的，这和我国利率体系不无关系。现在我国整个利率体系其实还是"双轨制"，有体制内的价格，还有体制外的价格。体制外通过民间借贷行为形成的资金价格，在某种意义上并不能反映整个金融市场的实际价格水平。

投资者当然希望有更高的回报率，可是如果本身资金成本比较高，给中小企业进行低成本的支持，这肯定是不现实的。这种产品的可持续性，或者说它宣传的某种高收益的可持续性，是存疑的。

裴晓辉：我对参与互联网基金比较积极，但对 P2P 网贷还是采取比较谨慎的态度。**自中国推出 P2P 网贷这个概念后，一直存在着监管缺失的**

问题。举个例子，在工商部门注册 1000 万资金，开出一个验资结果后，就可以开 P2P 公司，而第二天就可以把这 1000 万撤走了。这明显是一个虚假的验资过程。缺乏监管的完善和指导，很多潜在风险自然而然就会慢慢显现出来。

另外一点就是信用体制的缺失。如果是在信用体系发达的国家，一个人失信了，可能会失去很多工作的机会，这种成本是非常大的。但在中国，第一，我很难确知对方的信用；第二，即使一个人失信了，还可以再去发展别的领域。

我国 P2P 网贷利率可以达到百分之十几，这反映了民间借贷的价格，也蕴含着民间违约风险的问题。一个企业的利润率是根本达不到 14%、15% 这种回报率的，所以这种民间利率体系迟早会崩溃。这也反映出我国"双轨制"的问题，一时借不到钱，为了应急只好去借高利率，这蕴含的风险是很高的。

现在经常能看到很多理财产品，收益率都能达到百分之十几，或者 8%、10% 这种水平，这是预期收益率，因为中国证监会公布的不可以是保证收益。还有，一些小的基金公司和银行理财产品，利率都标注"7 日年化"，其实这非常具有欺骗性，它并不能代表这 7 天中的收益率。在做"7 日年化"时，会把前几天收益率做高后，而后几天的收益率相对就会很低，所以不要被这个所迷惑。

孟祥轶： P2P 网贷，我原来在美国读博士时有一点接触。但**国内这次发展起来的 P2P 网贷，跟平台性的网贷似乎有差别，有产生巨大风险的可能。**现在我国 P2P 网贷暴露出很多问题，包括资金池，包括把借贷需求打包成理财产品。也就是说，这些事情实际上跟银行做的差不多，但监管部门又没有对它采取监管措施，比如银行，是要求资本金充足的。但在 P2P 这种情况下，消费者自然缺乏保障。

在我国，P2P 网贷只需几个人花几万元买一个系统，就可以上网招揽客户了，这等同于诈骗。如果这种事情不能及时制止，必然会对整个行业造成巨大的冲击。

我国 P2P 网贷利率比较高，但有一定的市场基础，当中小企业需要购买原材料或者机械设备进行生产时，就产生一种短期需求，在这种情况下，企业愿意为了未来已经确定的收益，进行一个高利率的支付。

P2P 网贷发展时间尚短，很难说这个市场已经稳定下来，也许这些公司现在还要招揽客户，无论是借款人还是投资人。在这种情况下，他们可能还会进行一场血拼。所以，现在的利率并不是一个特别确定的利率，还需要等到市场稳定。

人都是容易被诱惑的，比如买彩券，大家都知道概率非常低，但很多人还是前仆后继，因为大家都在设想着轮到自己赚 500 万的那一天。而且市场营销专员，又专门针对人的心理弱点来进行营销。所以面对一些高利率投资产品时，我们一定要谨慎，要时刻提醒自己风险的存在。

视角二：互联网金融对传统市场的影响

风光无限的互联网金融巨头从"先驱"变成了"先烈"的事件，最早发生在美国。1999 年，美国支付巨头 PayPal 将账户余额与货币市场基金挂钩，这比阿里的余额宝早了整整 14 年。PayPal 基金在 2007 年顶峰时达到了十多亿美元的规模。

众所周知，货币市场的波动决定了货币基金的收益率情况。在 2005 年至 2007 年利率上行期间，货币基金的年收益率超过 4%，规模出现翻番。然而 2008 年金融危机发生后，美联储三次量化宽松政策导致超低利率政策，使得货币市场基金获利困难。同时，美财政部在 2009 年后不再作为货币市场基金的最后担保人，货币市场基金的刚性兑付不再存在。PayPal 的货币市场基金收益直线下跌，最终在 2011 年不得不清盘。

与之相似，近年，国内也出现过类似货币市场基金收益暴跌潮。2006 年，由于央行货币政策转向，同时 IPO 开闸，国内货币市场基金曾出现了 56.29% 的赎回潮。2014 年 IPO 再次重启。一旦货币政策再次出现调整，货币型基金将可能出现较大的波动，余额宝等理财类互联金融产品的风险一直存在。

杨　涛： 类似于余额宝这种互联网金融产品，在我们脑海中的第一个印象就是利率回报，但如果看透这层面纱，余额宝背后的货币市场基金并不是完全没有风险，它只是相对其他金融产品安全一点而已。

利率市场化必然带来更加激烈的市场竞争，在这个过程中肯定陆续会有市场进出，这样才能形成一个健全和良性运转的金融市场。而**互联网金融相关的一些组织和产品，只是为利率市场化导致的竞争日益激烈的市场增加一点新元素，或者说新浪花**。它一方面推动着利率市场化的大浪持续前进，也为中国互联网金融模式的逐渐规范提供一个新的方向。

传统的一些金融机构，无论是服务还是定价各方面，还有很多做得不到位的地方。最典型的还在于理财产品的销售过程，过去销售人员总会把预期收益率当成真实收益率告知老大爷老大妈，使他们产生一些错误判断，某种程度上也就影响到整个市场不同类型的产品定价。而对于东方投资者来说，本来更多地偏好于投资回报率，所以回报率越高的产品越好。但是，如果传统金融机构过于追求高回报的创新，最终很有可能陷入"庞氏骗局"中。

孟祥轶： 在美国历史上，每 40 年大概会发生 4 次货币基金低于自身净资产价值的现象。其实很多情况下是发生危机了，只不过由它的母公司来兜底，所以没有表现出来。

在现在这种市场状态下，货币基金都很有可能受到货币政策、利

率、通货膨胀率以及 IPO 的影响，会因此出现大量的赎回潮、资金挪动，这是很大的风险。所以这种政策变化无论对于余额宝，还是对于基金公司的影响，都是很难预测的。

在金融创新的过程中，很多时候现有监管不足，一开始经常处在一种灰色地带。这时候的消费者，作为最早的一批顾客，作为第一批吃螃蟹的人，"中毒死亡"的可能性也是有的。

裴晓辉： 货币基金最大的风险就是流动性风险和政策性风险。2006 年由于货币政策转向，及整个 IPO 的开闸，股市开始大牛市以后，出现一次债券基金、货币基金全部投入股票市场的大搬家行动，这导致了当时的货币基金规模从几百亿极度萎缩到几十亿，结果出现了巨额亏损。

2013 年 6 月，央行出现一个大的政策波动时，有的货币基金出现巨额亏损，这可以从货币基金的半年报看到一些端倪。但是也有一些基金公司，它的偏离度已经超过法定偏离度，它进行公告以后，可能亏损的窟窿太大，只能认赔，就是让消费者去承担这个损失。索罗斯对美国的货币基金分析得非常精辟，他说，如果一个货币基金每年收益率都排在同行业前三，那一定是做了货币基金不应该做的事。也就是说，它要么夸大了自己的收益率，要么冒险去做了危险的事。

在利率市场化的进程中，互联网金融起到了推波助澜的作用，比如银行理财报了 5.4% 的年化收益率，而余额宝的年化收益率则有 5.5%，这增加了投资者的选择权，使其不必要非得局限于银行，这对整个利率市场化的进程有促进作用。但是，如果未来一切都正规化以后，互联网金融也有可能会逐步萎缩，这是不好预测的。

不同于互联网金融，传统金融机构在创新方面太困难了，它的认可度、它的培育等很多方面都受到传统的监管制约。即使你有一个好的想法，出来以后可能马上被别人复制。这就像一个很出名的故事描绘的那样：一个犹太人在美国开了一个加油站，后来许多犹太人陆续在这里开洗衣店、零售店、食品店，最终这个小镇繁荣了；而一个中国人在美国开了一个加油站，赚了很多钱，接着来的 10 个中国人全开起了加油站，结果都倒了。如果每个人都追求高收益产品，将导致整个市场利率往上走，无法支持实体经济的运转，最终导致信用风险事件暴露，促使利率往回降到合理水平。这个问题在中国也不可避免。

视角三：互联网金融的秩序与边界

据《北京青年报》报道，2013 年 11 月 9 日晚上 11 点多，北京市民周先生睡梦中被接连的短信提示声吵醒，起床看手机，顿时睡意全无。4 条工行的提示短信显示，4 分钟之内，他账户内的 3 万元被刷走了。

事实上，支付宝被盗刷的情况屡见不鲜。不过，支付宝客服中心的工作人员表示支付宝不存在安全漏洞，一般银行卡被盗刷主要是因为客户个人信息泄露导致的。

裴晓辉： 互联网和传统银行不过是销售渠道不一样，其实本质没有太大差别。现在居民投资不仅仅局限于货币基金、互联网基金或者银行存款，还有其他很多选择。

现在广大投资者更聪明了，开始学会了在两个债券市场之间进行回购。首先需要你的证券开户公司去办理一个申请，签完债券质押回购协议后，你每天就可以拿零碎的钱去放回购，现在有百分之五点几的收益率。这种回购对市场化也起到了推波助澜的作用。此外，央行又推出了大额可转让存单的规定，散户可以自己攒钱在银行做一个大额可转让存单，提高自己的收益率。还有一个更好的情况，证监会在 2013 年 6 月到 8 月推出了基金可质押规定，如果临时需要应急的钱，可以不找银行贷款或透支信用卡，而用基金去作为质押，去利用回购，可能回购利率三点几、四点几。

实际上，在监管方面，消费者保护面临更大的挑战，比如消费者的信息安全、资金安全和知情权等，这是必须关注的一个问题。 当然，对消费者也不能过度保护。很多消费者已经事先获知充分的风险提示，但出现问题后依然不买单。所以，中国未来想成为一个完全信用体制的国家、一个具有契约精神的国家，消费者在得知风险后，就必须要自行承担责任。

孟祥轶：金融市场一个最基本的投资理念就是，不要把鸡蛋放在同一个篮子里。投资应该根据个人的风险偏好和资产情况，进行一种多样化投资，以减少风险，获得更多收益。

现在我国法律应该尽快对互联网金融及其规则进行法律界定。如果没有法律，谈什么监管。 还有信息披露这点。什么样的信息披露才叫完备？大家可以看看自己的信用卡账单，我的银行账单里从来没告诉我年利率是多少。在美国，这次成立的信用消费者保护局，其中就很明确地规定信用卡哪几项一定要写出来，写在什么位置，非常详细。美国正是通过这些手段，以信息披露为主要解决方向，保护消费者的权益。而我国的金融消费者保护也就在2011年刚成立，其中信息批露方面的监管做得非常粗糙。在这种情况下，监管一定要更细致、更全面，才能降低消费者的风险。

此外，消费者金融教育也是很重要的一点。金融危机后，金融教育已经基本上升为所有发达国家的国家战略。因为世界各国做了很多调查，而且在危机中也普遍表现出一种现象，就是金融消费者的抗险能力普遍偏弱。鉴于此，最近人民银行也提出，要规划中国的金融教育战略。

杨　涛：无论我们如何定义互联网金融的边界，一个最核心的点是，它往往是以承担更高风险来换取某种便利，或者说资金的可得性。所以，不同的投资者和不同的产品消费者，根据自己的需求可以有不同的判断，并不一定完全要以收益率和风险作为衡量的唯一标准。另外，在当前互联网金融市场还比较混乱、发展方向比较模糊的情况下，一些老大爷老大妈进入这个市场，还是需要谨慎的。

现在互联网金融这个概念炒得比较热，就好像它是一个筐一样，什么都可以往里装。可以说，大家对互联网金融都有一个不同的概念。**监管部门在考虑这个行业发展的时候，很难判断究竟有哪些业态、哪些边界、哪些产品。**所以，对这个市场的控制首先要做的，应该是每个人都冷静下来，确立一个可分析的基本理论框架。然后在立法监控的同时，进一步加强不同部门之间的协调。此外，在强调加强金融消费者保护的同时，也必须促进金融消费者的教育，培养比较健康的消费者文化。

在推动和促进互联网金融发展的过程中，必须考虑到，它是服务于资金的供给者，还是资金的需求者。现在我们谈的基本只是对于投资者的投资回报，此外提供的一些其他便利好像很少涉及。比如互联网金融模式究竟帮助了哪些小微企业，似乎小微企业对互联网金融热潮的反应没有想象中那么热烈，这是值得我们深思的。

结束语：

互联网金融毫无疑问是一个新鲜事物，往往需要一个探索和摸索的阶段，需要大家的鼓励和支持，同时也更需要监管和引导。作为消费者，也要提高自身的金融知识和自我保护意识。

【锋汇词典】

利率"双轨制"：指中国利率体系中，存在着受管制的存贷款利率和已完全市场化的回购利率两种利率体系。

七日年化收益率：是货币基金最近 7 日的平均收益水平，进行年化以后得出的数据。

货币基金：是聚集社会闲散资金，由基金管理人运作，基金托管人保管的一种开放式基金。专投向风险较小的货币市场工具，区别于其他开放式基金，具有高安全性，高流动性，稳定收益性。

袁雷鸣

蚂蚁金服理财
事业部总经理

陈宇

聚秀资本合伙人

罗明雄

北京京北金融信息服务
有限公司总裁
上海交通大学互联网
金融研究所所长

腾讯、百度、阿里的
互联网金融战

　　随着余额宝、微信支付、百发理财的推出，阿里、腾讯、百度三大
互联网公司，相继进入传统金融领域，这让我们想起马云曾经说过的一
句话："银行不改变，我们改变银行。"由此看来，马云所说的"我们"
不会只有阿里巴巴。以三巨头为首的互联网，能否像它们颠覆零售业那
样，实现对金融行业的重塑呢？

视角一：三巨头的竞争

近年，互联网公司三巨头——阿里巴巴、腾讯、百度，加速进入金融领域。2013年10月底，百度高调推出百发理财计划，以8%的年化收益噱头，目标直指收益率不到5%的余额宝。当日上线4个多小时，百发销售额便超过10亿元，用户超过12万户。为此，有人直接说百发就是百度版的余额宝。也有人说8%的收益率赔钱赚吆喝，肯定是为了吸引眼球。更有人说，百度是互联网金融的"土豪"。

三天后，百度趁热推出第二款产品百赚。事实上，阿里是三巨头中最早将触角伸到金融领域的。早在2013年2月，马云、马明哲、马化腾联手设立的众安在线财产保险公司获得审批。3月，阿里宣布筹备成立小微金融服务集团。6月，支付宝联合天弘基金推出余额宝。10月，阿里控股天弘基金。11月1日，首批17家淘宝基金店正式开张。相对于阿里，腾讯显得稍晚一步。2013年8月初，腾讯旗下财付通宣布微信5.0版推出支付功能。机票预订、网购、电影票团购、交通卡充值等都可通过微信支付购买。同时，财付通还联手华夏基金推出了活期通。

罗明雄： 互联网金融从2013年上半年开始火热，但是百度一直沉默，直到下半年才悄悄推出产品。在互联网时代，姗姗来迟是没人会注意的，所以百度得吆喝一声。百发不管成或者不成，至少吆喝上是成功的。

其实，第三方支付不一定是各大互联网企业之间的竞争。当下，整个银行界的支付结算超过100万亿，相较之下，整个第三方支付结算应该还没有10万亿。所以，这种竞争更多地体现在一个更加庞大的支付领域里。**至少从目前来说，三巨头还不构成一个全面的冲突和竞争，只是在跨边界的地方，会有一些局部冲突。**

所以现在谈竞争还为时尚早，因为互联网金融的门才刚开启。互联网有个最大的特点：流量为王，渠道为王。不管是掌握搜索、社交，还是生活，最后都需要入口。所以三巨头之间一直在相互渗透。在流量竞争中，它们在纯互联网领域的竞争也不可避免，包括微信与来往之间的竞争。

陈　宇： **不能说百发是百度版的余额宝。余额宝的本质是余额管理，百发不是。** 确切地说，百发8%的收益率必然是不可持续的。无论从商业逻辑还是金融逻辑角度来推断，没有一个机构可以确切保证能持续地提供8%的收益。所以我个人更倾向于，8%的收益率只是百发的一个噱头。

第三方支付行业，同质化竞争非常激烈。在这个行业里，不会有太多支付公司能存活。作为支付行业里第二把交椅的财付通，必然要跟支付宝进行正面竞争。可是，腾讯的财付通一直不温不火。直到微信出来，底层架构起来后，大家都对基于微信上的支付提高了期望值。在这种情况下，财付通必然要跟支付宝走到同一水平上：既然支付宝敢全赔，财富通也必然要全赔。

确切地说，微信不只是一个即时通信工具，它代表的是一种底层生态，是一个入口概念，有了它，上面可以衍生出很多东西，可以把其他业态都转移到这里来。所以微信其实是在尝试别的生态领域，可能包括银联，也可能会走到商务领域，所以也对淘宝构成威胁。

袁雷鸣： 我年龄偏大，更常用阿里的来往，微信的主要用户则是更年轻的学生。因为目前微信支付主要是买一些游戏币、虚拟的道具，还没有真正进入到电子商务的支付领域。不管是当当也好，亚马逊也好，更不用说淘宝、天猫了，能够找到用微信支付的地方还非常少。所以并非说我很抵触微信支付，是我确实很少能用到它。

阿里已经分成两个集团，一个是阿里巴巴电子商务集团，一个是阿里小微金融服务集团。所以，我们已经把整个阿里巴巴体系内跟金融相关的板块全部剥离出来，成为阿里小微金融服务集团。

所以微信更多的还是跟来往之间的竞争，跟支付宝并没有直接竞争关系。未来微信很有可能走到线下，这样，跟支付宝目前的主要领域也没有竞争，竞争主要来自中国银联。

其实，互联网三巨头之间在金融领域还谈不上竞争。因为**互联网金融是一个新兴产业，无论是金融机构、银行，还是互联网公司或支付公司，都是基于它本身的历史业务来介入的。**

视角二：支付工具对比

互联网三巨头，阿里重电商、百度长搜索、腾讯则是社交＋移动。三大公司尽管都没有金融基因，但是凭借自身巨大的流量入口，实现了对传统金融领域的突破。先说阿里，基于自身的电商生态环境，催生了支付宝、担保、基金、小贷等一系列金融创新。再说百度，与阿里为适应用户需求推出余额宝不同，它的第一款理财计划百发的出现，更像是金融机构华夏基金背后的驱动。和百度相比，腾讯的财付通接触金融并不晚。目前，财付通下的"理财汇"聚集了19家基金公司，可以在线购买基金。但是，腾讯的一贯低调让"理财汇"这个产品并没有引起太多人的关注。而腾讯财经频道与众禄基金合作的基金超市，更像是为他人作嫁衣裳。进入微信时代，特别是微信5.0版推出后，腾讯与金融领域，才有了更亲密的接触。

陈　宇：支付行业发展到后来是同质化竞争，必然是赢家通吃。老百姓不愿意用太多的支付工具去进行支付，不习惯到哪儿都要换一种支付方式，最好是一样东西走遍天下。支付宝也好、财付通也好，都能实现这个功能。它把各家银行捆在一起，进行支付，到最后可以实现一卡走天下，这是对于消费者来说。对于企业来说是一个细分市场，确切地说就是很小，也就是说，它有自己领域的解决、应用方案。

至于余额宝，我把它定义为搭便车行为。就像你开了一个网吧，很多人来上网，你要如何服务他们？卖方便面，卖水，让他们在里面更好地享受上网的过程。但前提是要有很多人来上网，如果没人，准备再多的方便面也没用。余额宝的成功，更大的原因是因为有很多支付账户每天都要使用它，即使没有钱也需要。这时候给他们提供一件最相关的东西，让他们获得比较好的收益，他们自然而然就会用了。

目前余额宝模式，我感觉是一种过渡性产品。随着利率管制逐渐取消，银行的存款利率可能跟货币基金收益率基本持平，所以它对银行业的冲击本身不会特别大，**最终理财行为发起端还是金融机构，互联网在里面扮演的主要是渠道角色。**

说到三巨头最有竞争力的产品，阿里是淘宝，其他一系列产品，离开了淘宝基本上意义都不是特别大。腾讯应该是微信支付，毕竟有 6 亿用户。至于百度，我在它身上看不到太多的金融机会。

罗明雄： 支付行业在面向消费者时，确实会一家独大。但是面向企业，这种现象不大可能出现。所以现在是百花齐放、百家争鸣，后来可能会开始进入春秋时代，随后不知道再过多久，可能慢慢进入战国。

说到互联网金融，要说到余额宝。余额宝的成功，我认为就是天时地利人和，最主要的原因在于利率市场化。其实**银行并不是那么担心来自三巨头的竞争，因为体量毕竟不一样。它们更担心的还是整个利率市场化的到来。**

其实除了余额宝外，阿里的其他产品都很有竞争力。我个人觉得，小额贷款也许会是它一个最大的优势。另外两家公司也有优势，百度应该是它的金融中心。因为客观来讲，百度的用户黏性在三巨头当中是最弱的。它目前掌握的是搜索入口流量，有点类似于搜索比价，虽然别的也很多，但都非常不聚焦。

袁雷鸣： 在互联网支付这方面，我没有什么高深理论，我们做事更多的是看客户需求，而不是先有一个所谓的顶层设计。先了解客户在电子商务交易中出现的问题。比如交易双方如果相互不信任，就没办法使用银行的直接汇款，所以支付宝出现了。包括现在微信支付，本质上也是一种快捷支付，也是快捷支付网卡直接支付的流程。**谁能更好地满足客户需求，谁最后就能得到市场。**

余额宝这方面，跟传统理财产品不同。传统理财产品是钱越多越好，但余额宝相反，钱太多不要，钱少没下限，一块钱也可以存。马云说过："传统的金融机构，主要是服务占有 80% 财富的 20% 客户。但是互联网金融希望去做那些只占有 20% 社会财富的 80% 客户。"

通过余额宝来购买，就是因为它跟支付宝账户里的钱一样使用便利，通过其他方式购买的货币基金没有这个便利性。这才是余额宝真正的核心价值，而并不仅仅因为支付宝网站流量大，百度、腾讯流量都比支付宝大。所以，就当下来说，阿里最强的还是支付宝，它是整个业务的基石。

至于另外两家公司，腾讯从目前来看，最有优势的还是财付通，毕竟微信支付并不具有独立的牌照。百度方面，则可能是金融中心会比较有前途。

胡启林： **微信支付，从产品架构来说，实际上是基于财付通的支付渠道，以及财付通的风控这些更重要的部件。**无论是从前端或者后端，都是走财付通渠道，都是财付通的一个产品。它现有的接入场景主要有三个，一个是微信系统内的公众账号的支付；另外一个就是线下扫码，到底是手机端产生的二维码，还是商户端产生的二维码，各种商户对接的方式都不太一样；还有一种就是通过一些渠道，比如大众点评网，当你走在街上时，它会告知你对面店里的衣服或者饰品等生活类商品的打折促销信息，你若购买后马上可以通过微信支付。

视角三：三巨头的金融布局

早在 2012 年，马云就提出"平台、金融、数据"战略。目前除了支付宝，还有基金支付、担保公司、小贷等金融牌照，一个完整的生态链出现在了阿里金融版图上。阿里小微金融 CEO 彭蕾表示，暂不申请银行牌照，并计划对银行、基金公司开放阿里数据、安全资源，未来将在互联网金融、无线、国际化三方面发力。百度则在 2013 年 7 月获得支付牌照，9 月宣布在上海成立小贷公司。现在，百度理财、百度小贷、金融中心，构成了百度的金融版图。相对于阿里、百度，腾讯目前只有财付通、第三方支付牌照和基金支付牌照。另一方面，围绕各自基因，互联网三大巨头通过补短板式收购，扩充着地盘，为金融布局奠定用户基础。2013 年，百度先后收购 PPS、91 无线、糯米网。2013 年 11 月，百度投资的去哪儿网在纳斯达克成功上市。阿里的收购，也从虾米音乐、新浪微博、高德地图、UC、优视到控股天弘基金。腾讯则较为低调，2012 年收购益盟操盘手，2013 年 9 月战略入股搜狗。同时，腾讯回应申办民营银行传闻，表示仅为参股方。

罗明雄：三大巨头都有很大的竞争力，但从目前已经完成的布局来看，可能阿里排第一。腾讯因为有了微信，也等于拿到了一张船票。至于百度，如果再失去搜索这个阵地，可能就很危险了。

对于非传统金融机构来说，要进入互联网金融行业，牌照是非常重要的。这个时候可能出现两种情况：一种类似阿里入股天弘基金，通过并购、收购的方式拿到传统的金融牌照；另外一种就是自己主动申请。虽然我国在金融领域是分业监管，但其实每一家机构都希望混业经营。我相信，未来很多非传统金融机构，都能拿到牌照。

可是，无论是阿里、腾讯还是百度，不拿牌照还经营得挺好，拿了牌照后武功全废。所以我一直建议，包括现在很火爆的 P2P 网贷也好，众筹也好，政府要监管，但不能一刀切，应该逐步地开始适度监管。牌照制度不是限制，让你什么都不能做，而是政府给不给你这个竞争的机会。最可怕的就是，比如一个学生成绩很好，但被拒绝参加高考。

所以，**互联网企业更关键的还在于利用自身的核心优势去扩展业务**。比如百度，在三大巨头里，它看起来离用户最近，其实可能是最远的，因为它没有一个金融账户的特性。它最大的优势只在于有机会做成一个金融产品超市，类似于京东那样，作为第三方。消费者想买"美的"电风扇，不会想到"美的"电子商务网站，而会想到京东，然后去京东做比价、做搜索，这个可能是百度最容易突破的。至于阿里，如果我是一个投资者，只要阿里不犯太大错误，我一定会投资阿里。

袁雷鸣：其实我们阿里并没有事先想好什么布局，然后按照布局去做。我们更多的是摸着石头过河，**随时按照客户的需求来安排业务，在合适的时间做合适的事情，这是我们一直比较推崇的**。如果问我们的下一步，可能会进一步发挥支付上的优势，更好地跟金融机构的理财产品做接合，通过一些开放平台，把它们都吸引到同一个平台，进行同台竞技，使竞争更加激烈，以此给客户提供更好的服务。

相对于互联网企业，传统银行更多的是依托物理网点进行经营，而物理网点能辐射到的客户非常有限，最多5公里。但是搬到互联网金融这个平台上来，用户选择银行服务，对他来说只是点击一个鼠标的差异而已，迁移成本非常低。这也加剧了互联网企业与传统银行之间的竞争。

如果我是一个投资人，在三大巨头里，毫无疑问会投资阿里巴巴。我现在把人都投进来了，更不用说钱了。

陈　宇：对于互联网企业进军金融领域，其实牌照本身是解决不了问题的。牌照不可能把牛拉到河边，摁着它喝水。更关键的还在于，一定要在这个业态里面，形成自身的独特性：别人不能做的，我能做，那我就会做得好，无论你会不会发给我牌照。

互联网金融也好，金融机构也好，本质都是在做金融。既然本质都一样，就必须要从互联网企业身上看到跟传统金融机构不一样的东西，要有优于传统金融所能做的事情。如果阿里真的能够达到所谓的"商流合一"，我觉得也没必要做金融了，它赚的钱远比金融多。

结束语：

我们希望更多老百姓能够接触到互联网金融，让更多还没有享受到互联网金融利益的老百姓参与其中。以前，银行门槛确实有点高，互联网金融致力于打破这个门槛，让更多人受益。所以我们希望，不光互联网都是"活雷锋"，金融业也都是"活雷锋"。

【锋汇词典】

众筹： 即大众筹资或群众筹资，由发起人、跟投人、平台构成，具有低门槛、多样性、依靠大众力量、注重创意的特征，是指一种向群众募资，以支持发起的个人或组织的行为。

杨旭东

中国传媒大学
高等研究所所长

王东晖

阿米巴资本创始合伙人

孙畅

新东方在线
CEO

 # 在线教育的碎片化学习

　　在线教育已经不是一个新鲜词，从最初的学习光盘到后来的教学视频，教育和网络早已经牵过手。可是这样一个陈旧概念，却突然开启了一个全新的时代。在线教育摇身一变，变成了一块吸金石。究竟这些动辄数亿的融资金额背后，投资者看到了一个什么样的市场？而对于普通百姓，我们又能从中收获些什么呢？

视角一：在线教育是未来的趋势

淘宝做教育了，腾讯做教育了，优酷也开始做教育了，另一方面，一批创业型公司纷纷闯进了这块蓝海。而传统的培训机构，新东方在线、学而思的雪地社区等等，进军在线教育领域的脚步也不慢。Google 的在线教育平台 Helpout，是一个以社交网络为核心理念的在线教学平台，人人都可以成为老师，同时也可以就自己不擅长的领域向别人学习。现在，Helpout 已经有计算机、教育、烹饪、修理等多个模块。在线教育并不是新鲜词，为什么会吸引 Google、腾讯、淘宝等大大小小的公司趋之若鹜呢？在线教育，还是我们印象中将教材、老师讲课的录像做成视频文件发到互联网上的模式吗？

王东晖：在线教育一定是未来的一个趋势。平板电脑从一开始就有了一些教育内容，比如英语教程、字母歌等等，我的孩子对这些就很有兴趣。

孙　畅： 我们新东方主要面向低龄孩童，教数学、英语，有一个专门学习的 App。我儿子现在只有 10 岁，老师布置作业都会要求他回家自己上网查资料，他会查维基百科，用各种各样的方式搜索，然后以此完成作业。

现在新东方在线每年注册用户大概一百多万，付费用户有二三十万。在线教育当然不同于传统教育，我拿新东方在线一个英语四级考试例子来说明。你会听到语音念题，实际上还可以录下来自己念，进行比对。然后你要做练习，做完练习后，能看到有多少同学做了这道题，你排第几。接着你可以听老师的讲解，每一道题老师都录了一段讲解。包括你为什么做错，也会体现在讲解里。因为讲解基本包含了所有错的可能性，这种可能性是通过教学研究总结出来的。这种方式你可以理解为一对一教学，不过其实你是有同学的，只是都在线上，和玩微博一样。这样一堂课十五分钟到二十分钟。费用方面，线上价格都会定位在线下的三分之一到一半，像这个四级考试的产品零售价格是 480 元。

杨旭东： 我的孩子才 6 岁，其实更需要的是亲子之间的交流。但是**现在的孩子对游戏、对一些在线内容非常感兴趣**，所以都会接触到这些。

视角二：在线教育对线下教育的冲击

现在所有的在线教育机构，可以进行以下分类：第一类，就是有专业教育背景或者以做教育为唯一目的的，如新东方在线、沪江网，还有猿题库。还有一大类叫作平台类，大电商平台推出的教育频道，如百度、淘宝，包括谷歌也推出了一个交互式学习的教育频道。那么，哪一类的发展前景更好呢？两大类新型在线教育产业，又是否会对传统线下教育造成冲击？

孙　畅： 从商业角度来讲，至少经过前十几年的中国在线教育这个行业的发展，可能第一类都能够生存下来，因为它们目前还是有自己的盈利模式。

　　在线教育对于线下教育来说，其实是一个倒逼机制。比如现在，无论大学生还是中小学生，都很习惯在网上学习，这会使得学校引进这些东西。据我所知，大学都会引进很多电子的内容，然后存放在图书馆里。当然，在线教育固然有它的优点，但我觉得依然不可能完全替代传统教育。即便在线教育已经发展得完美无缺，但老师站在讲台上授课的方式，还是会永远存在下去。

王东晖： 平台类的成本是非常大的，诸如淘宝这类传统电商，他们现在就是占住流量这个优势，然后去发展市场。**教育是服务产业一个很大的组成部分，在中国有几万亿的市场机会，而且这个比例，每年都在以 20% 左右的速度增长**。所以像淘宝这类有钱有流量的大平台，一定会站稳脚跟。

其实在线教育对线下教育的冲击已经存在。如果让我来选择，我会选择在线教育，因为我可以选择哈佛或者麻省理工的课程，我可以找全球最资深的教授录制的材料。这样非但不用付很多学费，还可以省下很多时间。

虽然有冲击，但在线教育和传统教育也可以呈现融合关系。但是融合之后，很多传统教育当中最有效的东西可进一步改善，这是对我们的文化传承，对我们的子孙后代更负责任的表现，也对一个崭新的教育行业的诞生，提供了巨大帮助。

杨旭东： **在线教育对线下教育是存在冲击的，但是冲击不大。** 因为传统的学校教育是体制性的，这种制度自然有它自身的优势。另外，现在的在线教育很多是倾向于培训类项目，这其实更像是充当家庭教师的角色。

很多人担心在线教育会颠覆传统教育，我觉得，会形成冲击，但用"颠覆"这个词还是夸张了点，倒不如说是对传统教育的一个重大改变。这种关系就好比现在的在线购物对实体店的冲击，在线购物诚然有它的优点在吸引着顾客，但是，在教育方面，现在大多数优质资源，还是集中在传统学校教育中的。

视角三：MOOC 模式

1946 年，第一台电子计算机诞生，至今，人类社会进入信息时代已有半个多世纪。不过，信息并不是知识，它必须经过加工、整理才能成为知识。而在线教育就是把系统整理的知识推上互联网，从此，名校人人可以上。2012 年美国 MOOC 横空出世，它的中文名字叫作"大规模网络公开课"。"大规模"指的是面向数百万学生授课；"网络"不仅指授课形式，还有学生们上课时在网络上的即时交流；此外，它拥有学习效果评估、作业布置、考试、颁发结业证书等功能。MOOC 成功的秘籍，在于它的门槛低、学费少、课堂内容质量高以及用人单位的认可。如今，"像追美剧一样上名校"已经在世界上形成了一种潮流。

孙　畅：美国原来有个哈佛公开课曾经风靡一时，而 MOOC 模式其实是在公开课的基础上进行升级。第一，它增加了互动性；第二，它把每个课程通过研发后切分成小段落，做成一个短视频，然后加上练习、学生自助答疑、大量互动，形成社区化的学习。如此，就把原来的哈佛公开课，由单向的变成双向的，并且使同学间形成了一个社区学习的环境。

MOOC 模式是可以在中国实施的，但是会有别于美国。前几年，我们跟美国的几个联盟校进行了交流。特别有意思的是，他们发现中国教育有一个很特别的模式，就是收费。MOOC 在美国是不收费的，所以大家趋之若鹜。我记得其中有位创新课的教授特别激动地跟我说，他的课现在全世界一共有 15 万个学生注册，其中有 3 万多来自中国。因为这些都是免费的，所以他们对于我们的收费形式颇为惊讶。

在这种模式里，美国和中国还有一个最大的差异，就是美国有学分，有证书，并且就业时证书是被承认的，就是学习结果能被高校、用人单位认可，这可以说是这种模式最核心的驱动力，而这点，我觉得目前在中国还做不到。

杨旭东：**MOOC 这种模式相当于一个大学把它最优质的资源大众化，通过一种在线的方式，迅速推进高等教育大众化的进程，同时也会减少校园物理环境的教育压力。**其实，中国最顶尖的一些大学，也已经加入到美国的 MOOC 模式里，比如北京大学、清华大学，已经加入到 MOOC 当中的 EDX 模式中，而复旦大学和上海交通大学也已经加入 MOOC 的另外一种模式，并且都是不收费的。因为既然加入到这样一种模式中，就会按照教育福利的方式，按照公益的方式来进行。

王东晖： 教育即传道授业解惑，因为技术的普及，包括跟传统行业的结合，甚至是互相之间交替的改变，"解惑"会变得越来越贵。因为"解惑"需要很多个性化的、面对面的，包括自身人生体验的分享。而"传道授业"这两方面，我觉得会越来越不值钱。

中国大学现在已经开始做公开课，这是个好的开始。但是从文凭认证各方面，中国还需要一系列深刻变革。包括领导职能部门，他们的开放程度可能要做一些试点，这是需要一点时间的。在幼儿教育这块，我国的成长是比较快的，在公司培训、技能培训这些方面，还可以做一些商业化的尝试。

视角四：在线教育的盈利前景

最近两年，在线教育成为吸金石。2012 年在线英语培训机构 Tutorgroup，融资 1500 万美元；同年 6 月，"拓词"网取得了百万注资；2013 年，Lynda 获得了 1.03 亿元的美国单笔最大在线教育机构融资额度。同年 7 月，"沪江网"完成了第二轮融资，总融资金额达到 4000 万美元。此外，淘宝教育销售额已破 3 亿元，其中三分之一来自教辅教材，另外 2 亿则来自课程销售。据淘宝内部估算，目前在线教育在淘宝的日均交易额为 300 万元左右。德勤的数据显示，当下中国教育行业的市场规模已达万亿规模，其中在线教育市场就突破千亿。正如俞敏洪所说："随着互联网等现代技术的发展，在线教育将迎来颠覆性的变革，未来 3 至 5 年就将实现线上 40%、线下 60% 的市场格局。"

令人觉得匪夷所思的是，火热的投资市场背后，绝大部分的在线教育机构都还没有盈利。学乐中国的陈东华，他表示"亏钱亏了 6 年"。9158 的毛欣说过："目前在线教育没有盈利的，学而思亏损百万以上。"向上网的江华清也明确表示"还没有挣钱"。究其原因，主要有以下几点：第一，互动性差、无法保证学生完成课程；第二，K12 人群接受的主要是传统教育，没有时间上网；第三，没有文凭，对就业没有帮助；第四，成人教育企业培训的针对性比较差，对员工没有实质性帮助。

除此之外还有哪些原因？既然在线教育不盈利，为什么还能吸引这么多的投资人呢？

王东晖： **在线教育虽然当下不盈利，但前景非常好，在未来有几万亿，甚至十几万亿的市场机会。**当然，今天的在线教育占整个教育产业的产值比例，可能连 1% 都不到。因为核心的东西没有解决，在电脑或者电视上进行远程教育，互动性的问题并没有解决，包括商业模式这块，大家还有很多误区。

此外，没有在线上线下这方面做有效的结合。在线教育是个大趋势，就是线上线下结合，通过互联网去做一种渐进式的改善，这反而是一个快速落地、快速实施的模式。那种把传统教育模式搬到网上，或者纯粹是把传统内容放上去的生硬做法，都是不能长久发展的。

移动互联网的特质，就是一个非常好的智能互动平台，用户已经非常习惯它，所以教育一定要赶上这个趋势。在线教育会慢慢跟传统教育交融，然后慢慢去优化传统教育当中最重要的交互性这一方面。如果这个问题解决了，在它的载体方面，在内容的配置方面，会得到特别大的改善。

现在中国面临的教育问题，我觉得可以用危机这个词来形容。我感觉我们的下一代，既不开心，也学不到东西，又没有竞争力。所以，无论是做在线教育还是传统教育，本质都是要消除我国教育体制的诟病。只有把这个问题解决了，我们才能做好教育。当然，我国在很多方面已经开始着手解决问题，只是进步比我们希望的慢。

孙　畅： 我觉得不盈利的原因，引言中的三点都是，但不是最核心的原因。最核心的原因，还是商业模式的问题。**有很多在线公司，其实都**

选择先不挣钱。它可能想在最初发展阶段，提供免费内容来吸引大用户量。这样当然无法盈利，等到它吸引到足够多的用户来到自己的平台上时，就会开始设计收费模式，到时可能瞬间盈利了。

移动互联网给在线教育带来一个特别好的增长契机，毕竟现在用电脑的人，相对来讲比手机用户要少。这就可能实现终身学习的概念。因为原来的学习用户可能相对集中于大学生或者中学生，而这些本身就是体制内的学习人群。但现在所有人都用手机，而不仅仅限于有教育背景的人。

当然在移动终端上学习，一般是利用碎片化的时间。你有多长时间，你就选择什么样的方式去学。比如现在有 5 分钟，那你就学一个单词，这完全取决于用户自己的选择。就人的注意力来说，学习是完全可以碎片化的，人们也更能适应用 15 分钟甚至 10 分钟或者 5 分钟的时间来学一段知识。这是一种灵活性选择，由用户自己去掌握。比如坐地铁要一小时，那就形成一小时的碎片时间。现在很多的移动学习是游戏，像过关一样，背单词是个过关游戏，你可以打到这里，下次再接着继续打，这样碎片时间就利用起来了。

其实，国家对电子教育这方面也很支持。国家在教育方面投资 4%，现在想投入更多的钱，以保证在中小学的电子化教育这方面取得进展。所以教育部 2011 年颁发了未来 10 年中小学的信息化教育纲要，在这个纲要里，就清楚地表示国家特别欢迎各种民间资本参与到电子化的教学改革过程中来。

杨旭东：我其实希望在线教育盈利，因为我本身是研究教育学的。作为一个教育学者，对正在发生的教育模式，和过去习惯接受的教育模式，要用一种理性的眼光去看待。现在在线教育就跟互联网一样，只是冰山一角，我们对它的期待是很大的。我们期待在线教育能够通过多媒体的方式，缓解传统学校教育的压力。

我觉得在线教育的发展，一方面要瞄准传统学校教育的空缺；另一方面要超越传统教育的现有缺陷。大家对传统学校教育有各种不满，传统教育培育出来的学生，有挫败感的其实很多。而在线教育收取的费用又非常低，为什么还无法吸引到这部分有挫败感的庞大群体呢？所以我觉得，在线教育在营销、在广告宣传方面还要有所改进。可以说，在线教育的一个发展前景，就在于要能够提供传统教育所无法提供的，弥补传统教育的缺陷。举个例子，现在有很多作家会对中小学语文教育提出各种各样的批判，如果我们把这样一个作家群体的资源荟萃起来，会发现中小学语文其实可以有各种各样的讲法，而这些讲法，在我们目前严谨、死板的学校教育体制中，是不可能出现的。

结束语：

科技为教育打开了另外一扇窗户，移动终端也对教育产业掀起了创新的新一轮风暴。但就像很多人所看到的，移动互联网对于教育是改良而不是改革，无论在最后，教育产业和整个技术层面将会发生多么巨大的变化，但是对于消费者来讲，可能都是受益的，因为我们有了更多的选择。

【锋汇词典】

MOOC（massive open online courses）：大型开放式网络课程。2012 年，美国的顶尖大学陆续设立网络学习平台，在网上提供免费课程，Coursera、Udacity、edX 三大课程提供商的兴起，给更多学生提供了系统学习的可能。

K12：主要被美国、加拿大等北美国家采用，可用作对基础教育阶段的通称。

周晴
北京王府井百货
（集团）副总裁

陈人忠
Net-a-porter
中国区总裁

周婷
财富品质
研究院院长

面对电商，
传统百货何去何从

　　1951年，上海淮海路上的第一家国营百货公司开业，上海第二百货，即后来的二百永新。可是经历六十多年的风雨之后，2013年初，这家百货公司迎来了关门歇业。事实上，随着电商和购物中心等业态的冲击，不光是二百永新，就连深圳西武等百货公司也在这一轮的冲击当中退出了历史舞台。难道传统的百货业未来将无路可走吗？会不会消失在街口呢？

视角一：百货业的春天会来吗

2012 年 9 月 17 日，以"品牌发展与时尚文化"为主题的第三届王府井国际品牌节主题论坛举行。与此同时，一条消息从上海传来，淮海路上的老牌百货店"二百永新"明年即将关门，一万多平方米的独栋商面将改建成为一家国际著名休闲品牌的中国最大旗舰店。随着"二百永新"的关门，上海滩上曾经令人骄傲的"十二大号码店"，就只剩下 4 家。不仅上海，国内其他城市的百货商店也陷入业绩低迷期，深圳西武百货、广州美东百货，一群曾经的百货巨子纷纷折戟。

2012 年北京全市重点百货企业的商品销售额增长率仅为个位数，其中约三成的企业甚至出现负增长。高端精品消费受影响最大，以经营国际品牌为主的新光天地和赛特购物中心销售增幅明显减缓；而王府井百货集团尽管有所增长，但主要得益于新店开业，老店的增幅只有 1%。锋汇记者以"选择到王府井百货大楼购物的原因"为内容，在商场和微博分别进行调查。来自商场的调查结果，50% 的市民选择到百货店购物是因为消费体验，30% 是百货大楼的品牌效应，20% 是商业环境，而对于产品的独特性似乎不是市民关注的。有趣的是，微博投票中，45.5% 的参与者选择了由于商业环境到百货大楼购物，27.3% 选择了产品的独特性，18.2% 选择消费体验，而选择品牌效应的仅有9.1%。

种种现象表明，百货业在经过近 10 年的快速发展期后，再次走到了一个瓶颈期。

周　晴： 王府井品牌节是东城区为了发展王府井大街这条国际商业街而推出的一项重要活动，一方面传递了很多国际品牌信息，另外一方面，也是政府为打造和繁荣这条商业街而推出的新举措。作为一个商家，这些信息对我们非常重要，我们要根据这些信息，不断调整自身定位和商品结构，来适应整个商业街发展的趋势和潮流。

其实作为北京人，或者熟悉北京的人，或多或少都有一种王府井情结。所以谈到王府井的国际品牌节，我有两个感触，一个是怀念，怀念当年王府井大街上最兴盛和繁荣的场景；一个是期盼，期盼王府井以及这条商业街上的商家们，能够承载住北京往高端百货业态发展的历史责任和社会责任。

永新百货和王府井百货一样，都是中国传统零售业的老字号。今天永新百货闭门歇业了，在全国，可能每天每月都有同样的事情发生。北京过去也出现过隆福大厦、海蓝云天百货倒闭。当然还有一些百货商场，能够顺应百货业的发展趋势和潮流，能够把握百货业内在的规律，反而越来越兴盛。

百货业在中国有几十年历史，整个发展过程还算健康。最初每一个百货商场都是面对所有消费者，没有市场细分。在商品经营上是全品类经营，没有取舍。很大程度上，百货以品类齐全作为突出特点。它只是商品买卖和交易的地方，不像我们今天的百货，购物、休闲一体化。**从百货业的发展来看，传统百货确实已经走向没落，而取代传统百货的将是现代百货**。现代百货是基于市场的不断变化、消费的不断变化，在传统百货基础上不断完善发展起来的，它被注入了新的经营理念。

陈人忠： 据我所知，永新百货一事并没有在上海引起很大反响。因为长期以来，这个百货商场在市民心中并非经营得特别好，所以渐渐淡出公众视野。这很正常，现在零售行业竞争非常激烈，新陈代谢很快，有部分店渐渐淡出，是很自然的事。

但是，**百货这个概念是有生命力的，是会延续下去的，只是具体形式会进行不断演变**。到底会向什么方向发展，可能有不同看法。现在很多传统的线下百货商店正在向线上发展，这也是一条路。所以，其实有很多路可走，这要看每一个百货商店的定位。

周　婷： 永新百货关门，我毫不意外。这事释放的是一个行业信号，**无论你在这条路上是走得很好，还是说已经开始逐渐丧失能量，其实这都**

预示着，中国高端百货业态将面临一场变革。甚至对于一些商家来讲，已经不是变革，而是革命了。对于高端百货业的商家，这是一个最好的时代，也是一个最坏的时代。好的角度，物流信息流如此发达，消费者心理逐渐成熟，这对于商家来讲，是一个很好的市场阶段。同时，竞争越来越残酷，因为高端百货业态面临着多种渠道的竞争，尤其在今天市场渠道多样化的状态下。所以高端百货业态将来走向何方，确实是很多管理者需要思考的一个问题。

可以说，传统百货业的冬天已经来了，甚至可能有些企业会在度完这个寒冬后就死了。整个百货业态，部分商家的销售业绩都是下跌的。这个跌只是起步，未来会愈演愈烈。

视角二：百货业的发展来路

一百多年前，俄国人在哈尔滨开设了秋林洋行，从此翻开了中国进入百货业的篇章。

1917年10月，上海南京路，当时远东最繁华的商业街，澳大利亚华侨马应彪投资创建的先施百货引起轰动，人们争相观摩这个集屋顶戏院、东亚旅馆和豪华餐厅于一体的洋商店。几十年后，永安百货取代先施百货，成为上海第一大百货公司。

新中国成立后，百废待兴。1955年北京百货大楼拔地而起，开业当天，销售额就达到30.9万元。作为"新中国第一楼"，百货大楼拉响了新中国成立后北京商业的序曲，中国百货业也从此进入国营时代。

建国初期，商品供应还处于短缺状态，大型百货商店是主要的商业业态。有什么买什么，厂商是唯一的供应者，消费者没有自主权。直到20世纪80年代，到百货公司当售货员，仍是不少年轻人的梦想。

周　晴：新中国成立后，中国的零售业，特别是百货业得到了长足发展。

就拿王府井百货来讲，开业第一年销售总额只有 4000 多万，到了改革开放初期，已经达到十几个亿。而且**在新中国成立后一个相当长的历史阶段内，百货业都发挥着国营主渠道的作用。**

改革开放以后，百货业发展非常快。到了 20 世纪 90 年代，北京出现赛特百货、燕莎百货，实际上标志着北京的或者说全国的百货正由传统百货转向现代百货。

陈人忠：在我的印象中，**改革开放以后，南京路成为全国人民向往的地方，总是人山人海。**大家都怀着几乎是崇敬的心情来到这里，可以说它已经成了一种商业象征。

周　婷：我小时候跟父母去百货大楼买东西，那时候觉得去趟王府井就跟过节似的，特别兴奋。后来到初中，真维斯、比利牛仔等满大街的专卖店让我特别向往。等上了大学，选择越来越多，新世界、百盛等等。现在看来，**作为一个消费者，我发现我的购物历程好像也贴合了商业模式的变迁。**

视角三：新兴消费模式的冲击

20 世纪 90 年代，SHOPPING MALL 的业态首次在中国内地出现。当时，深圳华强北的铜锣湾百货，第一次将百货、超市、运动营、名店坊、会所等功能群聚合在一起。随着消费者对时尚、个性的追求日益增强，对消费体验的看重，购物中心、品牌专卖店、主题百货等多种业态共存发展的局面开始出现。

专家指出，各种零售业业态的出现与人均 GDP 水平存在一定的对应规律：当人均 GDP 处于 1000~3000 美元，零售业态以传统百货商店为主；当人均 GDP 达到 3000~5000 美元，以大型综合超市为主；达到 5000~10 000 美元，以购物中心、专卖店、专业店、便利店为主。而早在 2011 年，我国人均 GDP 已经超过 5000 美元，北京、上海等一线城市的人均 GDP 更是超过了 10 000 美元。

与到实体商店购物不同，80 后、90 后们更加青睐"一键到位"的电商购物模式。近几年，中国网络零售市场交易规模不断突破，传统商业网上业务规模也迅速扩张。

周　婷： 不要认为购物中心就是一个完美的状态，它也有自己的弊端。购物中心更多地把自己定位为高级物业，将店面出租给商户，靠收租来生活，作为交换，给品牌提供高端配套的物业服务。但是品牌是否认同？我访谈过很多国际奢侈品牌的 CEO，他们都会谈几个很现实的问题，第一个，商场自身有没有在经营自己的品牌？比如丝芙兰为什么会成功，虽然它也卖倩碧，也卖香奈儿，但是消费者会认为，我是在丝芙兰买的香奈儿。第二个，商场给品牌提供了什么？很多人抱怨，为什么大品牌入驻商场，不付很多费用，反而要商场倒贴？因为奢侈品牌认为，我给你带来了人流、商流、资金流和信息流，是你在利用我的品牌知名度给自身创造价值，而你给我提供什么服务了吗？所以应该是你付我入驻费。第三个，给来逛商场的人们提供了什么样的服务？这点我们也没看到。所以，无论是购物中心，还是传统的百货业态，都面临着这些很现实的问题。

现在的消费开始分成两类，一类对于不需要购物体验的、标准化的产品，可以通过电子商务的方式消费。另外还有一类产品，比如时尚品和奢侈品，特别需要顾客体验，它有很多附加值和溢价部分，就是在体验过程中产生的。所以**我很赞成一个概念，就是钢筋加水泥，或者说是线上配合线下，线下为线上来服务这么一种模式**。而且这种模式也一定是中国电子商务未来发展的一个方向。

陈人忠： 传统百货有一种独特的用户体验，对于线上经营来说，也有一种比较独特的用户体验，这两种体验不同，但是并不相互排斥。线上购物体验是方便，我可以晚上 12 点钟坐在家里下个单子，然后第二天货就到了。线下的购物体验，就是几个朋友在一起，在慵懒的下午跑到一个商场里去看点东西、喝点咖啡、看场电影。

无论是线上还是线下，都存在转化率问题。不是每一个上线的人最后都会买下东西，但是我们依然要付出成本让他们看。这点线下也一样，有人流，但不一定每个人都买。线下商场是计算客流量，而线上是点击率，但说到底都是客流。

2000 年的时候，诸如亚马逊这类电商，卖的是十几二十美元的东西，所以当时很多人认为我们 Net-a -porter 的模式不可能成功。因为他们觉得我们的东西太贵，动不动就是上千镑，和十几二十美元的东西无法比。但是，我们主要靠服务，我们能够给消费者提供贴切的时尚方面的建议。现在有很多人为了图便宜，在实体店试好后再到网店上买，我们不这样操作。我们的核心价值之一，就是提供一个渠道，给消费者看见时尚的无穷可能性。

周　睛: 我不觉得电商和传统商城之间是一个完全取代的关系。这是一个份额的再分配，在某种程度上，也可能是共生关系。

当然，我遇到过很尴尬的现象，就是顾客来王府井试了一圈，说网上便宜，然后回家上网买。这也让我们确实看到了电子商务飞速发展的趋势。所以从 2007 年起，王府井开始涉足线上业务。双安网上商城就是我们自己的电子商务板块，但这只是试水，而且我们视它为实体店渠道的一种补充。其实，不光是线上业务，随着整个零售业态的不断拓展，百货业的份额确实受到了一定挤压。我认为，针对这种市场竞争，只有适者生存。关键在于，你能否对这个行业理解得更深刻一些、更透彻一些，做得比别人更具有优势、具有特色。所以，我始终认为百货业依然具有非常强的生命力。

视角四：中国百货业的出路

1849 年，英国哈罗德百货商店在骑士桥现址开门迎客。一百多年过去，哈罗德几经转手，始终坚持着成立之初的经营宗旨，即"满足任何地方的任何人的任何所需"。在这里，甚至可以买游艇、私人飞机。更难得的是，无论顾客买什么，他们都会将商品精心包装。不仅提供商品，哈罗德还为顾客提供婚丧嫁娶等服务，他们甚至还别出心裁地给小狗举行婚礼。小狗婚礼的价位有两种：2500 镑和 3500 镑。

在美国，也有一家百年老店——梅西百货。1858 年品牌奠定之后，20 世纪 80 年代达到巅峰时，在全美拥有 63 家公司。随着其他零售业态的出现，这家曾被誉为"世界最大的商店"进入衰退期。2009 年，57 岁的首席执行官特里·兰格伦提出了"我的梅西百货"战略，以提供个性化服务，为梅西找到突破口。兰格伦在解释"我的梅西百货"时说："当你收到我们邮寄的商品，或者当你在梅西百货拿到商品时，你会说：'这就是我的梅西百货，这不是千篇一律的梅西百货。'"

2008 年金融危机爆发，当人们决定捂紧荷包过冬的时候，梅西百货通过先进的消费习惯跟踪技术，减少了抱着省钱打算顾客所产生的影响，从而说服顾客在每次逛梅西百货时花更多的钱。如今，凭借 240 亿美元的营业额和 167 000 名员工，梅西百货再次成为全美中高端商场的领先者。

值得注意的是，2012 年 9 月 18 日，梅西百货通过佳品网在上海和北京各开一家实体店试水中国市场。此前，梅西百货斥资 1 500 万美元入股佳品网，成为佳品网的小股东，这是梅西百货在国外的首笔投资。

纵观国内外百货业的突破性发展，既有战略定位、渠道的多元变化，也有经营模式的改变，从联营向自营的转型。不过也有例外，北京的菜市口百货就是一个。菜百首饰的生产加工属于协议外包，也就是选择符合条件的生产厂家投资入股，签订委托加工协议。如今，菜百已经初步形成了集原料购买、设计加工、产品销售、售后服务于一体的经营产业链，成为买断经营的成功实践者。

陈人忠： 我很喜欢去哈罗德，很喜欢那里出售的食品。哈罗德之所以成功，在于能给顾客带来质量好的、值得信任的商品，这点至关重要。它牵扯到一个买手制模式。零售商应该想清楚自己卖的到底应该是什么，其实就是选择力。所以很大程度上，它就像一个基金经理选股票一样，必须知道潮流。至于梅西百货，我当初也是它的客人。梅西里面出售的东西，很符合美国主流价值观。

这些国外经验都能给国内传统百货业提供很好的借鉴。但是目前，**要说国内传统百货业最大的出路，我觉得就是特色经营。最关键的就是找到自己的强项，然后"揪住它猛打"。**

周　晴： 梅西百货，品类相对集中，不像我们国内的百货包罗万象。梅西实际上已经在某种程度上以服装服饰为主打商品。此外，我觉得梅西实际上在依托它的规模来发展，据说它在美国全境有 3000 多个网点。基于这种规模，它以经销为主，从而大大降低了它的成本。

但相较之下，我认为我们**王府井更应该借鉴哈罗德的成功经验。向着一个集合国际品牌的精品大店的概念，不断地转化和迈进。**总的来说，作为百货业还是要走特色经营之路。当然特色经营也有它的支撑点，包括商品的支撑、服务的支撑、环境的支撑和定位的支撑等等。无论如何，王府井的观念和行为要与时俱进，这很重要。

周　婷： 说到美国的梅西百货，有三点比较成功。第一，它对自己经营的品牌有话语权。第二，它找对了人，找了一群追求性价比的人。第三，定位特别精准，梅西偏重于一些特色品类的经营，在有限的选择里直接促成客户购买，而不是给予多样化的选择，导致眼花缭乱，选择困难。

那么，**我国百货业未来的出路到底在哪里？我认为应该是体验中心加服务集成中心。**当人均 GDP 处于 5000 美元到 10 000 美元之间，特别是突破 10 000 美元时，整个社会开始转为体验性消费和享受性消费。所以未来的百货业应该提供一个体验中心。也就是说，王府井也好，恒隆也好，都要利用自己的体验环境来为顾客提供客户服务。同时顾客从网上购买产品后，可以在百货里找到一个售后服务。甚至可以做一个圈层的社交环境，让顾客到这里来不仅仅是购物，还是享受生活，结交朋友，这点消费者可能更喜欢。

结束语：

来自新兴消费模式的冲击，使百货业在当下陷入了一个窘境。未来的百货业该怎么发展，是一个至关重要的问题。要以顾客为导向和核心，要有定位、有个性，有导向和自己的体验等，各种观点不一而足。这让我们想起王府井品牌节上的一句话：为什么话剧《王府井》场场爆满？归结原因，一句台词发挥了很大作用，就是"这儿是我们梦开始的地方"。往小了说，这是老北京的梦；往大了说，是整个中国商业不断自我挑战，不断发展的梦。

【锋汇词典】

买断经营：是指销售商和供货商针对某产品在一定界定区域内达成协议，以极其优惠的价格从厂家大批量采购产品，并以低于同比市场价的价格进行销售，从而达到短期内占有足量、大量的市场份额，并大批量销售这一产品以获大量利润。

廖斌

银泰网原 CEO

戚麟

荣麟世佳家居
连锁机构总裁

赵萍

商务部研究院
消费经济研究部
副主任、研究员

"双十一"
购物消费背后的洗牌

　　2014 年，"双十一"支付宝 571 亿的日成交额，再一次刷新了大家的心理预期。谁也不曾想到，2009 年淘宝策划的一个"光棍节"促销活动，如今竟演变成一场"网购盛宴"。热闹的背后，我们不禁要问："双十一"，消费者可以从中享受到真正的实惠吗？传统商业真的步入黄昏了吗？O2O 能成为未来商业的主流模式吗？

视角一："双十一"成了购物盛宴

2009 年以前，"双十一"最多只能叫"光棍节"。但是，随着淘宝的一场促销活动，这一天被电商们赋予了新的生命力。5 年前，人们只是网购日常用品、服装、家电，而今天，家具、基金、价值 2050 万元的钻石都被搬到了互联网上"叫卖"。

为了这一天，天猫、京东、易迅、苏宁易购等电商提前数月开始热身，实体商店和家电卖场也早早酝酿打折战略；与"双十一"相关的物流、快递、第三方服务等公司也投入了大量的人力物力。有媒体报道，为提高"双十一"的送货效率，仅快递业投入的资金就达百亿元。

廖　斌：现在电商平台涌现出各种各样的商品，这是一个必然趋势，因为整个电商的发展，由用户消费行为的变化来主导。在这个平台上，销售什么样的产品都是根据用户的需求来决定的。理论上，除了违法违纪的商品都可以卖。至于价格，一定是消费者在购物时一个很重要的诉求，不管是线上还是线下，当然不会是唯一诉求。

对商品进行价格促销，这种模式已经做了上千年。比如，现在有很多特卖平台打 1 折、1.5 折，等等。这其中有真有假。一双鞋子从出库到上架销售，直到整个产品跌损，要 18 个月的时间，所以从理论上讲，在第 9 或第 10 个月时，卖到 5 折是非常合理的。所以尾货可以打到 1 折、3 折等，消费者都觉得捡了便宜，其实对于商家来讲，3 折也是有利的。这在商家整个产品的零售管理的价值链条里，是有合理性的。但是如果将这种模式变成常态，就一定有问题了。如果我每天都有 1 折的东西卖，消费者自然就要疑惑了。

在"双十一"中，降价促销，可以说是为了招揽顾客。但其实，**在"双十一"促销的商品中，很多都不是畅销品，促销的目的只是消减库存**。所以很多消费者觉得，低价就是高性价比，其实不是。

近几年，在"双十一"期间，中国互联网用户和电子商务用户增长幅度其实非常小。也就是说，用户量没有增长，增长的是用户的消费量。假设一个用户一年在消费品方面花 10 000 元，平均每天 30 元，那么他在"双十一"已经透支了好多天的钱，同时这也意味着，他在传统渠道里的消费会有所减少。

赵　萍："双十一"前一天，我在淘宝提前挑中两件商品，放进购物车。刚到零点的时候，竟然无法付款了，商品早已经被别人抢走。"双十一"当天我又选了两件商品并付款成功，但其中一件商品隔了十几天都没有发货，同事都笑我。

"双十一"为什么会这么火，因为它便宜。其实，**最早上淘宝购物的都是价格敏感型的消费者，他们都比较关注价格。即使到了现在，网购人群中依然有 90% 是价格敏感型**。此外，消费者还追求高性价比。电商发展 10 年，从便宜没好货到好货不便宜，从追求价格的单一元素，变成了追求性价比这样的多重元素。

现在，"双十一"淘宝单日成交额大概相当于一天社会消费品零售总额的一半。但是，"双十一"成交额数据并不重要，关键在于，同样的 10 000 个用户，今年成交额增长量是不是像去年一样，这才能真正体现出"双十一"的增长潜力到底有多大。

戚　麟：每个消费者都在"双十一"之前充分调研了自己需要的商品，然后在这个节点上去购买。可惜我当时没有时间去选购。

老实讲，我觉得这样抢着买挺辛苦。尤其现在网上商品琳琅满目，什么都有。不过家具产品可能就不适合了，这个行业的产品，一来价值比较高，二来需要真实的体验感，此外，此类产品的物流配送、交货周期也都不符合电商的消费规律。所以**家具行业成交额在电商领域只占 2% 左右，排倒数第二位**。

视角二：线下卖场的再定位

天猫以"消费者利益和互联网趋势"的名义，强行瓜分实体卖场的行为遇到了阻力。2013 年 10 月 23 日，《关于规范电子商务工作的意见》宣布"不能变相让卖场成为电商的线下体验场所"等规定，居然之家、红星美凯龙等 19 个家居卖场悉数签字认可。此举显然是变相禁止卖场内的商家掺和"双十一"。

另一方面，也有大型实体商场开始和天猫合作。2013 年的"双十一"，银泰百货作为国内首家百货公司接入支付宝。消费者在银泰百货的 35 家门店手机扫码后，就可以在天猫完成交易，这一举动使其"双十一"全天销售额剧增。除了银泰百货，加入天猫的线下商家有三万多个，覆盖全国 27 个省、4 个直辖市，包含英国玛莎百货、玩具反斗城、宝岛眼镜、鄂尔多斯等三百多品牌。

戚　麟： 红星美凯龙、居然之家这些卖场，并不是反对做电商，它们还没有固执到坚决反对电商的地步，只是它们要考虑，在电商领域应该如何获得自己的利益。所以，**看似好像是线下的传统企业跟电商企业的竞争，其实更像两个未来的电商公司之间的竞争。如果能够事先达成利益的合理分配，这种抵制事件可能不会发生。**

我们不可能单方面强迫客人选择任何一种方式去交易，而只能给他们更多的交易可能性。谁能提供更多可能性，谁就会有更好的客流资源。

除此之外，我其实一直在思考一个问题，就是网店的运营成本低在哪里？显然，线下店面有场地租金，这是毋庸置疑的大块儿成本。而且看起来，似乎线上线下的最大区别也在于此，因为在互联网这个空间上是不需要使用费的。可是，现在一个点击率、一个推广的费用非常高。平均每个成交单可能需要五百多个推广，点击一次 1.5 元，如果想成交这笔单子，平均到每个成交单上的成本可能要达到 550 元左右。所以网店的成本看起来似乎并不低。

还有一个线上线下同价的问题。首先，如果要持续做一个长久品牌，线上线下同价是一个必然趋势。但是市场现实是，一罐可乐在便利店和在酒吧的价格是不一样的。所以我们要考虑，同品为什么可以不同价，而且这个不同价还会被接受。之所以不同价，因为商家满足顾客产品需求的服务形式是不一样的，便利店买了就走，但酒吧包含环境消费。只有这些服务附加值全部退去，产品才会呈现基础的价格。

赵　萍：实体卖场这种抵制事件，不是捍卫利益的问题，只是利益分配机制还没有建立起来。天猫是一个地主，居然之家作为一个卖场，入驻很多品牌，也是一个地主。只是一个在线上，一个在线下。如果两个平台的品牌商都一样，消费者在实体店体验完后，去天猫消费，那么实体店确实什么也没得到。

我觉得，最主要还是应该从品牌商的角度来整合两个不同渠道，让两者能够相互有个利益分配机制。消费者只要花钱，无论从哪个渠道消费，只要在体验店体验过，线下商场就应该得到一定额度的回报。另外，互联网有两大特点：一方面是获取信息的及时性与反馈的高效率；另一方面是大数据。所以商家要根据消费者的购买数据来选择商户和商品，这样的经营才更能有的放矢。

线上线下同价，我觉得会是一个阶段性目标。它的真实含义是，根据线上成本与线下成本综合测算后，定出商品价格，而不是一个商品的价格线下100元，线上50元，同价后均卖50元，这是会让线下商家亏损的。

廖　斌：线上线下融合，是未来的一个趋势，这种趋势的发展方向取决于用户消费行为的变化。用户在哪里，我们就要到哪里，不能完全守着自身传统的观念。银泰网和天猫O2O的合作，更多的是针对未来零售业变化以后，在泛渠道上做的一个准备。因为未来的零售业态不是单一传统门店的零售业态，而是泛渠道的零售业态，这就要求你必须推进多个渠道的融合。

其实，任何一种技术革命，都会给传统商业模型带来比较大的刺激和变革，这种变革一定是利于优化整个商业形态的。

在 B2C 模式中，有一点非常有利，就是大家很担心的库存问题。比如，你买一件衣服，过了很久还没发货，那完全有可能还没生产出来。这样做的好处在于，能把成本降到最低。因为厂家原来 20% 库存的跌损是算在消费者头上的，现在不用了。这种大数据的形势，这种根据消费者的预定来产生订单的快速反应机制，是改变行业的方式。

任何一个新的电子商务平台，包括淘宝，都需要不断做广告。淘宝在 MSN 上打了将近 7 年广告，甚至当时 MSN 窗口上都有个"淘"字。但是到 2010 年底，淘宝已经不在 MSN 上做广告了。因为淘宝发现，当时在 MSN 上打广告时，可能只要十几元，就能转化一个 MSN 的用户到淘宝上，五六年后，这种转换用户的成本达到几百元，而该转化的人都转化完了。

线上线下融合后，同价是一个必然趋势。而且信息技术发展到今天，这种趋势已经迫在眉睫。用户是用来满足和关爱的，不是用来欺骗的。线上线下如果同品不同价，对于用户的伤害和自身品牌的伤害是巨大的。至于为什么现在无法做到线上线下同价，问题还在于商业模式。一旦在一种商业模式下，商品的成本偏高，就会产生不合理的定价。

视角三：实体店的 O2O 之路

天猫、京东、苏宁易购三者各具优势，为了决战未来，三者都在努力弥补自身的短板。然而内战并不是马云所希望的，他说："'双十一'并不是一场电商大战，而是新商业模式与传统商业模式之间的大战。"

面对电商的步步紧逼，传统行业商家找到了一件新武器——O2O。O2O（Online to Offline），是指线上撮合、线下体验的商业模式。O2O一方面可以让顾客对实体和价值进行判断，节省交易费用；另一方面可以通过订单来统计跟踪每一笔交易，这是线下商家难以做到的。银泰网和天猫在O2O上都做了初步尝试，但离真正的O2O模式还有一定距离。

赵　萍：马云说过，网络的发展可能会压低商业地产的价格，这个观点我不同意。电子商务未来的发展趋势也是O2O，而O2O的主角实际上还是实体店。如果只是纯粹网店，是要等快递送上门的。如果是O2O的实体店，在网上交易完后，下班到店里把东西一取就回家了，所以上门取货可能只有实体店才能实现。马云曾经做过天猫体验店，但是没有大规模发展，所以电子商务未来想落地，在体验方面还要有所突破。

　　　　实体店做O2O是大趋势，但是能不能成功还是未知数。因为到目前为止，实体店做电商还没有真正成功的企业。实体店做电商，后台的整合是一个非常繁重的任务。而目前，对于实体店来说，可能还有两个问题需要解决：一方面是资金问题，我们做调研时，发现有些做电商的企业不愿意吸纳风险投资。另一方面，实体店是轻资产行业，拥有资产比较有限，所以花钱时会相对心疼。

　　　　总而言之，实体店和电商之间应该是互补共存的关系，就像兄弟，谁也离不开谁。现在两者看起来是竞争关系，但实体店未来会在电商的竞争压力下不断转型升级，结果未来的实体店和现在可能会完全不同。

戚　麟：我个人觉得，到实体店购物没什么不好。这不仅是一种购买行为，是一种交易行为，还是一种娱乐休闲行为。人不能总宅在家里，没有社交。此外，**从长远来看，实体店做O2O的成功概率还是**

很乐观的，而且这也是一个核心方向。

所以我始终认为，未来不会出现只有线上没有线下，或只有线下没有线上这样的情况。一种带有体验感受的个性化产品，将是未来电子商务发展里最为核心的业务之一。相反，那种标准化的产品或者是同质化很高的产品往往不是核心的发展方向。

廖　斌：O2O 包括目前的零售业升级改造，全球同步。阿迪达斯进行了一项研究，在一家实体店里装了一面 LED 墙，这面 LED 墙就是把原来的货架拆掉后装了一块大屏幕，展示着虚拟产品。最后测试得出的效果是，这家店的评效增加，而且这面墙里所售的虚拟产品的客单价是高过实体门店边上两堵鞋墙销售的客单价的。这是个很有意思的测试，可以使实体店无限化延伸。所以，商店一定要站在用户的角度考虑。如果他坐在沙发上，就别想着让他到实体店，应该想着如何让他在沙发上看着一个屏幕，上面布满了你能够推送给他的东西，那你就成功了。

记得早几年，麦考林就在线下开过店，在西单大悦城里都有连锁店，但经营不成功。因为它是一个线上品牌，线上用户的产品定位和线下的环境毕竟有些冲突。反过来看，**线下企业做线上的时候，如果线上的运营能力和效率已经高过线上的公司，那一定会比它更有优势**。

结束语：

从 2009 年开始，"双十一"就不断地用新的销售数字冲击着我们的视野，现在已经演变成一场全民的购物狂欢节。571 亿，这个数字将在 2015 年 11 月 11 日被刷新。那么，在下一次狂欢到来之前，谁能抓住消费者的心，谁更能顺应电商发展的大趋势，谁就将是下一个赢家。

【锋汇词典】

社会消费品零售总额： 反映一定时期内人民物质文化生活水平的提高情况，反映社会商品购买力的实现程度，以及零售市场的规模状况。

客单价： 是指商场（超市）每一个顾客平均购买商品的金额，即平均交易金额。

张佑

北京点名时间
科技有限公司
CEO

郭勤贵

北京众鑫律师事务所
主任

陈斌

北京天使汇金融信息
服务有限公司董事副总裁

 # 众筹，在互联网上化缘

  目前，众筹市场空前繁荣，各大众筹网站上的项目可以说是五花八门：有创意新产品，有明星演唱会，还有开咖啡馆的，甚至有给自己筹集学费的……网友们不禁调侃："如果你手上没个众筹项目，都不好意思说自己是互联网人。"但提起众筹，估计很多人不太了解，究竟什么是众筹？它有几种玩法？背后又有哪些风险呢？

视角一：什么是众筹

有了好想法、好项目，缺钱怎么办？找亲朋帮忙？去银行贷款？这些都落伍了。一种崭新的融资模式——众筹，可以帮你实现创业梦。

2014 年 2 月初，黄太吉煎饼在微博上发起"因为爱，所以挺"的活动，希望粉丝筹款帮助 CEO 赫畅募集中欧国际商学院的学费，赫畅承诺将上课的内容分享给帮助他的粉丝。随后，"90 后辣女"马佳佳、"91 助手"开发者熊俊、"雕爷牛腩"孟醒，也纷纷发文为自己上中欧创业营集资募款。

咖啡馆在众筹项目中是最为普遍的。比如，汇集了沈南鹏、徐小平等数百位知名投资人的"3W 咖啡馆"，开业之初就采用了众筹模式。每个人 10 股，每股 6000 元，还有国内首家全部为女性股东众筹的 Hercoffee，90 位股东涉及金融、IT、媒体、时尚、娱乐等行业。

如今在"天使汇""点名时间""淘梦网"等几大众筹网上，有人众筹支持明星演唱会，有人支持新兴产品的开发，还有人通过众筹来拍摄微电影。

郭勤贵：众筹就是一伙人为了一个共同目标，集资参与的一种行为。目前众筹的模式分为股权众筹、债权众筹、回报众筹和捐赠众筹。现在比较火热的 P2P，从广义上讲，它也是众筹的一种形式，属于债权众筹，它和"天使汇"的股权众筹、"点名时间"的回报众筹是有差别的。筹集学费应该属于捐赠类，没有以股权的形式，也没有以债权的形式，更没有什么实体产品，回报就是一种思想或者知识分享。一般人其实不能在公开场合接受捐赠，有一定的风险。但是这种筹集学费，更多的是针对特定范围，比如朋友圈、亲戚、同学或者粉丝，所以目前来说风险是可控的。

张　佑：众筹的概念很简单，就是把你具有创意的构想放到平台上，在还没有量产之前，让大家知道你在做这个东西，然后通过预售的方

式来吸引大家的支持，这就是我所理解的众筹。"点名时间"属于回报众筹，当初我们在研究整个市场的时候，发现回报众筹的风险可控，所以选择了这种模式。这种模式谁都可以参与，没有任何门槛。

陈　斌: **众筹其实并不陌生，平时 AA 制聚餐，其实也是众筹的一种模式。** 像股权众筹，要求你必须有一个优质项目，把你的项目展示给大家，总会有人看好你的想法，然后把钱投给你，通过你的创意，他的钱得到更多的回报，而你也通过大家的集资，凑够了创业的资金。

我们"天使汇"是典型的股权众筹，相关者就三方：一方是"天使汇"众筹平台；一方是投资者；一方是融资方，也就是创业者。我认为股权众筹不是每个人都可以参与的，因为它的风险相对来说较高。中国已经有很多案例可以证明，不具备足够教育或足够投资意识的投资者都不是特别理性的。现在我们"天使汇"注册人数将近万名，但是审核通过的只有一千多名。在整个中国，专门做天使投资的人本身就非常少，天使投资在中国还处于早期发展阶段。

视角二：众筹需要注意什么

众筹，顾名思义就是筹集大家的钱来做事。2009 年成立的美国 Kickstarter 网，是众筹最早的模式，一个名为 Pepple 的手表项目让 Kickstarter 一夜成名。工程师埃瑞克曾向各路风险投资者兜售他的手表创意，却屡遭冷遇，抱着"最后一搏"的心态，埃瑞克把自己的项目放到 Kickstarter 上，短短两个小时就筹集到 10 万美元，最终 Pebble 所有 85 000 只尚未生产出来的手表被网友们预订一空，共计筹资 1000 多万美元，吸引了 68 929 个出资人。来自 Kickstarter 的最新消息显示，约有 300 万用户参与了该平台总计 5 亿美元左右的项目众筹，平均每分钟筹集913美元，参与众筹的用户分布在全世界七大洲的214个国家。在 Kickstarter 之后，美国又出现了 AngelList、FundersClub 等一批股权众筹平台。美国众筹网站的迅速发展得益于奥巴马 2012 年 4 月签署的《促进创业企业融资法案》，该法案允许创业公司每年通过网络平台募集不超过 100 万美元的资金，且不再局限于实物回报。这个法案开启了股权式众筹合法化的大门。目前，英国和德国也已经将股权式众筹融资看作合法的融资模式。

张　佑：当时点名时间的创立在一定程度上参照了 Kickstarter，因为它解决了很多创业者资金的问题，所以我们决定把这个模式引进中国。当然，涉及到中国的诚信和信用机制问题，我们也做了一点改进。在项目的审核上更严格，筹资者必须把他的项目寄给我们看，确认所述如实后，才能审核通过。此外，我们也不是一下子就把所有资金都交给创业者，而是分批给。

所以，对我们来说，**在发起一个众筹项目的过程中，项目审核的部分是最重要的。但是对于发起人，他的项目说明是最关键的步骤**。因为支持者主要是通过他所提交上来的内容，从而决定要不要支持他。从点名时间上线到现在，总共收到了大概 15 000 个项目提交申请，审核通过的 1300 多个。这个淘汰率是很高的。

点名时间会让创业者填很多关于项目的基本信息，填完会生成一个完整的项目页。因为这东西毕竟还没有量产，创业团队可以拿着筹集到的预售资金去跟工厂洽谈，说自己已经积了 10 000 个订单，现在可以顺利生产了，这个项目就算顺利进行。所以，可以说众筹最大的特点在于能验证创业者的产品有没有市场。

回报众筹模式最适合的项目主要是新兴产品，包括明星演唱会、书籍出版和微电影等，这些我们之前也做过，但是后来发现这几类其实不可持续。明星演唱会更倾向于粉丝经济的概念，如果是请王力宏，众筹肯定没问题。这个其实跟我们做这个平台的初衷是有点违背的，因为我们更希望帮助草根成名。

陈　斌：我们做天使汇的起因很简单，因为我们当过创业者，也当过投资人，发现两边都很不好做，于是就想搭建一个平台来解决这个问题。

在创立一个众筹项目时，最关键的还在于，创业者要把自己的项目完善好，这样审核通过的概率才会大。其实众筹平台审核通过的项目比例是很小的，因为我们必须替投资者筛选掉一些成功可能性低的项目。除了项目之外，我们也很关注创业者的团队。如果一个团队是明星团队，那投资人就会眼前一亮。天使投资里面很多人说，投项目其实就是投团队。所以，创业者在我们平台创建项目时，所填团队都要经过验证。

股权众筹模式类似于公司，所以本质上来讲，所有可以以公司形式开展的项目都可以做，但并不是每个都能成功。你得有资产的爆发力，才更有可能在我们平台上获得成功。举个比较知名的例子，滴滴打车，它是技术与商业模式都有所创新的例子，所以很快成功。还有黄太吉，也是我们平台上完成的天使投资，是一个商业模式创新的案例。总之，要成功，必须得有特色。

此外，众筹还可以用以解决人才问题，资源问题。比如想开一所学校，只有一个教师，只有一个科目，这时候就可以考虑是否通过众筹来联合开办一所大学。

郭勤贵：Kickstarter 应该是比较早的众筹平台，目前在全球规模数一数二，点名时间的模式就与它有点类似。而天使汇这种股权投资模式的平台，在国外也有，更多的是为了解决点对点的问题，解决信息不对称的问题。这就可能出现一个情况：即便一个项目可以众筹，在实际操作过程中能不能行得通？比如一个资金量特别大的成熟公司，即将上市，这时去做众筹就不合适了。

一个产品还没量产之前，就在众筹平台上得到一部分人的支持，

实际上这也是一种无形中的广告。募集者今后可能通过口碑宣传让更多人去购买自己的产品，结果可能产品还没量产前就已经非常火了。

其实众筹的发展空间是非常大的。不仅可以做产品，还可以解决智慧的问题，集合大家的点子。而且众筹不一定要在线上进行，也可以在线下进行，比如咖啡馆众筹，大家交流信息、资源相互搭配，跨界合作，等等。最近好像还有人要众筹建房子。因为开发商房子价格太贵了，也许可以不通过开发商，众筹拿一块地，节省成本，房价也就低了。这种众筹，如果把模式结构设置好，不要逾越法律红线，是完全可以做的。甚至可以自己设计房子户型，可以自己选择邻居。由此看来，众筹可谓改变了传统的行业。

视角三：众筹面临的红线

众筹在中国发展面临几条法律红线。视频网站爱奇艺前高管朱江2012年6月创办北京美微传媒，当年10月，美微传媒在淘宝网上以会员卡的形式销售原始股，任何人只要花上120元就能买到100股的股票。这种高调的"叫卖式"众筹融资方式，让美微传媒仅仅十余天就成功融资387万元，但随即该产品被证监会叫停。根据《证券法》规定，未经依法核准，任何单位和个人不得公开发行证券。公开发行是指向不特定对象发行证券或向特定对象发行证券累计超过200人。另外《公司法》规定，成立股份有限公司的股东人数不能够超过200人，成立有限合伙制的股东人数不能超过50人。因此国内众筹平台的发展一定要注意200人的人数限制。

对于非法集资的问题，按照最高法院的《解释》，同时满足未经审批、向社会公开宣传、承诺回报、向不特定对象吸收资金这四个要素即构成非法集资，而众筹正符合这四个要素。行走在法律红线边缘的中国式众筹，未来之路在哪里呢？

陈　斌： 美微传媒这种众筹模式可谓狠狠踩在红线上，即使在美国也不会被允许。在美国，你首先必须是个合格投资人，才有资格去做投资。所以美微被叫停在情理之中。

其实符不符合规则不是众筹的问题，而是如何做的问题。我们的平台是一个特定的私募圈，只有合格的投资人才能看到我们的项目，这一点跟非法集资就很不一样。其次，我们平台必须明确告诉你，这是个天使投资项目，它的承诺是股权，但有很大风险。在具体项目里，我们也不会忽悠投资者，都会对这个项目进行如实描述。第三，我们平台上没有现金来往，所有的投资人与创业者之间的资金往来都是签订正规的投资协议。最后，我们平台的集资不像股票那样采用标准化份额，也没有 T+0、连续交易等等模式。所以，我们的平台跟非法集资有非常大的差别。

除了这条红线以外，知识产权也是妨碍众筹发展的一大因素。我国的知识产权保护力度太弱了。我们前段时间就呼吁把知识产权罚款额度从 50 万上限提高到一个更高的标准，因为很多时候，抄袭创意所挣到钱是远远大于 50 万的。这就导致很多人不敢将自己的创意放到平台上来，一放上来马上被抄袭。

现在众筹在中国刚刚起步，不妨让子弹再飞一会儿。有些时候，你不让它飞一会儿，你不会知道它有哪些问题。

郭勤贵： 美微传媒未经允许擅自发行股份，这跟现行的《证券法》有冲突，所以被叫停了。

非法集资由两个罪名构成：第一个叫非法吸收公众存款；第二个叫集资诈骗。第一类非法集资最容易构成，像股权众筹、P2P 这种债权类众筹，以及产品销售类、捐赠类都有可能发生。第二个集资诈骗，就是虚构一个项目，结果筹到钱后并没有用在这个项目上，而挪作他用或者卷款潜逃。

规范的股权众筹和产品类众筹，都不存在非法集资的问题。如果不规范，股权众筹可能发生非法发行证券的现象。所以，对股权众筹来说，如果不把握好这条红线，是很容易触犯法律的。所以我想给股权众筹平台几点建议，第一，在投资人的选定上，要严格圈定范围，不是所有人都可以去投资；第二，投资人的资金要进行严格监管；第三，限定人数在 200 人以内。

美国在 2012 年出台了乔布斯法案，这个法案从众筹网站的设立、众筹资金到对投资人的要求等各方面都进行了规定，把众筹纳入合法渠道。而**对于众筹的立法，目前在中国还没有实现，这是众筹发展的一大瓶颈。此外，知识产权的保护问题也是众筹发展中的一大问题。**特别是对于产品类众筹，当一个好的产品上来以后，可能马上被别人模仿走。还有股权类众筹，如果项目信息透露过少，投资人会说信息不对称，无法决策；一旦透露过多，这种思维模式、商业模式上的创意可能马上就被抄袭。所以，一方面要加大法律保护，对抄袭加大惩处力度；另一方面，平台自身要找到一个平衡点，哪些信息该披露，哪些信息不该披露。

张　佑：**其实现在众筹发展遇到很多困难，法律监管风险是第一位，其次还有知识产权保护、政府支持、人与人之间的信任等等。**就这几个方面来说，我非常希望政府赶快出台相关法令，这既能保障投资人的权益，也是合法平台的保护伞。还有知识产权，鉴于可能出现的抄袭现象，现在大家都在变通。像我们平台接收到的项目团队，基本上都是在申请知识产权保护后才放上平台的。

【锋汇词典】

Kickstarter：于 2009 年 4 月在美国纽约成立，是一个专为具有创意方案的企业筹资的众筹网站平台。被《时代周刊》评为 2010 年最佳发明之一。

胡乐天

阿里小微金融
服务集团保险
事业部总监

齐石

保险电商创业者

王道南

泰康人寿保险股份有限公司
副总裁兼创新事务部总经理

保险行业的变革：
互联网保险

　　每月五块钱，点击鼠标就可以购买，这样的健康险在真正的互联网保险出现以前是不可能有的。当前，在互联网金融浪潮的推动下，传统保险业开始与互联网巨头联手。2013 年，"三马"推出的众乐宝，泰康阿里推出的乐业保相继上市。互联网能加速传统保险业的洗牌吗？互联网真能给我们带来白菜价的保险产品吗？

视角一：网店工作人员的保险——"乐业保"

淘宝的700万卖家和1000万店小二一直在向人们传递着青春、勤劳的创业精神。然而这些卖家、客服妹和快递哥在创造出中国经济新亮点的同时，却身陷"过劳疾""过劳死"的困扰。

淘宝卖家"西域天籁干果"店的小老板和客服几乎每天都工作16个小时，最多的一天同时与二十多个买家对话，回复信息上万条。这样的例子在淘宝卖家中比比皆是。

更残酷的现实是，这些年轻人不仅没有假期也没有健全的健康保障。根据浙江保监局联合淘宝保险的调研显示，55.2%的卖家没有参加社会保险，45%的店员没有基本社保，淘宝店家购买商业保险的比率也只有27%。网店流动性大、规模小、社保成本高以及现有商业保险价格高等等，让这些年轻的创业者望而却步。

2013年11月26日，泰康人寿联合阿里推出了一款专门为淘宝卖家和店小二等众人设计的健康险乐业保。互联网从业人群的保障困境正在由互联网的思维和商业模式来解决。

胡乐天： 作为久坐工作人士，又是24小时连轴运作，淘宝店铺客服的辛苦程度更多的来自精神的高度紧张，同时运动比较少，会有一些健康问题。所以乐业保的推出还是具有针对性的。

给大家说说如何投资乐业保，首先进入乐业保的投保页面，如果是卖家，在卖家中心里进入我的乐业保，就能看到里面添加到老板的投保人清单人员的信息，还有已经参与的保险产品的情况。这是以卡片形式展示的，一张一张，如果要增加投保人员，可以在下方再增加。

投保需要身份证、手机号，还有唯一的一个核保问题，就是是否曾经有重大疾病史，主要是癌症，这点要如实回答。基本都填否，填否就认定是否了。当然后期会通过数据、信用模型和行为判断来进行判别。

产品有 1 号、2 号两种，1 号主要是保定期寿险，此外还加一个防癌保障，保额 10 万，每个月需要交 10 元。2 号主要是保护工津贴，也就是住院一天理赔 50 元，一个月交 5 元。这些保费是系统自动从卖家指定的付款账号扣除的。

其实，保险公司有很好的服务，只是可能缺乏渠道和方式，去推给有需要的人，而这是互联网公司可以做到的。 所以我们公司想到，是不是可以用这样一种方式，通过商业保险和互联网的结合，把人寿险这种好产品推向淘宝的卖家群体，让他们能够享受到这样的服务。

齐　石：**泰康人寿联合阿里推出的乐业保产品，是互联网保险创新一个很好的尝试，通过互联网渠道，有效地、有针对性地到达一群从传统渠道上很难覆盖的人群，是区别于传统保险的一个经典案例。** 乐业保和一般人寿险的产品费率结构不大一样，一般传统寿险产品会因为投保人的年龄性别以及其他条件而有所不同。但这款产品在这方面却非常简化，这是我比较疑虑的一点。

可以说，泰康这次通过和淘宝的合作，可能已经轻松拿到了价值两千万的群体，这在营销方面是一个很大的成本节约。毕竟，目前国内的保险行业市场，营销成本是非常高的，有些保险公司甚至为了获取一些银行的高净值客户，愿意出 200 元购买一个电话号码。

王道南：乐业保推出后，5 天内投保最多的，是一家 16 个员工的小卖家，是服饰行业的。这个老板理念还是挺先进的，给自己员工投保。

这款产品的费率计算是，在一个年龄段，比如 18 岁到 39 岁，采用同一费率，但 39 岁以上采取另外一个费率。但是主要投保群体在 39 岁以下，所以我们主推这一块。

这款产品的受益人是法定受益人，不是店主本身，也不是企业主。店主在整个流程里面充当的角色只是付款人，不是投保人，不是被保险人，也不是受益人。从目前情况来看，我们的设计是，投保人和被保险人全部是添加进来的这个人，受益人默认为他的法定受益人。一旦投保成功后，在淘宝里会有专门入口让用户修改受益人。

要注意一点，就是没有支付宝账号是没办法成功投保的。因为出了险没地方赔钱，也无法确认用户的真实身份。所以需要一定校验，只有在确认过身份之后，才能加入乐业保。

投保成功后，如果发生事故，72 小时内把医院证明扫描到网上，或者拍照上传，24 小时赔付到款，款项会打到支付宝账号里。整个流程都在网上进行，不需要到保险公司，或者请保险公司人员来核对。

这个乐业保项目，我曾经说过可能是赔本赚吆喝。其实当时在和淘宝谈这个合作的时候，我们心里就有一个想法，**回归保险的本源，用互助概念来设计这款产品，不指望盈利，只求不亏**。因为如果用过去的传统方式销售给这个群体，对他们而言体验会太差。所以这一次合作，能真正让他们体验到这款保险产品的好，他们才愿意购买。

视角二：互联网保险的独特一面

在众安保险推出众乐宝、泰康联手淘宝推出乐业保之前，一些保险公司也在网上推出了五花八门的险种。如安联财险与淘宝推出的"中秋赏月险"，被保险人如在中秋当晚因天气原因看不到月亮，则可获得最高 188 元的心情损失赔偿。2013 年"双十一"当天，中国平安的脱光险在天猫上开卖；同一天，众筹网与长安保险公司合作的爱情保险也开始销售，而当天，淘宝上仅寿险产品销售总额便超过 6 亿元。网络平台的集聚效应和低成本优势，可以让保险业借助互联网渠道，快速有效地吸引大量的潜在客户。

数以亿计的网购客户量增长，只需要三五年的时间；而在寿险业，则需要 10 年甚至 20 年的积累。庞大的互联网人群和快速普及的互联网消费习惯，让互联网成为保险业不能忽视的重要销售渠道。那么，将来互联网保险会越来越多，作为消费者，怎么在这么多互联网保险中挑选到最适合自己的那款？

王道南：消费者购物，可能挑品牌，挑服务，挑价格，但有时候同质性产品很难比较，所以还要看消费者自己的需求。此外，用户上网习惯于快速浏览，所以保险产品的条款能否讲得清楚明白，这是吸引消费者很关键的一点，至少一定要让消费者看得懂。在理赔方面，形式上可能会多元。比如养老，其实有很多种领法，或者一次性领走，或者每个月领，等等。

因为互联网是大数据，所以互联网保险可以根据不同群体定制个性化产品。比如健康险，如果有个人健康信息的话，就可以在费率上采用差异化标准。如果说我拥有用户每一天走路的信息，我相信他在 4 年内不会有健康问题，价格就会便宜点。要是一天走 10 000 步，那会更便宜。这就是互联网保险产品设计的一个特点。

齐　石：传统的保险合同条款是非常复杂的，甚至专业人士都不一定能够看得很明白，何况用户在网上的习惯不是阅读，而是浏览，在这种情况下，把信息有效地提炼出来，通过一些图形的、可视化的、交互的方式把它展示出来，可能对用户的体验来说才是最好的。

互联网保险产品的设计，可能涉及保险运作的本质，实际上就是靠大树定律来分摊风险。整个互联网世界的数据，是保险行业从未遇到过的。站在大数据的角度来讲，所有数据都是相关的，有着非常真实的用户资料、用户偏好、用户使用习惯。

我之前在美国做车险精算的时候，发现所有在美国有 AOL 邮箱的用户，都投了很好的车险产品。一方面，因为这些用户年纪较长，驾龄比较成熟。另外，这些用户不会轻易换服务，只要觉得一个服务还不错，就会一直沿用下去。同理，对保险公司的选择也是这样。其实，将互联网世界里的数据找出来，挖掘它的金融价值，这是非常有意思也是非常有价值的一件事情。

胡乐天： 不要用太多跟营销相关的花招。那些包在外面的东西，最终可能只有一小部分会落到产品的保障上。在选择上，首先一定要看保障有多少，能不能满足需求。在确保保障的前提下，再去看除外责任，有没有陷阱，有没有忽略的地方。在这些都解决的情况下，再去比价格，不要一开始就关注价格，毕竟一分价钱一分货。

理赔方面，其实**互联网保险做赔付，最大的进步就是公开透明。**一个季度、一个月赔了哪些人，都会公布到网上，当然不会泄露隐私。这对于投保人来讲，其实已经是非常大的进步。在这个基础上，自然会有口碑的传播效应。

但是这可能会派生一个问题，就是所谓的逆选择或者一些骗保情况。之前淘宝的运费险也曾经遇到过这种问题。当时网上产生了一种叫职业骗保师的新职业，专门利用运费险在机制方面的漏洞来渔利。其实不光是保险，包括之前的差评等各种各样的体系漏洞，都会有人去钻。但是一旦淘宝找到了制衡机制后，类似这种情况将不会再出现，所以骗保师不可能成为职业。

视角三：传统保险的互联网化

互联网上卖保险不是什么新鲜事。2000 年，中国平安就推出官网直销渠道，成为中国保险业最早的"触网者"。同年 9 月，泰康在线上线，搭建起包括保险服务、产品销售等在内的网上交易平台。2005 年 4 月，人保财险实现了第一张全流程电子保单。目前，全国开展网销业务的保险公司超过 40 家，2012 年网销保费收入规模达到 39.6 亿元，占总保费收入的 1% 左右。

如今，吸金千亿的余额宝不仅撼动了银行和基金的传统业务，更点燃了互联网和保险业的热情。电子商务对于无须仓储、无须物流，用户有需求即立刻生成保单的保险行业来说，无疑具有更大的发展空间。从单纯的"线下保险线上卖"到保险产品的真正互联网化，保险业同其他传统金融行业一样，正在接受新一轮互联网浪潮的冲击。

王道南：泰康从 2000 年开始在网上销售保险产品，到乐业保的问世，中间实际上发生了几个变化。当时大家对于网购环境的接受度还不是太高，所以主要做品牌宣传。最简单的就是如何把现有产品放到网上，使其广为宣传。这一次乐业保，才算是真正踏入互联网生态中。

现在的保险业，主要有财产险和寿险两大块，其中财产险的属性更适合互联网化。其实，保险业的发展主要还是要取决于客户对保险的认知。比如现在大家对健康非常关注，所以健康险也可以互联网化。还有养老，也是比较受关注的问题，类似这种标准相对清楚的，一看就明白的保险，都可以互联网化。大概意思就是简单的东西容易互联网化。如果你坐飞机，你明白危险，就会去买航空险。泰康在线做了这么久，卖得好的其实还是意外险。

保险互联网化以后，未来一些小的保险公司是完全有可能借此赶超大保险公司的。当然，每个渠道都有机会，有人喜欢到银行去买，有人喜欢找代理人买，有人喜欢上网买。但互联网保险的未来确实有很多可能性。在未来，可能个人的所有健康数据、运动数据和财务数据都能够集合在一起，如此，定制化产品就可以很精准地找到你身上来。

胡乐天：其实跟泰康的合作想法早已有之，之前也合作过一些东西，想把一款复杂的，但是收益非常好的金融产品放到互联网上。这款产品在泰康官网卖得非常好，但到了阿里这里反响平平。这个算是阿里交的学费吧。因为结算、资管和保险公司各方面的条件限制，可能没办法做到这么灵活。

传统金融业要了解网上客户群，要去消化这件事情，可能需要一个过程，尤其是保险业。阿里刚推出余额宝的时候，有人做了一次演示，投了 1000 元，第二天有了一毛八分钱的收益，台下基本都在哄笑。当然不是嗤之以鼻，更多的是善意的微笑。他们可能觉得这个收益太小，很好玩，却没有想到它后面可能蕴含着一个拥有巨大潜力的市场。**很少有人关注线上刚刚成长起来的消费者非常碎片化的市场需求，所以我觉得需要一个过程让他们去消化。**

和寿险相比，财产险更容易互联网化。其实财产险的互联网化，阿里已经做了两 3 年的时间，比如退运费险，就是一个非常典型的互联网原生的财产险产品。还有车险，虽然是标准化和刚性产品，但现在主流还是电销。从目前的互联网情况来看，车险并不是一个真正适合互联网销售的产品。财产险产品所有的需求、精算、数据的来源应该是互联网，但车险是一个不太市场化的产品，它的所有形态定价都是受监管的。

齐　石：适合于互联网化的保险产品可能会有几个共性：第一，产品结构相对简单，用户能看明白的；第二，产品会稍微标准化，用户只要对产品比较熟悉，也能比较明确知道自己应该买什么样的产品；第三，需要一定的销售刚性，车险的销售刚性很明显，其他一些险种可能就会稍微差一点。

其实，金融行业作为一种社会职能，不应该只是一个逐利工具，还应该更多地承担起一些社会职能。就保险而言，它应该解决的是国计民生当中的一些风险问题。**保险公司通过互联网来突破销售半径，突破地域服务半径，谁能抢先做到这一点谁就能**

弯道超车。

互联网可以提供碎片化产品，碎片化的同时带来一种超级个性化的设计，也就是完全针对个人的兴趣偏好，或者是生活方式来设计产品。有一天，人体的所有信息，甚至人脑的所有信息都可以电子化。我们设想一下：当你早晨醒来，你的生物芯片会告知你现在的健康状况，或者天气情况，甚至可能提示你车险价格非常高，与其花那么多钱去买车险，不如打车。

结束语：

从原来单纯的线下保险线上卖，到真正的互联网保险，可以说，保险行业的变革已经真正开始了。随着时间的推移，随着客户大量地迁徙，相信整个行业的前途也将发生改变，到时候，保险行业的竞争将变成价格、品牌和服务的竞争，而保险业将会更加契合消费者的需求。

【锋汇词典】

骗保师：指利用淘宝相关规则，骗取"运费险"差价的人群。具体操作流程：在淘宝店中购买商品，并购买运费险，收到后使用七天无理由规则进行退货，退货后赚取发货快递费和保险公司赔付的运费险中间的差价。

除外责任：又称责任免除，指保险人依照法律规定或合同约定，不承担保险责任的范围，是对保险责任的限制。

刘杰

清华大学
网络学者

李启元

比特币中国 CEO

黄震

互联网金融千人会
创始会长
中央财经大学
法学院教授
中央财经大学金融法
研究所所长

比特币：一场数字货币战

　　一枚网络货币就能在现实生活中买房买车，这是比特币的创始人中本聪向人们描绘的一幅美妙的梦境。如今一枚比特币的兑换价格，从一年前不到人民币 100 元飙升到现在的数千元，最高涨幅近 80 倍。当越来越多的人开始相信这个虚拟世界里的造福梦时，也有更多的人提出了质疑，比特币会不会成为互联网时代的"荷兰郁金香"？比特币真的可以挑战央行吗？

视角一：比特币是什么

从投资空间来讲，近年人们错过的最好投资机会，不是持续上涨的房地产，不是自贸区、民营银行和军工概念股，而是比特币。在 2013 年 11 月 19 日那一天，中国最大的比特币交易平台上，比特币交易价格一天之内从每枚 3000 多元涨至近 8000 元，而后，又降到 4000 元，这个价格，与比特币首次公开交易的市场价 0.03 美元相比，价格最高时已经增长了两万多倍。

刘　杰：中本聪，传说中比特币的创造人，是个日本人。他很神秘，没人知道其真实身份。有人认为是一个人，也有人说可能是两三个人，采用匿名形式。美国有学者爆料，说他是京都大学的数学老师，真名是望月真一。无论是谁，其实就是在故意制造一种神秘感。大数据时代，真想要将这么一个人挖掘出来，肯定可以做到。

比特币有个英文名叫比特金，很形象。黄金数量也是有限的，这非常符合比特币的特性，此外，只要有黄金的矿就能挖黄金，跟国家并没有太大关系。当时，中本聪发表一篇文章，题目就叫"一种点对点的电子现金交易系统"，其中提到，现在很多货币价值都靠政府信用，如果政府信用增发怎么办？所以发明比特币，为的就是做现金交易，它就是个现金。所以，它避免了现在货币存在的许多问题，包括机构干涉等。

李启元：比特币严格来说更像是黄金，是数字化的黄金。虽然它是虚拟的，但现在有个现象，就是比特币可以买三明治，可以买房子。还有很多机构接受比特币，比如壹基金就接受比特币的捐款。有人愿意接受它，可能会使得比特币将来变成类似于现金的概念。

一个比特币可以兑换上千元，可以买很多三明治，但是好处在于，比特币后面的单位有八位小数点，所以我们可以 0.01 或者 0.001 这样子去操作。如果有店接受比特币，可能登出人民币价格，按照汇率兑换比特币。比如是 0.03 比特币，那你就把 0.03 比特币打到某一个账号去。

黄　震：我觉得比特币不像黄金或者说数字黄金，它已经被证券化，所以更接近股票。比特币是用来投机的，本身的价值是想象出来的。因为它自身的数字、符号、密码到底有多大价值，是没有参照物的。这跟黄金完全不同，更接近于股票。

比特币是虚拟世界产生的一种数字，而货币是实体世界货物交换中产生的一般等价物。到目前为止，货币是主权国家认定的法币。但没有哪一个主权国家宣布比特币是法币。目前为止，好像只有德国承认它的法律地位。但也有一些地方已经有了比特币ATM，比如加拿大、迪拜，其实就是用货币买比特币。

现在有单位接收比特币，我觉得这是一种另类炒作手法，而不是意味着比特币已经具有广泛的交易支付功能。当下，接受比特币可以马上成为新闻，这个效应比花钱打广告要大得多。其实，比特币币值很不稳定，忽上忽下，一下子 3000 元，一下子 8000 元，所以用于支付肯定不合适，风险很大。

视角二：比特币如何交易

国内前十名交易平台公布的数据显示，在新奇的电子货币投资领域，中国投资人的敏感性和赌性再次领先全球。目前，中国比特币市场交易份额占全球的 50%，位列第一，其后是美国。中国的比特币玩家在 50 万到 100 万。据火币网统计，总交易额大于人民币 1000 万元的贵宾用户中，40% 为女性，"中国大妈"现身比特币江湖的说法不胫而走。

可是，比特币的总量只有 2100 万个，这对于该市场的投资有影响吗？而中国大妈真的又在这个市场上出尽风头了吗？

李启元： 今天世界上只有一千多万个比特币，可能要一百多年以后才会到2100万。这就像挖矿，要一百多年才能挖完。它跟货币不一样，不存在通货膨胀问题，其实也不会通货紧缩，只是到了2100万就停了。这和黄金有限量是一样的。它的价值是社会上传达给我们的，社会上众人说它有价值，我们才相信它有价值。

比特币的交易很像股票，是24小时交易，T+O模式，购买后直接到账，然后可以马上转手卖掉。

传闻比特币交易参与者中，中国大妈占了40%。可是我们做了用户调研，其实80%以上是男性，大部分都是有学问的男性，介于30至40岁之间。所以中国大妈的故事只是传说。

我们国家开始做比特币时，交易量一天就几千个，排世界第五，后来交易量和排名都不断上升。现在，比特币中国的交易平台，是全世界最大的一个交易平台，而比特币中国的参与人数也很多。

刘　杰： 其实之所以上限2100万，是由算法决定的。当时中本聪做了一件数学家或计算机业者都很清楚的事，就是让你先做一道题，把这道题做好了，由他验证结果，他认为对了才承认你，给你一个比特币。

大概每10分钟开一个奖，是25个比特币，所以一天大概是3600个比特币。这2100万怎么发放？一种是中本聪自己直接分发。第二种像彩票开奖一样发放。如果第一个彩票投注就三个人参加，那就有三分之一的机会拿到。等到人越来越多，中奖概率就越来越低。现在基本上每一秒钟有上万个人参加。

这和黄金挖矿是一样的。每天只发放3600个，每10分只发25个比特币，而且总量越来越少，说明现在比特币已经越来越不容易获得了。如果你有很多机器，当然可以挖到很多。但是如果别人的机器比你还多，速度比你还快，那你挖到的概率就变少了。现在一台挖矿机五六万元，甚至十几万的都有。一天可以挖到约

0.5 个比特币，就是两千多元。但是参与人数越来越多，挖到的概率也就越来越小，最后可能都挖不回成本。

当然，除了挖矿，还可以交易。作为一种投资方式，也不失为新的尝试。毕竟，你要是信任它，就赋予它价值。要是不信任它，那它就没有价值。

黄　震：比特币限量跟黄金限量一样，但黄金后来就不再是货币。如果比特币未来不被人们承认是货币，或者被另一种东西颠覆掉，没了价值该怎么办？黄金现在还有价值，但难保今后会一直有价值。在互联网世界里，这种发展颠覆的速度越来越快。比特币发展只有 5 年时间，如何保证 100 年后还有价值？这是无法保证的。

所以比特币更像一场赌博。如果你很富有，把购买比特币当成游戏，为了体验，不妨玩一玩。但是你一年辛辛苦苦挣了几万元，买了一个比特币，又不能吃，又不能用，意义不大。如果是为了投资，风险很大。

所以我基本不会投资比特币。世界上没有绝对升值的东西，何况比特币如今已经演变成一个投机品，就好像当年老百姓在投资大蒜、豆、姜这些一样。如果真的是"大妈"在购买比特币，那可能意味着这种投资已经疯狂到了极点。

视角三：暴涨暴跌的背后因素

据称，曾经起诉 Facebook 及其创始人马克·扎克伯格的温克莱沃斯兄弟，是世界上拥有比特币最多的人，约价值 1100 万美元。兄弟二人为了安全，把比特币加密后，存在不同的 U 盘中，并将 U 盘放在三个不同城市的银行保险箱里。比特币进入中国公众视野，源于 2013 年 4 月的四川雅安地震，当时，壹基金接到 233 个比特币捐赠。按照当时的汇率来计算，折合人民币近 22 万元。目前，中国拥有比特币数量最多的人是李笑来，曾经是新东方的英语托福老师。他手里的比特币超过 10 000 枚，价值超过人民币 6000 万。

比特币投资已经被部分人所青睐，并且慢慢进入民众的视野。但是比特币的价格波动始终饱受诟病，甚至会发生一天内从 8000 多元跌到 4000 多元的现象。这种暴跌暴涨背后的逻辑究竟是什么？它释放出的信息是安全的还是危险的？

李启元： 比特币会暴涨，究其原因是其稀缺性。买者不看价格，一味下单购买，但是卖者挂的可供销售产品可能没有这么多。这就造成在一段时间内暴涨到七八千，但很快又回落的现象。

比特币的价格在一年内涨了 80 倍，主要是因为注意它的人越来越多，买的人越来越多。我曾经跟一个比特币交易平台负责人交流过，他说他们在短短几个月内，人数新增两三倍以上，靠后面的人来把高价接住。毕竟，最早拿到比特币的人，如果不把价格炒高，是拿不回来成本的。

当然，价格也有可能在某一天突然暴跌。我希望它的价格保持稳定，投资者不要追求过度上涨，也不要因为害怕而抛售。

美国最大的比特币交易平台曾经被攻击过一次，中国一些平台也遭遇这种信息危险。这是比特币交易的风险，当然也是平台自身保管不安全。购买比特币后，一定要加密，要备份。讲到这里，有人会想：中本聪作为比特币的发明者，会不会自己留了一把后门钥匙？这担忧是有道理的，但可能性很小。因为这个源代码是开源的，大家都可以去看。可以说代码非常安全，没有什么后门钥匙。

比特币现在充满魅力，很大原因就在于它的不确定性，它的神秘感，以及编造出来的许多故事。 所以，当这种神秘感消失时，比特币的真正价值就会浮现出来。

黄　震： 这种现象可以说是中国股票市场庄家的典型手法，也就是说，可能有庄家操纵的嫌疑。所以我一直认为比特币是一种投机品，不是投资品。

之前有个美国人，说他用比特币生活了一周，后来又爆出作假。其实现在这个自媒体时代，每个人都可以编故事、发微博、发微信，进行一种舆论操控。所以媒体人对此一定要慎重，**很多人还不了解比特币，媒体就将它炒作得好像有了合法性，有了稀缺性，有了保值功能，这会误导百姓开始跟进。**

这不是什么阴谋论，只是我觉得，当比特币的巨大风险全面爆发时，可能会持续暴跌，直至完全化为乌有。它本身有几重风险：第一，就是比特币本身的使用价值风险，因为它不能随意买东西；第二，交易平台还没有纳入证监会的管理系统；第三，美国已经出现用比特币进行行贿、贩毒的现象，一旦涉及这些案件，交易平台可能会倒掉。等到哪一天比特币严重冲击国家主权，冲击法定货币，它也就成了非法货币，化为一堆数字。

刘　杰：**比特币的信息安全是一个比较大的问题**，美国国家安全局为此曾经发明一种加密算法。但是，既然它是发明者，也就完全可能成为破解者，这和造锁人开锁是一样的道理。这是非常危险的，如果这种担忧一旦成为现实，比特币立即一文不值。

如果比特币真有失去价值的一天，一定会有比比特币更好的电子钱币出现。

视角四：比特币能比肩央行吗

2013 年初，经法国政府核准，比特币交易平台比特币中央取得了国际银行账号，跻身准银行之列。同年 8 月，美国得克萨斯州联邦法官裁决比特币为合法货币。同样在 2013 年 8 月，德国财政部正式认可比特币为一种货币单位和私有资产。11 月 18 日，美国司法部和证交会称，比特币是一种合法的金融工具。美联储主席伯南克说，美联储无权直接监管虚拟货币，比特币等其他虚拟货币可能拥有长远的未来。11 月 20 日，中国人民银行副行长易纲也发表言论说，近期，不可能承认比特币的合法性，但他同时认为，比特币很有特点，具有启发性。

普通民众具有参与比特币交易的自由，与现存的货币体系不同，比特币没有发行机构，没有中央服务器或者托管方，所有一切都基于参与者。换句话说，比特币每个人都可能发行，但是这种没有传统的政府信用担保的虚拟的数字货币可靠吗？一旦其发展壮大，可比肩国家货币时，各国央行能容忍吗？

李启元： 货币去中心化原则是指，货币的制造者不属于某一个单位、机构。每个比特币的挖掘者，都有可能是这个货币的制造者，这是一种人人平等的状态。在这种原则下，每个人都有自由去发货币，但是发了不一定有用。

这种自由，这种去中心化会让许多人误解，认为比特币会挑战到央行的地位，其实这完全不用担心。比如，黄金有没有挑战央行？股票有没有挑战央行？房地产有没有挑战央行？都没有。这三者都是资产，**比特币也是一种数字资产，本身就不可能挑战一个国家，挑战一个央行。**

比特币在未来可能具有支付功能，但不意味着它会成为货币。比如支票，也可以支付，网络第三方支付也可以支付，甚至一些代金券也可以支付，可是支付宝这种第三方支付难道就是货币吗？

无论如何，我们希望国家能监控比特币，不管通过央行也好，银监会也好，证监会也好。如果比特币想在社会上成功，还是需要有政府支持的。

黄　震： 传统的货币都是以国家信用作为背书，但比特币没有国家信用，没有公司信用，甚至没有个人信用，只要你遵循那套算法，去中心化就行了。在货币出现后，没有了金本位或银本位，没有本位后，结果导致许多国家出现通货膨胀现象，因为货币滥发了。老百姓对这种传统货币的滥发现象深感不满，而比特币正因为它不属于某个机构，所以价值稀缺性等就得到了保障。

我这么说不代表我支持比特币，我只是如实说出它的一个优点。但是要知道，月球也有稀缺性，但它有价值吗？曾经也有人炒作月球土，甚至有人成功地把它卖出去。一种概念变成可以炒作的价值，是需要技术的。100年后，500年后月球土还在那里，但是它会不会成为货币？肯定不会。只是**从这些现象可以看出人们一种心态，就是试图寻找超越国家法币之上的一种共同价值。**

但是，现在还是主权国家的时代，如果没有央行统一管理，谁都去发行货币的话，整个市场秩序会很混乱。所以由央行来统一进行货币的发行、流通、管理以及制定统一的货币政策，就现在来说，对于一个国家的经济发展，还是起着根本性作用的。

至于比特币的监管，人们会很自然地想到，应该借助监管货币的机构。其实，**比特币更多是作为一种投资品在交易，更应该借助的是证券交易市场监管者。**

刘　杰：现在各国都出现货币增发现象，包括美国，所以比特币的去中心化才能受到这么大的追捧。

但是，不要一听到"币"，就觉得好像是比特币自己在造钱。只要不是自己造钱，就肯定与央行的作用和地位无法相比。比如我们现在正在开采的和田玉，和田玉因为越来越稀有，价格也越来越高。但是比特币是电子类信用，与和田玉相比，它是可以分割的。所以。实际上它是在有价值的流通当中起到了一种增值作用。

比特币真正引起大家关注的，还是塞浦路斯国家信用体系崩溃以后，大家没有去抢黄金，却都去抢比特币。所以大家会想，比特币对银行是不是产生了冲击？其实比特币跟黄金是类似概念，当我们认为一种货币不值钱时，纷纷跑去抢黄金，这是一种避险方式。而这次塞浦路斯事件中的避险对象，是数字化时代出现的一种货币形式。也因此，比特币给大家带来了新鲜感。

结束语：

物以稀为贵，富贵险中求，投资比特币无疑是一场刀锋上的舞蹈。比特币或许只是虚拟货币发展过程中的一个先驱者，在疯狂过后何去何从，只能留给时间去检验。但是唯一可以确定的是，在互联网时代，将会出现越来越多的类似比特币这样的金融创新产品，丰富现有的金融体系。

【锋汇词典】

荷兰郁金香：即 17 世纪发生于荷兰的郁金香泡沫，当时荷兰郁金香价格一度高涨，甚至抵过一幢豪宅。后来经济学家把这次郁金香狂热视为"博傻理论"的最佳案例。

中本聪：比特币的开发者兼创始者，1949 年出生的日裔美国人。2008 年在互联网上一个讨论信息加密的邮件组中发表了一篇文章，勾画了比特币系统的基本框架。2009 年为该系统建立了一个开放源代码项目，正式宣告比特币的诞生。2010 年 12 月 12 日，当比特币渐成气候时，他悄然离去，从互联网上销声匿迹。

T+0：是一种交易制度，凡在成交当天办理好股票和价款清算交割手续的交易制度，就称为 T+0。

段永朝

财讯传媒集团
首席战略官

王小彬

映趣科技 CEO
创始人

郭辉

康诺云创始人

谁是大数据时代的主角

　　2013 年 8 月末，美国一名外科医生通过谷歌眼镜的实时数据，与同事进行视频沟通，完成了一场成功的手术。这种可以进行人脸识别远程操作各种机械，甚至做手术的谷歌眼镜，一经曝光，轰动一时。有研究机构估计在未来 5 年内，可穿戴设备的行业产值，将会达到 500 亿元，甚至有人说这是一场新的硬件革命。那么对于普通人来说，未来健康是不是可以靠可穿戴设备监控呢？

视角一：可穿戴设备是人的延伸

苹果手表、谷歌眼镜、百度咕咚手环，再加上各种智能手表、戒指、健康测量，一时间，各大厂商对我们的身体仿佛感兴趣起来，他们不满足于仅仅把数码产品塞进我们的口袋和书包，还在计划着把它们贴在每个人的皮肤上。可穿戴设备目前主要指电子设备，它把多媒体、传感器和无线通信等技术嵌入人们的衣着中，还可支持手势和眼动操作等多种交互方式。

概念很生涩吧？举个例子：全家出游最怕什么？排长队，找孩子，照顾老人。可穿戴设备可以大大缓解生活中的这些不便。爸爸的智能眼镜随时在接收附近商家的信息，什么时候有折扣，进店是否要排队，谁家的商品便宜些，眨眨眼睛全搞定，省时省力解放双手。孩子的手环轻便又美观，有了全球定位功能，家长也省心多了。孩子光着身子在水里玩，突然手环说话了："你妈妈喊你回家吃饭啦。"奶奶穿着的衣服包含健康信息采集系统，呼吸急促或是血压升高，急救信息立马送达120，在大夫到达时还有一份完整的心电图送上。怎么样？对于可穿戴设备，您心里大概有个轮廓了吗？

郭　辉： 我体验过谷歌眼镜，比我想象的轻，屏幕也比我想象的小，所以要关注屏幕时，必须改变传统视线，才能看到菜单显示。而且语音指令一定要用英文，这就要求英语发音要清晰，且周围环境不能太嘈杂。**这种体验让我感觉，谷歌眼镜离用户还有一定的距离。**

像这类可穿戴设备，如果待机时间足够长，我肯定会帮孩子买一个。因为在孩子还小的时候，他的位置是家长时刻要掌握的关键信息，而手机又太大，相较之下，可穿戴设备方便多了。

王小彬： 我觉得谷歌眼镜还是比较酷的。**其实它还不是一个真正意义上的眼镜，因为不能折叠，价格也偏高，携带也不是太方便，所以它要真正地打开市场还需要一点时间。**谷歌眼镜据说最终上市售价299美元，不过没有在中国上市。但现在国内也有一些可穿戴设

财经大趋势 财经热点怎么看，怎么办

备进入我们的生活了。

比如我们公司的智能手表iWatch，触屏式，语音化，可以语音发微博，看图片，一般智能手机的功能都具备了，就相当于是个人的第二个手机。此外我们也有专门针对中老年人的产品，可能只是一个简单的手机，可以接听电话，只是在这个产品上面加载了测心率、测血压的功能，还在这种定位功能的基础上加载了一个"守护+"，也就是定位救助的网络。

段永朝： **我看到谷歌眼镜的第一反应是酷，第二反应是不实用。它可能是个过渡产品，最终会消失掉。**因为我感觉，它需要调整焦距到一个固定地方，这很违反人的天性，我不确定人们能否习惯谷歌定义的这样一种视觉功能。

其实任何工具都是人的延伸，可穿戴设备的延伸体现在两个方面：第一，它会让人的感知系统更加细腻；第二，作为一种设备，我们试图通过它触发另外一种可能很虚幻的事物，比方孩子如果有了这样一个设备，可以形成跟父母之间的一种亲情纽带。

视角二：可穿戴设备与生活

可穿戴设备听起来名字似乎很高深，其实并不是。让我们简单做个分类：

健康服务类——健康监测，譬如睡眠质量、心跳脉搏监测、情绪监控等等，像个家庭医生默默地观测你的身体状况。

五感能力拓展——将人类五感的能力进行延伸，比如谷歌眼镜是对眼睛的延伸。

生活管家——日常生活行为的私人助手、管家，做了一天家务，伸个懒腰，衣服就开始帮你按摩；打个响指，空气中就传来音乐，并跟着你的动作和脑电波变换不同节奏；扣一下桌面，电话正拨打给你思念的人。它就像是你的私人管家，了解你的一切需要。

娱乐利器——通过虚拟与现实的紧密结合，独自一人的体感游戏可让用户感受到娱乐气氛。

安全卫士——具备更强的信息跟踪、锁定功能，通过识别用户的身份，防止私人信息泄露。

不管分了多少类，可穿戴设备出现的最终目的还是为了人们更好、更健康地生活，那它到底能不能改变我们的生活呢？

郭 辉： 我们有个产品，叫智能血糖测量仪，实际上我们不希望把自己的设备和传统的血糖仪进行对比，因为它们是工具，而我们是服务。把测量仪戴在上臂，然后通过手机查看检测数据，这要求你在终端下载一个软件应用。

传统的体征检测设备，都是以医院的黑白诊断模式来进行相应的分析，分析一个人单点数值有没有超标，超标就有病，在标准内就是正常的。但人患病是从健康到不健康的缓慢过程，是灰度模式，并不是迅速患病的黑白模式。所以我们的产品可以反映整个变化的过程，来进行相关的健康预警，然后向手机推送一条信息。

当然，如果仅仅是推送一个结果，价值可能不是太大。但是将来采集密度增加以后，比如可能将来有一群人采集完血糖后，可以反映一个地区的环境对当地人的生活状况的影响，我觉得这个意义可能更大一些。同时，我们也正是依靠这些强大后端数据能力作为后盾，以此防止被仿制。

其实科技发展很快，让科技来改变生活，比如随便一按身上的手表就可以打开家里的空调，这些在技术上都不是障碍，关键是在使用体验上如何做得更好。举个例子，比如一个人戴着手表出差，飞机落地后手表的 GPS 会提供落地坐标，家中的电器会智能地获知他这几天并不在家里，于是能关闭的自动关闭。当他回家后，所有东西，比如空调，不需要他远程打开，而是在他靠近时自动启动，并调整到他平时喜欢的温度。总而言之，**科技最后的终极目标是让人感觉不到科技的存在，而周边一切都能达到你最满意的状态。**

王小彬： 可穿戴设备也是容易被仿制的，所以我们在避免仿制上面做了很多工作。因为我们是在做一个平台，利用一些先发优势，已经和很多公司形成合作关系，这样我们的产品就有了壁垒，不是一般的仿制品能够企及的。

可穿戴设备在人的身体上争夺市场，现在最激烈的目标是腕部，还有眼睛，将来可能还有颈部，甚至纽扣、脚底都可能。比如，人在走路时会产生动能，那么就有这种设备，在你挤压鞋垫时开始蓄电，把你平时走路累积的能量变成手机的电。

所以说，**在现在这个时代，移动互联网跟物联网的全网结合，已经可以说是实现了。** 所以我们描述的一些高科技场景，其实都不难实现。

段永朝： 由于可穿戴设备的设计理念跟传统的电子设备截然不同，所以想仿造这种电子产品，还是需要一定的门槛。很多"山寨"公司的目的只是尽快把它卖出去，尽快卖给更多的人。但是**可穿戴设备给我的直观感觉就是，生产公司期望尽快有更多的人用起来，随着数据采集的积累，它就拥有了核心技术或者说核心平台，也就真正拥有了竞争力。**

让一些远程设备按照人的意愿去自动操作，此类事情现在在技术上已经没有任何门槛。可穿戴设备的研究重点是要让这些远程设备能跟自己对话，并且更加美妙的是，它能够捕捉到一个人无意识流露出的需求，而不需要人有意识地去操控它。

视角三：获取数据

  一家美国研究公司称，全球智能手表出货量目前仅约 100 万块，但 2018 年有望达到 3600 万块，在几年内增长就能达到 30 多倍。可穿戴设备的出现，最重要的功能是采集和分析人体的实时数据，也可以说，这是互联网应用的一种延伸。由于加入了移动互联网概念，可穿戴设备的触角几乎可以达到人们所能想到的所有领域，这种开发人类身体大数据的电子设备，成为众多大企业激烈竞争的战场。有人说，做好设备是征服消费者的关键，也有人说做好数据分析的后端应用才是核心。对于瞄准您身体各部位数据信息的厂家来说，您的答案是什么呢？

郭　辉： 穿戴式设备的功能更多的是采集数据，数据本身并不在设备上进行分析。1960 年以来，全球发生的七级以上大地震，比如 2008 年的汶川大地震和 2010 年的东京大地震，在回顾数据时，发现所有测试者在地震前三天，血压节律都出现一致性变化，直到震后三天才恢复到原有水平。

　　如果只是个人在一两天内血压轻微变动，这没什么不正常，但如果是一个地区突然所有人的血压都在升高，可能就有原因，也许是外界原因导致的。所以，**在数据采集的时候，如果发现一些异常数据，就可以知道将来可能会发生什么现象，这就变成了一个大数据概念中更加智能化的应用。**

王小彬：我觉得采集数据并非用户所希望的，让用户为了采集数据而去采集数据，这对用户来说可能是一种累赘。

段永朝： 可穿戴设备获取的大数据就像一个池子。比如，如果有一种数据采集装置能把这些东西全部采集上去，这是大有帮助的。因为很多人都把自己的数据贡献到了一个类似大池子的地方，我们从里面拿出来的东西并不完全是自己的，而是产生了错综复杂关联的那部分数据，这个关联必须建立在彼此对这个池子的贡献上。这其实说出了一个非常重要的理念，就是**人与人之间、人与机器之**

间都是彼此相互依存的关系。所以，只能是我们先把自己的数据贡献上去，才能指望有朝一日可以拿到一个更加全面的整体数据的反馈。

视角四：可穿戴设备的未来

可穿戴设备中，可分为平台型和集合型，前者提供应用平台，追求应用的广度，后者追求数据的垂直化深度，两者之间是否有竞争关系？哪种产品在未来更可能会脱颖而出，成为主流呢？

此外，可穿戴设备的出现，对移动设备王者——手机是否会形成巨大冲击，甚至使后者完全消失呢？互联网专家王煜全说过："可穿戴设备与传统智能设备是相互补充的，是并存的。"天使投资人王峰则认为，智能设备分类明晰，像短信息交流互动就是智能手表，语音交流还得靠手机，娱乐则是用平板。是这样子吗？

郭　辉： 我们是属于集合型，平台型是横向的，会搭载很多应用，而我们就是其中的一部分。我们要做的是纵向深入，所以在发展方向上，两者之间不会产生直接竞争。

在硬件方面，因为硬件的迭代能力远比软件慢得多，需要经过很多环节的工作才能拿出一个完整产品来，而这个过程中已经产生了大量成本，所以风险确实存在，但是风险和机会一定是对应的。互联网时代，电脑是所有的入口，移动互联网时代，手机是所有的入口，**到了将来的物联网时代，可能身上的可穿戴设备就成了所有的入口，那个时候，谁占领了入口就对未来有价值**，所以硬件既有风险也会成为门槛。

可穿戴设备和手机的关系，我觉得会有一个转换的时期。在这段时期里，关键性的问题还在于个人是选择手机还是选择"手表"，这完全取决于选择什么会让自己觉得更方便、更有用，这也就是互补概念。在时间阶段上来看可能是5到10年。至于未来的20年、30年，甚至更长时间，实现更智能化的设备，从而取代旧设备，是一种展望。

对于可穿戴设备的未来，我觉得可能硬件只是入口，而服务会成为后面的关键。通过这种模式转变，带来的是商业模式上的转变，所以关注可穿戴性设备的人们，不要只把眼光集中在硬件上，更应该关注的，是它们持续性的服务能力。

王小彬： 平台型和集合型在硬件本身可能会有一些冲突，但这只是在目前这个阶段来说。至于软件跟服务，两者之间更多的还是一种合作关系。我们希望有更多的软件可以让我们整合到一起，提供给用户。至于硬件，其实已经不需要再考虑了，做硬件肯定是一个正确方向。要让用户愿意分享数据，愿意使用你的产品，有可能从一开始就需要考虑硬件的问题，这个相对来说风险比较大，难度更大。

可穿戴设备的出现，可能将使手机在10年以内就完全被替代，当然不一定只被智能手表替代，而是被智能手表加智能眼镜再加智能鞋子这样的组合所替代。 所以智能穿戴的未来毋庸置疑，问题只是时间长短。用硬件作为平台，以软件的功能获取数据，然后利用数据给用户提供服务，这是智能穿戴最核心的价值。

段永朝： 对于平台型和集合型来讲，竞争对手也许不是彼此。它们更大的工作难点其实是如何尽快地或者说更有效地去跟用户达成共识，让用户明白这东西跟自身确实有关。两者还要共同面对一些问题，比如隐私、数据安全、数据滥用和数据风险管理等问题，在这个基础上，我觉得可穿戴设备的开发者和厂商必须寻找到一种与过去的电子设备销售完全不同的商业模式。

可穿戴设备对于手机的冲击是存在的，虽然每一款新的电子装置出来之后，都有一个习惯养成的过程。但就我个人来说，我觉得手机会因此而消失。也就是说，可穿戴设备这个大方向是正确的，未来的人机交互一定发生在没有界面的地方。

可以说，**我非常看好可穿戴设备。如果衣服是人类的文明起始点，我相信可穿戴设备将会是新文明的一个转折点。**

结束语：

智能穿戴设备只是处在雏形期。但手机、电脑占据我们的生活已经太久，全世界都在焦急地等待一场新的硬件革命的到来。我们也相信这一天终将来到，智能可穿戴设备会让我们实现随身携带生活和健康的愿望。

【锋汇词典】

谷歌眼镜：由谷歌公司于 2012 年 4 月发布的一款"拓展现实"眼镜，具有和智能手机一样的功能，可以通过声音控制拍照、视频通话和辨明方向，以及上网冲浪、处理文字信息和电子邮件等。

大数据（big data）：人们用它来描述和定义信息爆炸时代产生的海量数据，并命名与之相关的技术发展与创新。

刘弘

乐视网副董事长
兼首席运营官

张彦翔

流媒体网首席运营官

陈刚

北京大学新闻与传播学
院副院长

超级电视：客厅里的颠覆者

　　2013年6月底，一款价格不到7000元的互联网电视被投放到市场。这个企业声称将把失去的电视观众重新拉回到客厅里来。在互联网时代，电视正在逐渐成为客厅的摆设。开机率在近几年直线下降，越来越多的观众选择离开电视，走向手机、平板电脑。不仅如此，现在互联网企业还把触角伸向电视机制造行业。他们扬言要掀起一场客厅革命，可是能成功吗？

视角一：传统电视的价值

在互联网时代，人们更倾向于使用电脑、平板或者手机，它们拥有电视机所没有的超大信息容量和便捷性，于是，电视机从生活必需品沦为客厅摆设物。现在，你回家还会打开电视吗？

张彦翔： 我每天回家都会打开电视，但只是为了让家里有些声音，而不是为了去看某个节目。如果偶尔听到感兴趣的，可能会看两眼。所以我觉得**电视机现在更像水龙头，你不会一直使用，但它必须在那里，因为可能随时想用水。**

陈　刚： 我现在上网的时间远远超过看电视的时间，可能只在晚上回家后，用一个小时左右看看电视。可以说**电视成了客厅的摆设，这个现象在全世界都一样。**互联网的发展，让我们不需要通过电视和报纸，也能得到想要的资讯。

刘　弘： 传统电视是线性播出方式，节目必须在安排好的时间点播出，比如《新闻联播》。但是人们的生活节奏越来越快，时间也不是那么规律，基本不会像以前那样朝九晚五，然后回到家里定点打开电视看《新闻联播》。**而互联网这个新媒体的推出，正好弥补了这一点。它可以让观众自己做主，什么时候有时间就选择什么时候看。**

视角二：超级电视能改变什么

乐视 TV 于 2013 年 6 月 19 日中午 12:00 正式启动两万台超级电视的预约付款。作为一款零售价 6999 元的 60 英寸超大屏幕、全球首款 4 核的电视机，超级电视在 2013 年 5 月初乐视新闻发布会上一露面，就点燃了市场预期。

全球唯一的十代线面板，全球最快的智能电视处理器，全球最顶尖硬件制造商富士康以及国内最全的影视库储备，号称"四大天王"装备的超级电视，再加上一个类似苹果一样的生态系统，而标价不仅远远低于同等尺寸的三星等国际电视厂商 15 000 元以上的价格，甚至远低于国内同等尺寸 10 000 元以上的价格。"两倍性能，一半价格"，一项低调潜行的乐视突然高调地杀入家庭互联网争夺战，并将矛头直接指向了传统的电视机制造商。

乐视网 CEO 贾跃亭直言，"用互联网模式来重新定义电视"，将彻底改变电视单向输出的模式，从而推动一场"客厅革命"，把流失的电视观众重新拉回来。

事实上，作为全球电视销量第一的三星电子，去年在中国市场发起了"占领客厅运动"。三星认为，现代家庭中以电视为客厅核心，哪个厂商能够在电视业务上取得控制地位，就拿到了进军网络家庭业务的通行证，而这个通行证的含金量，一点儿不亚于 PC 互联网和移动互联网。

近 10 年，电视逐现颓式。尽管随着技术的发展，3D 电视、智能电视、网络电视的出现，不断改变着传统电视机的功能。但是，这些努力并没有留住电视观众。

这一次，超级电视能做到吗？

刘　弘：超级电视等于超级的硬件性能，等于最先进的电视屏，加上最全的影视网络版权库。当然这不能简单地理解成把一个大型 iPad 挂在墙上。因为电脑屏属于"前倾式体验"，就是坐在电脑面前，身体得往前倾。移动终端则是"拇指式体验"，因为它是用手指操作的。但电视机被称为"后仰式体验"，或者"沙发式体验"，就是可以躺在沙发上舒适地观看。这样一种观看方式，是完全不一样的视听体验。

超级电视有一个核心竞争力，就是最高清晰度相当于蓝光 DVD。

用户可以根据自己家里的带宽选择码流。至于它和其他电视的区别，我有个有趣的比方："普通电视"相当于毛坯房；"智能电视"相当于简装房；"超级电视"相当精装房，用户可以直接拎包入住。

张彦翔： 乐视超级电视的视觉效果，还是取决于网络速度。这要取决于电信的光纤化进程，也就是带宽要够才能享受这个效果。

坦白讲，其实近几年出现很多新概念电视，不仅消费者一头雾水，有时候业内人士也很难分辨出来。包括"互联网电视""智能电视"和"超级电视"，我个人觉得，其实它们在产品本质上并无太大差别。**主要的不同还在于背后的利益方，他们可能更想通过一种概念营销来达到占领市场的目的。**

陈　刚： 近来电视的概念确实变化非常快，而且给很多消费者造成困扰。在消费者购买电视时，导购会讲得天花乱坠。但是有些变化确实是互联网和电视的一个融合，这个趋势是必然的。

视角三：超级电视的盈利模式

互联网，从诞生的第一天就注定和安分无缘，这个行业中的人习惯跨界。高配置、密集营销、低价格，业内普遍将乐视这场企图颠覆电视机品牌格局的商业行为，看作是"小米模式"在电视领域的首次尝试。同样地，就像小米当初宣布生产手机一样，超级电视也遭遇了各方质疑。

作为迄今为止唯一一家在 A 股上市的网络视频企业，乐视超级电视的超低价格，令投资人深存疑虑。早在 2012 年 9 月，超级电视的概念一亮相，贾跃亭即被市场称为"大忽悠"，乐视网股价 3 个月内缩水四成。产品发布后，贾跃亭提出超级电视拥有四重盈利模式——"硬件收入、付费内容收入、广告收入和应用分成收入"，不单纯依赖硬件盈利。

其中，"付费内容收入"是指除了购买超级电视外，还要缴纳每年490元的乐视网内容费。在消费者依旧习惯"免费午餐"的国内市场，乐视此举似乎过于乐观。

　　目前，市场上的电视厂家基本靠硬件赚钱，提供免费的内容服务。而互联网行业公认的两个赚钱的方法是游戏和广告。乐视网虽然拥有众多的电视剧及电影资源，但超级电视对内容收费的模式能不能被消费者接纳，还需要市场考验。

张彦翔： 乐视超级电视的价格真可以算得上是一个颠覆。消费者可以先不考虑乐视的内容，只冲着60英寸电视机本身，这个价格就非常具有诱惑力。**乐视此举，其实是以损失硬件利润来换取用户规模，通过用户规模博取后面的付费和广告等方面的收入。**应该说，这正是当代互联网企业常见的一种思维模式和市场营销模式。但是我觉得，在乐视四个盈利模式里，最靠谱的还是硬件收入。

至于内容每年收费490元，我始终认为，为看电视付费，这是一个还需要长期适应的过程。从目前来看，要跨过运营商直接向用户收费，还是有一些难度的。还有一点，乐视使用了一些小技巧，就是第一年可以免费享受高清，第二年如果不续费就只能看标清。这有点让观众吃惯海鲜，突然又回到青菜萝卜的意味，观众很有可能会不适应，于是去花这笔钱。

还有第四块应用收入，其实就像安卓市场或者APP Store上的应用软件一样，有免费软件，也有付费软件，付费软件可以跟开发者一起分成，这方面跟手机原理差不多。

陈　刚： 6999元，这个价格太低，超乎想象。我认为，乐视**这种营销模式，其实一开始不会形成特别大的市场。只有等到后面软件不断推出，形成价值，服务不断发展，规模才能变大。**广告的基础就是规模，只有拥有足够的观众人群，包括片库内容有足够的观赏性，这个时候才能创造更大的广告价值。

在付费内容收入这方面，我觉得，让观众为几部片子哪怕几千部片子付费，很多观众可能不愿意。但如果给观众一个非常好的理由，比如可以为他创造一个全新体验，观众将很乐意去花这笔钱，无论是几百或几千。所以说，收费这种模式还需要探讨。

刘 弘：6999，这样一个价格，乐视肯定不会亏本，但也没有以追求硬件的高利润为目标。在性能方面，超级电视是同类电视的两倍，消费者完全可以放心。至于价格为什么那么低，因为我们乐视没有任何销售渠道，比如实体店，可能以后我们的实体店就是体验店。另外我们没有花任何广告费用，全是通过新媒体、社交化媒体的营销模式推广。

其实就像乐视盒子的销售一样，当时通过电商网站开放三次预订，放出数量5万台，但预约人数达到十几万。累计起来，时间久了，就能看到规模效益。现在，乐视盒子已经可以持续化预约，而不用限定时间。可以说，当形成一个良好口碑时，销售数量就可以放开了。

现在互联网视频广告价格，跟电视广告价格相比，可以说互联网广告价格是地板价，电视广告价格是天价，差距很大。但是**随着硬件用户达到一定规模时，互联网视频价格会接近甚至可能超越电视广告。因为用户定位变得精准，也会创造出非常多的新型广告形式。**比如超级电视的开机广告，可能是中国唯一的 1080P 高清视频广告，这是电视台做不到的。

视角四：超级电视动了谁的奶酪

乐视宣布超级电视上市 20 天后，夏普（中国）在官网上发布声明，否认与乐视网联合开发超级电视产品。声明称，夏普与乐视网就超级电视产品不存在任何商业合作或联系，与乐视网联合开发超级电视产品不属实。

这场夏普与乐视的"口水仗"，业内人士看得非常明白。夏普作为传统的电视厂商，靠的是销售硬件挣钱。而乐视与富士康的合作，严重威胁了夏普的硬件收益。有媒体报道，贾跃亭仅用 5 分钟就打动了富士康的老板郭台铭，只因为他找到了郭台铭的痛点：怎么打败三星？未来电视的趋势是什么？

而在同业内，乐视并不是唯一。业内把 2013 年称为硬件复兴元年，冲杀进智能电视（盒子）领域的公司，包括老牌 IT 企业联想、互联网公司阿里巴巴、腾讯、小米、PPTV，还有海信、创维和 TCL 等家电制造商。此前一年，网络视频行业经过收购、合并、淘汰等惨烈竞争，市场份额更加集中，只剩下优酷土豆、爱奇艺、搜狐视频、乐视网、腾讯视频 5 家主流视频网站。同样拥有版权资源的他们，一旦进入电视机领域，乐视的竞争优势又在哪里？

张彦翔： 乐视超级电视出来后，的确对传统家电厂商起到颠覆性冲击。一个就是价格颠覆。当时乐视一发布价格，基本所有家电厂商急忙连夜开会，探讨如何应对这个价格。紧接着，大概两天后，有几家厂商也推出了价格在七八千元的电视。这个现象对于消费者来说是好事。

超级电视的出现也冲击了那些传统视频网站，他们很有可能会跟随乐视，推出属于自己的超级电视。因为电视上的广告价值跟电脑上的广告价值有着天壤之别。现在在电脑上看一个视频，前面广告已经长达 30 秒，不可能再增加，只能是寻找单个价值更大的载体。所以我认为，**从视频网站的角度，PC 端最后迈向电视是一个必然趋势**。这里面不仅有利益驱使，更有自身整体战略方向的转变。可以说，乐视只是稍微比他们先走了一步而已。

至于超级电视和传统电视台，可能是一个竞合关系。比如北京电视台也可以自己做一个盒子，然后把自己的内容推送给用户，这是竞争关系。但双方同时也存在很大的合作可能性，比如乐视的平台可能会成为其他内容方一个新的承载平台。

陈　刚：目前乐视对传统电视机厂商的冲击并不是很明显，因为它的主要目标群体是既想上网又想看电视的消费者。但是从长远来看，这种冲击是颠覆性的，毕竟未来是更多地以互联网为主导的时代。传统电视机厂商也必须应对这种变化。

至于传统视频网站，会不会纷纷推出和超级电视一样的产品，然后冠上自己的品牌？我认为不会。因为电视只是一个终端，将来互联网融合电视以后，这个终端是无法限制的。也就是说，打开电视以后，你可以看乐视的网站，也可以看爱奇艺。如果每一个网站都推出自己的机顶盒，推出自己的电视，这就不是互联网了。

未来的电视必须面对互联网，这里面牵扯到传统思维和互联网思维的冲突，牵扯到既得利益和创新增长的矛盾，所以非常复杂，但必须要解决。解决这个问题，政策到产业以至于各个层面都必须往前推动，乐视电视正是这个过程中非常重要的一个标志，可以说它是撬动整个产业变化的一个关键环节。

刘　弘：超级电视的推出确实触动很多既得利益者的奶酪，但是我们希望大家关注的不仅仅是价格。在传统的商业模式里，只靠硬件盈利，厂家与消费者之间只是一次性关系，除了售后维修之外，再也不会发生联系。但用户购买超级电视的时候，只是乐视和用户关系的开始，持续的服务，才是乐视最核心的竞争力。

对于与我们有竞争关系的传统视频网站，诸如优酷、爱奇艺等等，从我本人或者我们管理层来说，我们希望更多的视频同行进入这个领域，由此增大这个市场的份额。

至于超级电视和电视台的关系，其实并不是直接竞争关系，而是合作关系，互补关系。两方在广告方面也不会有冲突。比如央视，现在除了有中央电视台外，也有中国网络电视。

超级电视引发的革命，我们称之为"破坏式创新"。"破坏式创新"一定会触动多方利益者，引来一些阻碍，但历史的车轮一定会顺应这个大潮，因为电视网络化、网络视频化，这是互联网发展的大趋势之一。

结束语：

其实乐视网并不算第一个吃螃蟹的企业，在互联网电视这个大市场里，可能很多企业都会或多或少地触动他人的奶酪。乐视网这种超低价的硬件跨界经营，已经把它推向风口浪尖。但在这场大革命当中，不管谁是推动者，谁是失益者，互联网终将改变我们的客厅。

【锋汇词典】

蓝光 DVD： 是 DVD 之后的新一代光盘格式之一，用以存储高品质的影音以及高容量的数据。

码流： 是指视频文件在单位时间内使用的数据流量，也叫码率，是视频编码中画面质量控制中最重要的部分。同样分辨率下，视频文件的码流越大，压缩比就越小，画面质量就越好。

姜奇平
中国社会科学院
信息化研究中心
秘书长
《互联网周刊》
主编

郭戈
北京太尔时代科技有限公司
总裁

林峰
清华大学
机械工程系副主任

创客时代：3D 打印机

　　现在有一些年轻时尚的母亲，会带着孩子到大商场的工坊里边体验 DIY 的乐趣，比如自己用陶土捏造和烧制一只花瓶。有没有想过，也许未来有一天，你不需要再到工坊里，只需在家，从网上下载一张图纸，然后按照自己的喜好对它进行修饰，最后用写字台边上的 3D 打印机，打印出理想中的花瓶。这个神奇的过程其实离我们已经不远了。到时候，你不但可以亲手制造各种喜欢的东西，而且还获得了一个新的身份——创客。

视角一：创意产品的技术门槛降低

30 年前，3D 打印技术在美国诞生，《经济学人》杂志称 3D 打印机将与其他数字化生产模式一起推动实现第三次工业革命。目前，3D 打印技术在全美已经初步实现产业化。3D 打印机不仅能够生产服装、汽车、医疗机械，甚至还能制造飞机和建造楼房。由于 3D 打印技术大大降低了创意产品的技术门槛，使创意更容易变成生意。

以往，由于专业知识、精密设备以及大规模生产成本因素，大众进入制造业受到严重制约，眼下这种桎梏却正在逐渐消失。

正如我们使用的软件服务在日益开源一样，未来从设计到制造产品的过程也在日益开源，于是就出现了一个很酷的名字——开源硬件。创客运动和开源硬件使得未来全民创造成为可能。

在美国，这些利用数字信息技术参与产品设计制造的人被称为创客。美国《连线》杂志主编克里斯·安德森认为，创客运动是一种具有划时代意义的新浪潮，将实现全民创造，推动新工业革命。每一个进行或参与创造的人都可以被称为创客。美国麻省理工学院教授格什菲尔德认为：将来会有一天，任何人在任何地方可以制造任何东西。

姜奇平：创客在英文里叫 Maker，我早期曾经直译成魅客，其实就是创造者的意思，指 DIY 加数字化。由于有数字化工具可以借助，每个人都可以自己动手制作东西。原来必须到工厂生产的物件，现在自己在家里的打印机上就可以实现了。你在打印机上输入一个程序，它会按照程序去打印。这个程序是可以共享的，然后每个人可以按自己的个性进行修改，这样一来，最终形成的产品都是不一样的。

3D 打印是很神奇的，20 年后甚至可以制造一个肝、一个肺，那时候就真正实现造物了。纯粹从理论上来说，制造一个人也是可能的，因为 DNA 就是录制一段信息，再播放出来，现在只要脱胎到碳上就行了。这样我们的生活将变得非常奇妙。最大的变化当然还是工艺品，你完全可以自己制造一个很个性化的、很便宜的工艺品，或者你对哪部电影的女主角印象特别深刻，回家后马上打印一个，将你的偶像捧在手心。

目前我们是大规模生产、工业化生产模式，在这种模式下，标准化产品很便宜，但个性化就要付出非常大的成本。**3D 打印技术极大降低了多样化和复杂性成本**。这时候，你只需要在网上分享一段程序。比如要一朵花，就看看网上的照片，选一个最中意的，把它制造出来。这种分享和个性化互为表里，最终节省了每个人的前端劳动。大家不再需要费劲去做机器、工厂等基础性工作，只需要集中精力在创意上。

林　峰：清华大学从 20 世纪 90 年代初开始研究快速成型技术，也就是现在所谓的 3D 打印。**3D 打印为创客提供了一种新工具，使创客能够更好地发挥创意**。只需要有一个数字模型，就能把一个创意变成现实，这就是所谓的开源硬件，用开源的方式获得一个硬件。

3D 打印不仅仅能打印工艺品，也能打印一些生物材料，做一些个性化的植入物，比如垫鼻梁、颧骨修复等等。

郭　戈：太尔时代生产的 3D 打印机，一台价格是 9900 元。就成本来说，比如打印一朵玫瑰花，需要 2 小时左右，材料成本在 20 元左右。这价格对于一个家庭或者个人来讲，是完全承受得起的。此外，**3D 打印是开源硬件，程序可以进行共享，使每个人都能参与其中**。所以，创客才能普遍化。

视角二：创客会颠覆传统制造业吗

与互联网不同，传统制造业只存在于工厂中，没有开放平台。然而，这一切正在被创客改变。凭借互联网社区，以及开源硬件技术，每个人既是消费者，也可以成为制造者。创客的真正意义不在于人们能够有更多选择，购买更多产品，而在于人们能够自己制造产品。

从目前技术看，创客制造对传统制造业的颠覆可以归结为三个方面，首先，摆脱了传统制造对资本的依赖，不需要生产资料的高投入，仅凭头脑中的一个创意，就可以变成现实。而所需生产费用，就只是购买或租用一台 3D 打印机，目前这类 3D 打印机的价位是每台 1000 美元左右。

其次，创客制造保持了小型化生产和全球化并存的能力，在现代化大规模和机械化生产的当下，保护传统手工匠人式的原始制造成为可能，而且也使得昂贵的个人定制和手工生产因此普及而平价。

此外，创客制造是创新过程自下而上的变革，以往由全球最大公司带动的创新将因此改变。低附加值、低创新性的劳动密集型产业，会因创客变得附加值提高，并具有很高的创新性。

未来随着 3D 打印技术的普及，开源硬件的成本降低以及云工厂连接了各个终端，消费者可以自己在家里参与设计、改造图纸，修改参数，打印出个性十足的产品。生产将变成小批量和个性化，而且不会增加制造成本。

郭　戈：在传统制作中，产品设计出来后，再去找工厂，进行一长串的链条加工、销售渠道后，才能到消费者手中。而有了 3D 打印技术后，设计者只需要在家里或者办公室里，就可以完成自己需要的产品。所以，**我认为这种数字化制造方式，创造的价值比重可能会逐渐增加**。传统制造业现在大概占整个制造业的 90%，也许 10 年、20 年后，就只能占到 50%，因为新兴的数字制造方式正在抢占市场。

姜奇平：创客运动会对制造业产生什么影响？比如要生产 1000 套茶杯，可能需要 1000 个人，每个人在自己家里生产一个，这就使得在家办公这种创业型就业大量普及，由此大量解决就业问题。而且这茶杯是高附加值商品，里头添加了创意，不像传统制造品，一模一样，利润又低。这是一种情况，还有另一种情况，可能出现产销逆转。就是说，消费者看到一个好东西，不到商店购买，而是自己回家把它制作出来。这种三维打印也可以运用在电商方面，无须配送，只要一个程序，就可以让消费者自己将它打印出来。

所以，**3D 打印技术对传统制造业模式确实形成很大挑战**。比如最早的福特汽车，因为流水线生产，制作出一样的产品来，分担摊薄成本后，获得了竞争能力。这种模式在 3D 打印技术时代就不适用了。上个月，美国出了一本书叫《情境定价》，简而言之就是一物一价，每个东西价格都不一样，根据情境来定。通俗讲，就是根据今天的环境气氛来定价。

传统制造模式是集中式制造，比如集中在广东、江苏等地进行制造。新技术的发展，可能使制造变得分散，就像发达国家一样，从城市向乡村转移，甚至转移到国外。比如印度，就隔着大洋为美国提供制造服务。以此类推，中国将来也可以实现这种模式，比如在乡村里为某一个美国客户提供定制的东西，或者为美国人制造一个京剧脸谱。

林　峰：3D 打印技术的发展，会同时发展出一批出售创意的人。他们不出售产品，而是出售打印程序。其实现在就有这种人，他们开发一个打印软件，放到网上让用户去下载。

虽然 3D 打印技术对传统生产模式形成很大威胁，但我觉得传统生产模式还会存在下去，两者之间是可以共存的。因为有些产品，比如汽车，还是用现在的方式来制作会更有优势。所以有了创客后，并非会完全替代原有生产模式，而是两者共存，使我们的生活更加多样化。

有人觉得，如果 3D 打印技术能够普及，我国所拥有的核心竞争力，也就是劳动力成本将不再是优势。我觉得不是这样的。数字化技术的产生，使原来的生产流程缩编。缩编以后，原来中间很多环节放在中国制造，现在中间环节没了，通过这种方式，能把一些工作岗位拿回到美国去。

视角三：要创客，中国缺什么

3D 打印技术正在重塑全球制造业的竞争格局。在美国，越来越多的领域正在利用 3D 打印机技术创造奇迹。2009 年以来，3D 打印市场已经成为美国增长最快的工业，两家 3D 打印机巨头已经在纳斯达克上市。

在中国，这项技术目前还没有普及，然而已经有不少嗅觉灵敏的掘金者踏入这个行业，3D 产业链正在逐步形成。

据不完全统计，3D 打印机在中国的装机量为 400 台左右。中国已有部分技术处于世界先进水平。其中，激光直接加工金属技术，有望率先应用于航天、航空装备制造；生物细胞 3D 打印技术可以制造立体的模拟生物组织。

2012 年 10 月，中国 3D 打印技术产业联盟正式成立，这意味着国内从事 3D 打印技术的科研机构和企业从此改变了单打独斗的不利局面。

姜奇平： 创客运动对于人的素质提出非常大的挑战。中美现在正在激烈竞争制造业的控制权，中国靠着中国制造建立了世界工厂的地位。但是，创客出现以后，美国人完全有可能用创客的方式夺回制造权，掏空中国。所以，**人力资源变成未来争夺的焦点，并非人多就行，还要具备创造性，这是将来中美争夺制造业制高点的一个核心问题。**

保护创意人才非常重要。据我所了解，现在很多学设计的人都纷纷改行，这种情况是不正常的。设计人才是将来最稀缺的人才，应该将他们和经济紧密结合起来。在这些方面，美国政府在战略布局上比中国政府更具前瞻性。他们的战略层次高，甚至由总统来亲自推动这些事情。

奥巴马说制造业回归美国，其实这种回归真正会对中国产生实质性冲击的是创客，也就是制造能力和高附加值的就业结合起来，这对中国将造成极大冲击。虽然有一些大规模的传统制造还会留在中国，但那些更有技术含量的制造业很有流到美国的危险。

郭　戈： 我国 3D 打印行业发展至今有 20 年历史，虽然最开始有政府方面的不断支持，但至今整个行业相对来讲规模尚小，大部分人甚至连听都没听过。国家产业的升级也许是个机会，在这时候，我们更希望国家有一些战略上的支持。像我们公司，3D 打印机一年生产量大概是 4000 台，但基本都销往欧美市场，中国市场量比较小，还在开发中。在欧美国家这些购买者中，有纯粹爱好者，有教育机构，还有一些小的工作室和小企业。

传统的工业是让人适应他们所提供的产品，也就是由商家来引导需求。新技术下，则是用户引导需求。可以说，将来品牌文化的概念会被颠覆掉，这样一来，中国的"山寨"文化反而成为竞争优势，因为中国人并不习惯把创造力发挥到极致。当然，"山寨"偏向于模仿，而创客更强调创意。

林　峰： 目前我国的 3D 打印技术跟美国还是有差距的，特别是在应用市场上。美国的用户比我国多，很多人购买 3D 打印机，主要运用在产品设计和开发上。

在发展 3D 打印技术上，知识产权保护是很重要的一点。每个人都把创意放到网上，如何进行保护，这是很关键的。虽说是开源，这只是一方面，产业要发展，仅仅靠开源是不行的。靠大家免费往上面放东西，产业是做不大的。要做大，只有进行产权保护，才有人愿意把东西放上去。这个可能需要政府在后面推动。如果产权保护没有实现，大家只是来玩一玩，结果产业还是发展不起来。

其实，在某种程度上，创客和我国所谓"山寨"之间的内在精神是相通的。我国所谓"山寨"手机，实际上是从品牌的角度来定义，其实很多"山寨"手机都有创意，甚至非常贴近使用者的需求，比如声音大一点、按钮大一点、数字大一点，都是为特殊人群所设计，能够非常快地反映出用户需求。这种文化应该是先进方式，从质量上好像不是一种正规途径，但是真正反映了一种快速生产制造、快速响应市场、快速响应用户需求，甚至比苹果的更新换代还快，因为它小批量，几百件马上就可以换新。从这点上讲，品牌大了一般也意味着响应速度慢。

结束语：

对 3D 打印技术的讨论让我们发现，我们未来的生活可能会变得非常丰富和多元。比如，在生产方式上，既有大规模的、标准化的生产，可能也会有非常个性化的、定制化的生产，甚至可以有自己的生产。未来的生产方式不一定颠覆掉今天的生活，但会使其变得更加丰富多元。我们憧憬这样一种生活，也许再过一二十年就能实现，这是个非常美好的前景。

【锋汇词典】

创客：是指创意加科技的制造派。他们的工作模式是：一、使用桌面工具设计新产品并制作出模型样品；二、在开源社区中分享设计成果、进行合作；三、可以通过通用设计文件标准将设计传给商业制造服务商，以任何数量规模制造所设计的产品，也可以使用桌面工具自行制造。

许善达

原国税总局
副局长
北京联办财经
研究院院长

毛大庆

万科北京区域首席执官
兼北京公司董事长

陈志

北京市房地产业协会
副会长兼秘书长

互联网思维卖房

　　2014 年 11 月，远洋地产和京东金融合作，用户以 11 元参与众筹，最多可以 1.1 折买到房子。有人说这只是地产商去库存的一种手段，也有人说这是地产商在学习互联网。其实不仅远洋地产，像万科、SOHO 中国、花样年等传统地产商也都在用户体验上不断地寻找着新的盈利点。那么房地产商能否迅速转变商业模式？互联网能否让用户买到低价房呢？

视角一：互联网对房地产的影响

"双十一"购物狂欢风潮在 2014 年第一次刮到了地产界。京东金融联手远洋地产推出了房产众筹，消费者只要支付 11 元或者 1111 元，就有机会 1.1 折买房子。一天之内超过 18 万人参与，筹措资金 1200 万元。中国平安旗下的平安好房联合万科发起众筹项目"平安＆北部万科城"，项目涉及 216 套房源，一旦众筹金额达到 1500 万元，那么所有参与众筹的买家都可享受到比目前周边市场价低 13% 的优惠价。2014 年参与到互联网众筹的房地产企业还有龙湖、绿地和世茂等等。除了众筹，2014 年 11 月 1 日至 15 日，全国五十多家房地产企业纷纷在淘宝上推出了一百多个特价项目。就像改变零售业和金融业一样，互联网开始了对房地产企业的改造。不过市场上也有观点认为房企跟风互联网众筹和电商只是房企的促销方式，噱头繁多但让利有限。

毛大庆：原来万科房地产销售是单边形的，就是做个商品、开个售楼处、弄一堆销售员，然后贴广告、登报、马路上立牌子，等等。毕竟当时房子好卖，卖方是强势的，门大开着，消费者爱来不来。现在房地产市场的供需关系已经从卖方市场到买方市场，消费者已经可以选择，并且这种选择还是多样化的，所以卖方必须要把自己的信息最快速地传递到消费群体里边去。所以，**房企联合互联网这些手段，无论是 1.1 折，还是众筹，其实正是为了扩展销售渠道，当然也可以说是一种吸引眼球的做法。**

房企互联网思维并不是说把房子放到网上，用户刷个卡房子就送到他家去了，更多的是开发商在拓展市场空间，在寻找它的穴位客户的过程中去找到更为匹配的客户群。互联网思维这个词，现在社会上很流行，大家都喜欢聊到它，与互联网思维相对的是工业化思维。工业化思维就是制造商的一种单边的、强势的思维方式。到了互联网时代，商品的供需关系之间的信息流动变得更为快捷。此外，互联网也使消费动作和消费的形态变得更加透明，它理论上是去中间环节的一种生产方式。

互联网思维实际上使房地产行业产生了三个方面的变化：首先是开发商和消费者之间的关系，不再像之前那样，由开发商盖房子，等着消费者来购买，而变成现在，开发商如果不加入互联网行业中，不运用这个新工具，不理解这个新规则，消费者就完全可能选择其他房产商；第二，互联网思维改变着企业的管理形态。传统的房地产行业是一种非常典型的重资产制造行业，在互联网思维下，开发商将更加关注消费者的需要，所以会使开发商更加敬畏市场，更加敬畏消费者；第三，互联网思维提高了开发商的生产效率。互联网时代的变化是非常快的，客户需求反馈到制造环节里这一段时间也会很短，所以要求开发商提高产品制造、产品改良和服务改良的速度。

互联网化后，房地产还是房地产，卖的始终是房子，并不是说互联网化后，房地产就不卖房子了。互联网最关键的和最应该尊重的是消费者，增加客户的黏性是互联网里最重要的一件事情。如何更好地抓住消费者，拉紧消费者，成为每个企业都需要考虑的问题。**互联网的思维会影响到消费的行为，以及房产开发商的行为，可能会使其从原来单一的卖房子演变成卖服务**，每一个服务都可能会给企业带来盈利。这将引起房地产行业的另外一个变革，就是从单一的房屋制造商和供应商，演变成服务的供应商。

许善达： 我不怎么看好在互联网上卖房子这件事。诸如阿里、京东等电商，它们卖的商品都是有品牌和品质保证的，此外还有七天退换货、验收付款等一套保护消费者的服务。所以，用户在这些商城买个电视机之类的商品，并不用太担心它的质量和一些附加服务。

可是房子的商品属性跟电视机之类的商品不太一样。房子的质量并不是很标准化的，它要考虑一些小区环境、房子朝向问题等等。所以**我认为房子不适合在网上进行销售。但是，房企联合互联网可以作为噱头，起到很大的广告效应。**

互联网的应用改变了很多行业的商业模式。举一个最简单的例子，比如滴滴打车，下载软件不收费，每成功交易一个订单，公司还会给司机和乘客返钱。难道这个公司是慈善机构吗？开发软件随便大家用，谁用还送谁钱。当然公司也要盈利，只不过商业模式改变了，它不靠开发软件、出售软件挣钱，而靠提供服务，把商业模式转到资金账户上去了。这种商业模式的改变只有在互联网条件下才能实现。

陈　志：房地产和电商目前销售的那些普通商品之间有很大的差异性。普通商品收到付款后就可以发货，消费者签收就算交易成功。但房地产交易要经过很漫长的确认、资格审核以及签订合同等等一系列手续，起码需要十到二十天的时间。所以**"双11"的房企活动，我认为有噱头的成分，因为房地产市场现在需要吸引消费者的眼球。**

我国房地产市场2014年应该说是趋冷的，全年的销售情况并不是很理想。在这种情况下，开发商就要想尽办法来吸引眼球。以前的做广告也好，报纸投放也好，电视投放也好，都是一种宣传，现在无非就是通过互联网平台，来向受众宣传房企的产品。

互联网搭建了一个平台，可以极大地满足消费者的选择需求，让消费者在互联网上面选择各类产品。如果消费者的需求只局限于购买一种批量生产的东西，个性需求是被压抑的。过去开发商强势，现在市场形态发生变化了，过去的稀缺性产品，现在已经到了接近过剩的状态，所以消费者一定会按照自己的意愿去选择，这是互联网给我们带来的便利。

在互联网时代，什么事都可能发生。**也许以后住房可以通过互联网方式实现定制化，也未可知。**一旦住房产品实现定制化，包括制度的突破、设计等各个方面的变化，都可能导致开发商经营模式的改变。

视角二：万科转型的启示

2014 年 4 月，万科首个以移动互联网思维为核心的产品"未来城"在杭州落地。从设计研发到项目的样板间，处处都带有移动互联网的基因，与海尔、小米合作打造的全智能家居样板间更是亮点。事实上，向互联网的学习早在 2013 年 10 月就开始了。万科总裁郁亮带领万科管理团队，先后拜访了腾讯、阿里巴巴、小米等国内互联网行业巨头，住户体验是万科从互联网公司那里学到的重要一招。很快，万科在社区内打造出包括超市、便利店、洗衣店、银行、餐饮和医疗在内的"五菜一汤"。北京、深圳、东莞等部分项目中出现了万科的第五食堂。

地产商向互联网学习万科并不是唯一一家，深圳花样年地产旗下的社区平台服务商彩生活，把传统的物业公司通过互联网基因重组，将实体社区变成基于大数据的互联网平台。2014 年 6 月，彩生活在香港上市，其市值反超母公司。万科总裁郁亮认为，地产行业正面临两大转型，即黄金时代向白银时代的行业转型，传统时代向互联网时代的社会转型。

陈　志：万科这种做法令人心动。实话说，我们现在的社区规模过大，配套过于僵硬，导致老百姓很多需求无法在社区中实现。而**万科这样一种延伸式的服务，其实给很多开发商做了提示，未来恐怕更多的开发商都要朝这方面去发展**。

社区是具备很大价值的。社区里有很庞大的一个数量群体，正是需求最主要的来源，如果不在这里头做文章，难道还要从其他地方去做文章吗？只要把社区的服务往深处做，往细致做，真正地切合到这些客户的需求上去，企业就能盈利。毕竟，现在房地产市场已经从过去的短缺达到如今市场总量基本平衡的一个状态。**开发商在增量方面的发展恐怕已经不会有太大的机会，所以只能从存量上去深入挖掘**。

万科作为行业的领路人率先去尝试、探索，以及进行一些精细化管理，其实就是经营思维的一种转型。实际上我曾经跟很多房产企业说，你们看不懂今年的形势，不知道今年应该怎么做，做不了决策的时候，就跟着万科，万科怎么走你们就怎么走。

毛大庆： 互联网的一个核心就是客户。我们万科是做住宅供应商的，做了30年，所以我们最熟悉的始终是我们的社区，是社区里的所有老百姓。所以万科要围绕客户做文章，在社区方面发力。可是我们已经把能创造的价值最大化了吗？已经把万科的服务和能做的事都做够了吗？显然我们做的是远远不够的。万科有一定的优势，比如物业管理，用30年的时间积累了上百万户业主的资源，拥有几百万使用者，加上中间还有房子转售的，算起来可能有好几百万。那么，对于这些用户，万科是不是已经把该做的都做了？显然，现在看起来还是远远不够的。

万科向小米学习过企业的互联网盈利思维，雷军说，其实他的核心就是七个字：专注、极致、口碑、快。在房地产产品的制造过程之中，实际上这些理念都是可以利用的。万科通过互联网如何去改变盈利模式，如何让客户跟万科之间的关系通过其他方法盈利，但同时又让客户在购买服务时感到更加舒服，成本也可能更低。像这种为客户创造价值，同时又能提升自己的盈利和回报，这就是互联网思维给我们提供的一个很好的启示。

房产商的社区服务，意味着从原来单边强势的开发模式，逐渐变为一种带有服务的模式。 在这个变化中，因为不曾涉足过，首先开发商的心态必然会发生很多变化。原来房地产行业每平方米盈利起码是以千、万为单位，现在却变成了如同开发手机的企业，盈利是以百、十为单位。当然，就盈利来说，房地产行业仍然会是一个具有相当盈利能力的行业，所以所谓的"白银时代"并不意味着无法盈利。

但是最重要的心态变化还在于精细化管理和社会化服务。每一位进入房地产里的从业人员，当单位盈利从千、万变成了几十、一百，他也愿意去做这些精细化的事情，我觉得这就是一个积极变化的概念。如果房地产企业仍然停留在以前那种状态里，天天琢磨着只能进行以千、万为盈利单位的交易的话，那就很危险了。如果保持这种思维，小米就不存在了，那些开发手机的、开发电视的人就不存在了，可现在他们也一样做得风生水起呢。世界上没有不好的生意，只有愿不愿意做、会不会做的生意。

我前不久给员工写了一封内部信，里面提到了精细化管理和6+2模式。这里我要解释一下6+2。首先我觉得任何一个企业，尤其上市公司，要想健康地发展，就必须时刻关注现金的净流入问题。即使一个小摊小贩，马路边上卖水果、卖鞋的或者修自行车的，他们每天也要关注现金流，关注现金流是不是正向的。可是，我发现房地产行业反而很多人不关心现金流。可能很多人都习惯了每年卖100亿，或者卖200亿，总是很有信心，总觉得一定能卖得出去。但是他们往往忽然一点，那就是企业可能会倒在明天。除了现金流，该关注的还有第二点，周转率。当房地产行业告别高盈利后，将会更加重视它的周转效率。第三点便是盈利能力。不仅仅是住宅，还有商业，社区商业，或者一些养老服务，等等，每一项业务都需要有相应的盈利能力。除了这些以外，还有另外两点，一个是客户的价值提升，那一个是企业未来业务的可持续发展。这种6+2模式其实不仅适用于房地产行业，而且适用于所有的商业公司。可以说，没有哪一家公司是不需要考虑现金流的。

现在这个时代要求精细化然后才能盈利，我想这是对中国房地产行业一个非常重要的警示。它警示房地产行业不能继续粗放下去，不能只想着低头捡钱。所以现在正是房地产狂飙后回归平静的时候，这就要求我们去思考这些问题。

在房地产行业向精细化转型的过程中，可能面对的最大的困扰是，除了出售房子获得收益外，还能从哪些地方获取收益？此外，获取收益时又如何能让消费者和自己共同构建一个新的生态系统？这些都是困扰他们的问题。

许善达：万科这种做法其实是产业链延伸的一种表现，还没有实现商业模式的改变。举一个例子，我们现在住的小区，里面有小店铺，小店铺里卖的菜比较贵，因为要从批发市场运送过来。而就在距离小区不是特别远的地方有一个菜市场，那边比小区内的小店铺便宜。这时候，小区内的小店铺也许就需要改变商业模式，比如让居民在店铺里开立一个账户，持有账号者就可以享受到优惠价。然后小店铺和银行协定一个协议存款，把账号的零钱存到银行，收取回报，这就是社区金融。商家都不是慈善机构，降价不是因为要做好事，只不过改变了盈利的环节和方式。所以万科的做法其实是一种产业链延长，这个模式是没有问题的，但是还要对盈利点进行创新改变。

而且万科创立的这个空间必须源自互联网的作用，因为要把卖房子、物业、商店等一切连在一起，没有互联网是不可能做到的。所以有互联网做基础，产业链延长是可能的，而且也有可能去改变商业模式和盈利模式。

结束语：

市场供需的变化决定了房地产企业必须进行转型改变，从原来粗放式的经营方式转变为精细化管理，而这种转变又必须建立在互联网的基础之上。改变思维，接受经营和盈利方式的转变，是每一个房产商在面对互联网化时必须做好的准备。

【锋汇词典】

社区金融：是指社区公众及其组织中所产生的一切金融（银行、证券、保险）需求和银行等金融机构满足其需求的一切活动。

薛皎

爱大厨（北京）
信息技术有限公
司 CEO

那静林

那家餐饮集团董事长

李丰

IDG 资本合伙人

餐饮业的 O2O

随着移动互联网的发展，现在只需要几十块钱，就可以请一个专业的厨师上门做一顿家宴。从早年的下饭馆、团购 O2O，发展到现在的手艺人上门，餐饮业的形态已经发生了本质的变化。线下的饭馆被颠覆了吗？上门做饭能保证质量和口感吗？线上、线下的结合能把传统的餐饮业带入黄金时代吗？

视角一：上门餐饮服务靠谱吗？

移动互联网时代，因"懒人经济"而崛起的餐饮O2O越来越"任性"。

周末，丰台区的小聂夫妇准备请爸妈在家小聚。小聂在手机APP"爱大厨"上，选择了厨师和服务时间。几分钟后，"爱大厨"的客服和厨师先后来电，了解小聂的需求及事先准备的食材、调料。下午4;30，厨师准时出现在了小聂家门口，简单沟通后，小聂便把厨房交给了厨师。一个半小时后，小聂喜欢的剪牛仔骨、蒸扇贝、杏鲍菇炒牛柳和炖老鸡汤就完成了。小聂对此感到很满意。

目前，"爱大厨"提供的上门服务分为四道菜、六道菜两类，服务费分别为69元和99元，不包括食材。不过，厨师可以帮忙代买食材。继"爱大厨"之后，上海首家提供上门厨师的APP"烧饭饭"也已上线。

近年来，人们就餐的方式在不断变化，餐馆也是变着法儿地吸引消费者。如今，用手机预约厨师的新吃法，会被普通百姓接受吗？厨师的健康证、餐饮安全、口味、费用、做菜效率等等，都是大家对这种新式餐馆的担忧的问题。

薛　皎：我平常特别喜欢在家吃饭，因为空间相对私密，我想怎么吃就怎么吃。比如，我可以蹲在这里、坐在那里，或者盘着腿吃，等等。可是我不会做饭，所以只能叫外卖。正是这个原因，让我产生了请厨师上门这样一种餐馆模式的想法。此外，我们也做过一个简单的市场分析，评估了用户的需求。**很多人都想过请厨师到家做菜，但是不知道到哪儿去请，也不知道价格到底贵不贵，所以说，这个需求其实已经暗藏在每个人心里了。**

在"爱大厨"现在的需求中，家庭聚餐是占有较大比重的，其余的是朋友聚餐、生日聚会此类。其实我们刚开始以为这类需求的增长会比较缓慢，但实践表明，差不多两个月的时间中，这个需求的增长还是比较大的。

消费者对新的模式都会有点疑虑，这是正常的。比如价格方面，我们提供4道菜和6道菜两种模式，4道菜只需要服务费69元，而6道菜是99元，这个价格是推广期的价格。订这两种模式，是因为对于一个厨师来说，两小时内做好6道菜可能已经是最大限度了。还有大家担心的交通费，这是不需要客户承担的。

厨师质量这方面都是经过我们严格把控的。我们首先会去面试，然后试菜、考核、打分，由我们先去把控第一关。等到他给客人做好菜，客人用完餐之后，还可以给这个厨师打分、评价。这种评价在我们平台上都是看得见的，已经产生一些明星厨师，大家排着队预约。这些都是提供给客户选择厨师的参考。如果一个厨师的服务被用户评价为不好，我们可能就会跟他解除合约。就目前来说，我们平台上的客户评价前20名厨师，一个月基本能赚2000元到4000元不等。他们的主业都是餐厅厨师，一般工作在一些知名的餐厅或者酒店、私人会所等。现在就有一位厨师，之前是私人会所的主厨，来我们这边任全职厨师。其实全职厨师的薪水并不像大家想象中的那么高，一般也就是五六千块钱。这种模式提供给厨师一个兼职机会。他们可以每天利用空闲的一两个小时去做这件事，一个月能多赚两三千块。

我们这种模式也会存在跳单问题，就是客户觉得某位厨师很好，可能会私下约他。其实这挺好解决的，虽说不能保证完全解决，但一般不会有太大问题。首先，一个客户不可能每天都是吃一位厨师做的菜，吃多了肯定会想换换口味。其次，如果今天我们通知一个厨师去接单，他说没有时间，过两天我们又通知他去接单，还说没有时间，去不了，这就产生问题了，就自动把这些厨师淘汰出我们这个平台了。

那静林：“爱大厨”这个模式，有点像餐饮业以前讲的堂会，就是之前民间的婚丧嫁娶，或者一些大宅门的孩子过满月的时候，经常会请一些厨师到家里面做饭。这两者之间有点相似，**"爱大厨"模式就像自己在家里请了一个堂会一样。这种服务在以前是只有大户人家才请得起的。另外，现在的农村，还有一些像包办宴席这样的活动。**我觉得这个方式其实是不错的。

但是，从现在的厨师角度来讲，一个晚上挣 69 元有点儿太少了。还有，我觉得厨师的水平也很关键，他们能做出什么，能不能体现出客人的期待值？比如，我们那家小馆的厨师，客户可能会要求他要做出我们餐馆的一些特色菜、核心产品，但是这些有时在家里是做不了的。像我们的汤要晚上煮十个小时，早上还要冲两个小时，就整个制汤过程大概是十四五个小时，这一点就无法在家里实现，除非我们自带汤去。还有，像我们餐馆的酥皮虾，一份虾要很多油去烹制，这些油对于家庭来说就造成了一个很大的浪费，而厨师在做完这些菜后，这些可以循环利用的东西怎么办？这些都是问题，**在做菜的收费中，把食材和服务分成两个部分来收费，这是一个新的尝试，也需要用户的认可。**

"爱大厨"的厨师一般采取兼职模式。但是，比如我们餐馆是，早上从 10 点半吃完饭一直工作到中午两点下班，然后中午休息，下午 4 点半吃完饭一直工作到晚上 8 到 10 点。也就是说，餐饮从业人员的工作时间很难符合"爱大厨"这种兼职模式的要求。如果我们餐馆的厨师晚上请假去做兼职，他肯定会失去这份工作的。

李 丰：我刚才脑子里仔细想了一下我自己的生活场景，会用到"爱大厨"这种模式的可能主要还是两种场合。第一种，凑巧今天大家事情比较多，老人也比较忙，照顾不过来，可能会叫个厨师帮忙；另外一种可能是比较典型的，就是家里要办聚会，请一些亲朋好友，或者小朋友过生日请一大堆小朋友来，这时候就需要个家庭厨师了。第二种场景在这种模式中的需求比重应该是比较大的。在国外，爱大厨这种没有餐厅但可以提供上门餐饮服务的模式已经是个比较成熟的产业了，而聚会型的需求在这种模式消费中通常都能占到百分之八十以上。

"爱大厨"这种服务模式到底有没有价值或者说这个服务到底值多少钱，这是个需要转变观念的过程。这在美国是一个典型的商业模式，因为他们已经非常认可服务行业当中服务本身的价值。在中国，机会和挑战都很大，如果把这部分服务单独抽出来收费，用户到底认不认可？有的行业用户已经认可了，比如理发。我觉得，或许厨师服务可以像剪头发一样，分开档次。花 20 元能剪一个发型，花个 200 元或者 500 元也能剪一个。也就是说，价格梯度可以拉得开一点，满足不同层次的需求。

视角二：餐饮业 O2O 模式的发展和影响

餐饮业最早"触网"是从十年前的点评类网站开始的。餐饮业 O2O 的 2.0 时代，则是以"千团大战"为标志的团购时代。2010 年前后，团购在国内兴起，它可以直接帮助商家从线上向线下引流，并促成交易。

随着移动互联网的崛起，餐饮业 O2O 进入 3.0 时代。在这个阶段，团购开始裂变为本地生活服务。餐饮的团购也开始朝餐饮服务"平台"模式转变。目前，除了"美团网"等传统平台外，还出现了以 "到家美食"等 APP 为代表的新型外卖餐饮业 O2O 平台和"排队网"等提供餐厅占位服务的平台。

如今，餐饮业 O2O 进入 4.0 时代，它直接把消费者跟"手艺人"关联，去中介化让消费者获得的服务更好，价格更便宜，而 "手艺人"的收入也可提高。据速途网《2014 第三季度 O2O 市场分析报告》显示，预计 2015 年本地生活服务市场规模将达到 10 亿元，其中近一半为餐饮行业。正如餐饮业 O2O 一样，如果将来越来越多的包括洗车、修车、干洗、空气净化、美甲等等"手艺人"被更多地解放出来，在互联网上提供服务，这种去实体店店铺化的趋势，会给我们带来怎么样的一个改变和影响呢？

不过，餐饮业O2O安全风险问题也开始引起重视。2014年11月底，因对平台上商家审核不严，涉嫌为无证无照餐饮作坊提供订餐对接服务。"美团外卖""饿了么""淘点点"等都出现被行政处罚、调查或责令改正的事情。

此外，餐饮业O2O的互联网盈利思维也是一个值得探讨的问题。互联网很多项目早期都需要培养用户，让用户有好的体验，发展成熟后才开始盈利。以淘宝作为例子，淘宝亏钱多年，而一旦开始盈利的时候，量非常大。那么，包括"爱大厨"在内的餐饮业O2O该选择怎么样的盈利模式？

薛　皎：　"爱大厨"在初期并没有打算盈利。现在这个阶段，69元也好，99元也好，这些服务费我都不抽成，将来也不会抽成。最终的盈利方法可能就是和一些传统的广告合作，或者在食材方面。其实我们在做的就是培养市场，然后培养用户，最终占领这个市场。

　　　　　　"爱大厨"这种模式在未来肯定会是一个趋势，越来越多的不同行业的"手艺人"，都会依照这种模式去发展，这肯定是一种需求。当然，**包括"爱大厨"这种模式在内的一些去餐馆化的O2O餐饮模式，我觉得并不会造成传统小餐馆的经营困难。**关键还是取决于客户的需求和选择，每个人的追求，每个人的想法，每个人想达到的目标都是不一样的。

李　丰：　"爱大厨"这种模式确实体现了一种需求，但是每一种需求的场景最后会有多宽，是另外一个问题。"爱大厨"模式，在其他的一些地区和国家，证明了在特定的聚会或者场合，比如家里设宴的时候，是一个明显需求。但是这个场景能不能扩展到更大的范围里边，这个问题是值得尝试的，也是有待探讨的。

当然，"爱大厨"模式的投资价值肯定是有的。它的这个模式，在国外或者在其他的地区已经被证明了，在某些场景当中，已经是一个成型的商业模式和需求了。所以这个市场在中国也一定会出现的，这是第一。第二就是，在餐饮业O2O当中，还有各种各样的外卖服务，还有各种各样的所谓其他类型的餐饮服务，从我的逻辑上来看，这些不同的商业模式，其实最后都会汇成两三个大趋势，共同前进，但是谁先到那个终点，在现在来说还是一个不确定的事情。

现在互联网有一个普遍的商业模式，即把核心服务变成免费的，把增值服务变成收费的，这是与传统的经济模式相比最大的差别。大家都认为应该把核心服务，变成免费，从而增加对两端的吸引力，获得了两端的信任和足够多的资源。当这个量滚到一定大的时候，每一端都会有一些小的人群的增值需求。可能某一类需求是100万人里仅有15个人有，另一类需求是100万人中的1万人有，然后商家在这些小的增值需求上收一点钱。当这个100万人的基数变得越来越大的时候，这个增值收费的规模就变得非常大了。比如淘宝，本质上就是这种商业模式。

其实，餐饮行业最主要的挑战并不是餐饮本身，而是服务水平。这一点不管是餐饮业O2O，还是其他各个行业的O2O，都是一样的。在一二线城市当中的很多收入可观的人，他们对服务的期待和消费能力都到了一个水平，因之而出现的各种O2O，其实都是在我们用一种更超前的方式来满足当前用户的需求。可以预想的结果是：这些快速的发展获得了很大的空间，回过头来又刺激更多线下的企业来提高自身的服务能力和品质，从而达到相互促进的作用。这个过程跟电子商务和零售行业最后达到的结果是很类似的。

那静林："爱大厨"模式的未来发展，取决于市场的接受程度。其实客户会有这样的需求，很自然，它也是很多需求中其中的一种。同时，这种模式也是一些厨师人才们选择职业其中的一种，就像还有很多厨师选择经营自己的个性餐厅。或者做我的合伙人，我们再设计个新的有品质的餐厅，这也是其中一种选择。市场需求是很丰富的，我们只需更加地勤奋和用心，而且要懂得舍得的这么一个过程。

雕爷先我们一步从互联网思维的角度去经营餐饮。我们是在传统的基础上，体验互联网给我们的影响。其实我们现在的战略，和雕爷一样，都在认真地充实完善自己的内容，我们在这点上是一致的。

我并不担心 O2O 餐饮的发展会对传统餐饮业造成冲击。从目前来看，如果没有网络经济的话，实际上餐饮行业也正在经历一个很大的洗牌过程。现在高端餐饮在下沉，"街边小店"有一些也受到很大的挑战。我觉得这个时代是个非常多元的时代，客人会有更多选择。也就是说，**在网上提供服务和实体店提供服务会各有各的市场，谁也取代不了谁**。就餐饮业而言，因为餐饮很注重的是一个场景的搭建，它的环境氛围很重要，像我们店是做北京宅门菜的，所以要体现北京宅门的这种环境，包括音乐等各个方面都要符合这种氛围，这是在家里体验不到的一种感觉。不像其它的领域，比如，洗车，去哪里洗都行；还有胡同里边饺子、炒饼这种小吃，如果这块市场也有像"爱大厨"这种模式，那传统商家就会受到打击了，因为我完全不用去你的店铺，就在自己家里吃就行了。主要是看这个服务是不是能够被替代。诸如"爱大厨"这种模式发展的领域，实际上也是一个群体的需求，如何把这个领域里面的东西做好了，这个很关键。

【锋汇词典】

懒人经济： 即将目标消费群体定位于"懒人"的商业营销模式。"懒人"的概念是全新的，并不仅仅指无所事事、不愿劳作的人，更主要的是指那些专注于自身专业而无暇顾及其他方面的人。

李丰

IDG 资本合伙人

王东辉

阿米巴资本创始合伙人

郑晓宇

玩聚北京创始人

张天一

伏牛堂米粉店
创始人

90 后创业浪潮的背后

　　如果说 20 世纪 90 年代初邓小平同志南方谈话，开启了中国改革的新里程，这一年代出生的孩子，似乎天生就具备了敢闯敢试的气质。可是，上千万的年轻人去创业，这事靠谱吗？数据显示，全球创业成功率 5% 都不到。但是，怀揣着梦想的年轻人依旧痛并快乐地走在创业的路上，这是为什么？他们能成功吗？他们眼中的成功是什么？怎样才能成功？

视角一：90后为什么要创业

2014年，《福布斯》中文版连续第三年推出"中国30位30岁以下创业者"名单，其中有6位是90后。赶集网联合北京大学发布的《90后毕业生饭碗报告》，显示有10.3%的90后毕业生有创业的意向。90后，这个无所顾忌，曾经备受争议的群体，正在成为创业大军中一支不可小视的力量。

郑晓宇： 我之前参加一些项目的路演的时候，一说是出生于1992年的创始人，会马上感觉到别人的怀疑。但近来，如果你说自己是一个90后，大家都可以接受了，并且好像觉得这些事就应该由90后来做一样，这是一个很突然的变化。记得开始创业时，我一般都谎称自己二十七八岁，这样投资者、客户等会觉得我靠谱一些。接触一段时间后，当我说其实就是一小孩时，他们反而觉得我还挺厉害的。

何时创业对于我来说并不是那么重要，我不太在乎这些所谓的时间节点或者是阶段，只要我想创业，或者特别想做一件事，什么事都阻挡不了我。当时我在大学会走向创业的那个路，其实就是因为无聊孤独。我在大学时经常和一些有意思的年轻人出去玩，最后晚上独自回到宿舍时，就觉得无聊，只想出去玩。可有时候朋友有事不能陪我，我就不晓得能去哪了。这样不是办法，所以我想干脆自己做个东西让自己舒服，解决自己的问题。

我之所以创业应该是为获取更多财富和做自己喜欢的事情。 我小时候苦过，后来家庭经济情况好转，所以获取更多财富可以说是一种希望，希望能让家里人过上更好的生活。但此外还要加上一个额外的希望，那就是希望自己年轻且有财富且成功，想比别人跑得更快一些。

张天一： 90后已经步入社会，其中有一批人去创业，这是很正常的一件事。

刚毕业时，也有人建议我先工作两年，积累一些经验、人脉等资源后再创业，我觉得这个建议很荒谬。工作上积累的所谓人脉肯定不是创业的人脉。其次，所谓经验，是阻止你少犯错，而不是保证你能成功，可创业恰恰是一个面向未来的事情，比的不是谁犯的错少，而是哪怕能成功一次。所以我倒觉得，经验对于创业有时候反而会成为负担。

我没体会过经济困难的感觉，但到了一个年龄，会觉得精神上有些困惑，不明白自己为什么每天要去国贸，要挤车上班，等等。所以对我而言，**创业可能也是一个找自己的过程，它像一个放大器，你的长处和短处在这个事情中能放大十倍**。在这样一个过程中，你能不断拷问自己，你到底是谁，你想要什么。这是我选择创业最重要的一点原因，就是为了挑战自我，或者叫认识自我。

李　丰：90 后喜欢的很多事情和生活方式，跟我们原来认知的不太一样，甚至有些难以想象，当然我觉得这样挺好。在过去一年中，如果以 90 后为切分，我们公司大概投了 10 个 90 后的创业项目，如果以 25 岁以下为切分，大概投资了 16 个。

相对于 80 后，90 后选择自主创业的愿意可能是因为就业压力大、创业赚钱多或者挑战自己，但是，**就我们投资的几位创业者，他们的创业出发点基本都是兴趣或者称之为纯粹的理想主义**。他们就是要改变什么，或者实现什么，按照自己喜欢或者信仰的去做，这在他们身上相当典型。他们的父母凑巧在中国经济发展迅疾的十年里处在一个黄金发展阶段，所以 90 后就经济条件上来说，后顾之忧少很多。但他们对存在感的要求非常高，他们的人生价值更多地是要实现精神层面的存在感。这些都是他们更敢去闯的一些原因。

90 后在创业过程中有许多长处，比如他们的想法没有边界，从不按照固有思路去设计公司的管理方式、运营方式等。这种优点是中国过去很多代人所缺乏的。

视角二：90后的创业特质

不为金钱所迫，只为理想和快乐打工，成就了90后创业者的特立独行。IDG资本创投专家认为：90后的思路开阔，创意四射，从不缺乏新奇点子。很多想法和当下的互联网应用相结合，产生不错的新生项目。与互联网"无缝连接"的这一代，和其他时代的创业者相比，有哪些相似的特质，又有哪些不同的地方？

张天一：创业者应该有的特质，我觉得就三个字：霸、蛮、干。"霸蛮"
是湖南方言，形容湖南人的精神特质。作为年轻创业者，和长辈打交道可能是最大的问题，这时"霸"就很重要了，意味着你要有自己的想法跟主见。"蛮"是指在没有经验的情况下，与其理性思考导致畏手畏脚，不如蛮闯一下。"干"字就是指要踏实去做。90后经常有很多奇怪想法，很难集中精力于一件事，这也是我们的一大缺点，所以挑中一条踏实去干才是最重要的。

我经常反省自己：是一个比较土的人，所以喜欢干些比较土的事。但往往一些看起来不起眼的事，做好了，反而成为一件很酷的事。同时我也很霸蛮，我和创业伙伴经常组团上街，都会被警察查身份证。一般发展这样一个团队都是从身边人下手，身边人再去发展新成员，这样沟通成本低，信誉好。我开始创业时，并没有特别挑人，能够放下学习放下工作跟着你的人，更多是因为某种价值观的认同，这本身就是一件很不错的事。我的创业伙伴一开始都不知道云南米线，但还是愿意跟我干，在这点上，可能对人的认同往往大于对事的认同。

郑晓宇：努力是创业者应该持有的特质，无论从事什么工作，即便是不务正业的事，也要花费心血去做，做到顶尖。视野对于创业者也很重要。一样东西能看多远，最终就能做多远。最后一个，也是创业者应该持有的最重要的特质，叫"现实扭曲力场"，大概指自身拥有一种力量，可能使身边的人产生自信，坚信我们能够实现这件事情。此外，我认为专业知识是 90 后创业的短板，诸如管理、财务等方面，还是很需要专业知识的。

我比较偏激，非黑即白，这点有好有坏。好的方面，比如创业，可能由我们这种人来做，给别人的感觉会更靠谱一点。不好的方面就是情绪难以控制，比如一着急，会很容易跟团队发生争执。但我们很欢迎争执，哥们几个，都是年轻人，有吵才有活力。**我挑选创业伙伴是从身边人下手**，但会考虑他是不是和我一样，是**一个认真的创业者，而不只是来玩的。**

李　丰：作为一名创业者，独立思考非常重要，自己有明确的想法，可以在关键决策上持有主见。还有坚持，这是 90 后比较缺乏的。他们的诱惑太多，眼界也开阔，同时想法也很多，很可能在遇到挫折时，难以坚持。最后就是兴趣，**90 后创业者一般都从事自己喜欢又相信的事，这是他们的优势**。

创业团队，最核心的人物一般两个足够，不要超过三个。我们对创业者的判断一般都只基于 CEO 一个人，占百分之七八十。现在的年轻 CEO 们，其实比其他年龄层的 CEO 更容易搭伙，因为互联网环境下的社交，更容易找到持有共识的朋友。而不确定的事情就是团队能走多远，这对很多年轻 CEO 都是一个挑战。

视角三：失败了怎么办

2014 年 8 月初，一篇名为《一个 90 后创业者血与泪的教训》的帖子在微信朋友圈被刷屏，文章作者华旭东是一名 90 后创业者。一年前，他用东拼西凑的几十万元，做了一家"为你爱"的母婴电商网站，半年后，失败收场。同为 90 后的吴幽，2012 年 2 月投资 200 万元推出了主营坚果、炒货、蜜饯、糖果等休闲食品的"好吃乐"网站，由于与创业伙伴在经营模式上的分歧并拒绝引入风险投资，"好吃乐"停止运营。一度火爆的"脸萌"也不例外，仅仅一个月后，这款手机软件下载量如退潮般骤减。如果说失败对于创业者来说是一条必经之路，那么 90 后创业者是如何看待失败的呢？

郑晓宇： 我最开始的创业想法是做派对、城市娱乐这块。曾经失败很多次，整个创业过程从休学出来创业到现在将近三年时间。有些项目算是失败了，但人还是这拨人，事还是一样的事，只是路径一直在变。但我们从不认为这就是失败。之前做过 APP，后来阴错阳差将一次营销活动做成功了，于是决定转型做现在这个。所以这些过程靠点运气，同时也是积累。

在开始创业的无知乐观阶段，我们每个人都觉得自己是乔布斯，是马克·扎克伯格。但很多创业团队没挺过来，我觉得这不怪团队，而在于创始人自己没琢磨明白。一个人跟着你创业，你就应该要在很短的时间内兑现诺言。**如果创始人自己没琢磨明白，或者说做得不够快，参与者离开是很正常的。**而对我来说，在创业早期，我最关心的是朋友会不会买账。如果连身边的人都吸引不了，更别说吸引别人了。

张天一： 我们的创业也挺难的，因为互联网和卖米粉似乎没有多大关系，有时候我们会见投资人，自我介绍是卖米粉的，很普通，不酷，没什么吸引力。此外，如果是纯粹卖米粉，很少有人会关注，但如果把重点都放在互联网上，关注的人多了，但米粉做不好，也没人吃。我们必须在两者之间寻找一个平衡点，这是我们一直在探索的，也是最难的一个问题。

对于在北京做我们这样一个传统项目来说，房租是很关键的问题。传统餐饮人流不旺是不行的，但人流旺房租承担不起，所以我们选址都在犄角旮旯，即所谓的"一流商圈，十流位置"。但怎么把人引过来？所以，最终的结果是选择了这样一个铺面，然后怎样能够玩起来，这也是我们考虑很多的一个问题，尤其延伸了一系列的玩法。

当然，创业过程磕绊很多，但从没有想过放弃。既然把所有力气都压上了，那就再试看看。毕竟我们不知道现在这个失败是不是下一次成功的开始。所以，**我们现在对事的心态并非要求它快成功，而是不停地想快失败**。既然一定会有出现坎儿的那天，与其让它十年后出来，不如早点来到。

我现在的创业阶段可能处在前景不太明朗的阶段。可能这一秒非常悲观，下一秒又非常乐观，这个阶段是很折腾人的。在初创期，团队因素可能是让创业项目死掉的一个重要因素。因为创业开始出现曙光的时候，这时候公司和品牌在发展，但团队并非每个人都能跟得上，这个时候可能会出现一系列问题。

王东晖：90后还年轻，很难去对他们定义失败，而且他们必然会在人生不同阶段面临一系列失败，这是他们能够上更高台阶的一个必然经历。一般来说，创业分四个阶段：无知的乐观、知情的悲观、存在主义的危机和有知的乐观。如果能坚持挺过悲观的危机阶段，进入有知的乐观，后面就比较顺利了。我们做天使投资或者包括A轮VC的，都是非常早期的投资，项目死掉的概率非常大，大概有90%的项目在一年之后都不见了。但如果他们给我们提供一个很伟大的想法，我们都愿意去冒险，去支持他们的梦想。

互联网整个投资，我们叫砸一个大坑，创业者能不能从坑里跳出来，跳出来就是英雄。但对我们来说，我们不关注这些，我们是多投，会对冲风险。一般来说，使初创项目死掉的最大因素是核心创始人CEO不灵，他可能在过程中缺失了梦想和能力，或者运气差了一点。

一个创业要想成功，创业者应该特别关注这么一些指标：第一，用户从哪里来，这在互联网叫流量，你有没有能力高效率低成本地赢得这些用户；第二，如何黏住流量，留住用户比赢得用户更重要；第三，用什么手段从这些用户中挣钱。我觉得任何一个商业模式都要思考这三个问题。

视角四：如何选择投资人

90后创业者的融资路径比以往创业者来得更快捷。尽管90后创业者对于资金的态度也有特立独行的一面，但能够在早期就获得风投资金，对他们来说毕竟是件幸运的事。市场上久经历练的投资人为什么会对他们一见倾心呢？

郑晓宇：我选投资人就看三个点：资源、经历和范儿。 前两点考虑的都是如何少走弯路、走得快。最后一点，就是我希望这家机构的风格气质跟我们是合适的。其实当时我们在签约之前也不乏一些投资人追，在资源这方面，我就让他们"给我展示一下肌肉，到底能拿什么出来"，他们展示完后，我还会留个心眼，自己去追一下这些资源，如果自己能拿下来，就不靠他们融资。我会同时看好几家的资源，作为备选。然后第二点，经历。我当时跟王总（王东晖）见过几次，每次都聊得超晚，聊得胃都疼了，因为话题让我很兴奋。最后，风格这点，我当时在咖啡馆见到王总，第一印象就是：好像吴秀波，很酷。

关于实体事业和虚拟事业两者的关系，我举阿里巴巴的例子吧。它在十几年前要你相信，你在网上看到的一幅画、一张图片最终会来到你的门口，难道这是虚拟的吗？不是。我们现在要做的正好反过来，我们要让人看到一个场景，然后最终我们让他进去里面消费了，他去到了那个场景，在那个场景中获得了快乐。前者是把一个物件运到他家里，我们要做的是把这个人从家里拉出去，这种体验都是真实的。我觉得，所谓虚拟的东西就是完全跟实体没有接触的，那太没戏了。

王东晖：作为投资人，首先要有眼光，其次要有决断力。双方一定要对上，对上后你找到能够打动你的故事和人，这对我来讲其实是最核心的东西。像郑晓宇的项目，因为互联网3.0就是线上线下高度融合，这是一个未来的大方向，虽然我们在项目评估时它不是最核心的，但往往是按这方面去选的，而他的商业模式正是线上线下结合。第二点，我们最看中的其实还是梦想和信念，就是创业者能不能感动我，其次才是执行力。

现在大部分投资人观点就是要融合实体和虚拟。比方CRM、用户体验、获取用户、管理用户数据、用户的定制和一些商品的推荐等等，实际上会颠覆以前很多实体模式，因为以前实体走的是生产多少卖多少，有了互联网这用户界面后，以后的方式会变成需要什么，生产什么，这是一个C2B的概念，而不是以前的B2C。这个融合我觉得可能会给现在的经济产生一个巨大的爆炸式增长。

张天一：我选投资人有三条原则。第一条叫不看投资，就是我不在乎你的钱有多少，钱的多少只是决定我们项目的进展快慢，最主要是还是要跟我们行业有关系，因为餐饮可能跟做互联网、TMT不一样。第二条叫看人，因为绝大多数人认为米粉是个传统的事情，所以绝大多数的天使投资人或者做TMT的天使投资人，在这个环节上甚至不愿意和你多聊，有投资人会认为这不像一个可以改变人类未来的项目。其实我觉得，所谓改变人类未来的东西可能并非什么科技或互联网，而是让人回归人心，或者说让人回归到人。比如人总要吃饭吧，但你轻易说餐饮和OTO，这我是不信的，因为过去几千年来，人家吃饭就是点单、交钱、吃饭、走人，这个东西可能很难在短时间内改变它。第三点就是玩，我更看中的是投资人愿不愿意跟我们一起创建项目，一起玩。所以我们最在乎的不是钱的数量，而是要有信念的钱。

现在的创业项目，在我看来，**实体事业的机会甚至会多过虚拟事**

353

业，因为虚拟事业创业的太多了。所谓互联网甚至整个产业已经不算朝阳产业了，有稳定的大公司，有稳定的从业人员，有这么大的一个基数围绕整个产业展开的一个消费群体，这是一个很沉重的产业，你不能叫它朝阳产业。相反，有一些实体行业，比如说餐饮，几千来没有变过，能不能改变，能不能有一些新的东西出来，这里面可能蕴含大量机会。这也就是我们探讨的，就是实体跟虚拟能不能有一个恰到好处的结合点。

结束语：

创业从开始有一个点子，到真正能够形成一个有价值的商业实体，这个中间必然要走很多路，有坎坷，有挫折，都每一次失败都是未来成功的起点。关注运营、经营当中的核心要素，关注未来发展的大方向，从而让自己的想法能够持续地走下去，这都是每一位初入虎穴的年轻创业者所应该努力做好的几个方面。

锋汇辞典：

CRM：即客户关系管理，企业利用相应的信息技术以及互联网技术来协调企业与顾客间在销售、营销和服务上的交互，从而提升其管理方式，向客户提供创新式的、个性化的客户交互和服务的过程。

TMT：科技、媒体和通信三个英文单词的首字母缩写，指的是未来互联网科技、媒体和通信，包括信息技术这样一个融合趋势所产生的大的背景。

财经大趋势 财经热点怎么看，怎么办

秦君

清控科创
董事长兼总裁

杜葵

中国青年创业国际计划
YBC 总干事

麦刚

创业工场创始人

草根创业如何孵化

　　90 后创业愈加普遍，事实上，创业的年轻化、草根化，离不开创业孵化器的复兴。在北京，一些时尚咖啡馆、书吧，陆续转型，干起了创业孵化器。这些新型创业孵化器，在性质和功能上与以往有了很大的变化。他们能点石成金，帮助创业者实现梦想吗？

视角一：孵化器如何运行

2014 年 4 月份开业的西少爷肉夹馍，4 个月内单日营业额从 1.5 万元飙升到 10 万元，团队迅速扩大。创始人孟兵坦言：没有孵化器，他不可能在 4 个月的时间如此大规模地扩张。

孵化出西少爷的 Binggo（并购咖啡）是中关村创业街上的一家创新型孵化器。这种创新型孵化器不仅给初创公司提供初期的办公地点和资金，而且还向他们提供了更关键的资源和服务。

在中关村创业大街上，还有车库咖啡、3W 咖啡、36 氪、言几又书吧、天使汇等各种创新型孵化机构。原本一条安静的街道，因为众多的孵化器和怀揣梦想的创业者们变得不再平静。

杜　葵：说到孵化器，我们就想到孵小鸡。孵化器并不是养鸡，把鸡养大了来卖。它其实是买了一批蛋，然后想办法把它们孵出小鸡来。所以它要有适当的温度和条件。这是一个"孵"的过程。另外还有一个"化"的过程，就是得让他进入到一个完全不同的状态，化茧成蝶。YBC（中国青年创业国际计划）也是一个特别的类型，在之前主要是提供一点资金和导师辅导。但发展到今天，平台变得越来越重要。

孵化器不管哪种类型，都要帮创业者把一个点子变成一个真正的商业机会。因为有过统计：一个点子能到商业机会的概率是 3%，而 3% 里的成活率能有 10% 就不错了。所以孵化器首先要帮助创业者，快速地找到适合他又适合市场的盈利模式。孵化器本身不在创业者身上赚钱，但要求他们一定要能挣钱。我们要想方设法地帮助他们挣钱，然后计算我们的收益。这也是孵化器行业的主要盈利模式。

很多孵化器都声称自己有导师，其实我觉得更像是顾问。我觉得今天能把导师这方面有系统有组织地发展起来的，恐怕全中国目前只有 YBC。因为 YBC 要求导师跟创业者签法律合约，三年合约，每个月的底线要求是面谈 4 个小时，这是导师在法律上的一个承诺。我们甚至要求导师在面见年轻人时不能穿正装，因为这样会让创业者有压力。我们要求导师要与创业者平起平坐，强调彼此的尊重和沟通，而不是审视。

随着中国的商业越来越成熟，对每个创业者的专业性要求越来越高，创业者不再像过去的创业者，必须是个全才。所以这个时候需要有一个生态或者一个服务平台，帮助他先集成其他能力，让所有的服务成本都比较低，使他可以专注于自己擅长的东西。这也是孵化器在科技创新领域会更多一些的原因。

一般来说，孵化器投资都投在创业初期，即所谓的死亡谷，因为这阶段风险太大，银行不愿意贷款，只能由公益来做。可是，一个社会如果没有最前面的这点种子，是不可能有后来的发展的。而且，孵化本身是个长期的工作，是需要慢慢积累的，所以投资年化收益率绝对不可能达到百分之五，能有百分之二三就不错了。所以我觉得不能把孵化器当一个产品去投资，这也是为什么这样产业有很多政府的资源介入，因为政府是看更长远的东西。

秦　君：孵化器是一个载体，一个平台，确切地说，**我认为它是个"养猪场"。其实就应该是由这种小东西去养猪，从猪中发现小老虎。**孵化器的一个根本推手，应该是资本，包括天使投资，包括后期所有的创业投资。我认为这是能不能让投资人把它变成猪的重要要素之一。

中国的孵化器发展已经将近 30 年。第一个阶段叫 1.0 版，是非营利组织，在政府职能下来完成的。第二个阶段大概在 15 年前，大学开始推动孵化器 2.0 版的建设。3.0 版更多地由民营企业来做，一些成功的企业家，包括李开复等等都在做。发展到今天应该是 4.0 版，就是创业的一个生态系统的全面升级改造。

像 3W 咖啡这种模式孵化了两点。它提供了一个基本的，像草根的聚集平台，还孵化了自己的拉勾网，专门为互联网来做猎头的。在我们孵化器这个行业里面，我相信它在中国孵化器领域里面算是非常成功的一个模式。它把平台也开成了未来可扩展的模式，其实是自己孵化了自己。咖啡街这样的是一种孵化器生态形式的存在，未来可能还会有，比如投资人围绕着一个产业链自己做孵化器，或者大企业，比如海尔，可能会围绕着智能家具做自己的创客空间。

在中国，孵化器做投资的非常少。因为我国孵化器大概有 95% 都是政府或国企在主导，是不被允许投资的。像我本人，是做孵化器加投资，可是这种机构在中国，我估计不会超过 100 家。一般来说，孵化器的盈利点主要还是房租，目前 90% 的孵化器都在靠房租活着。此外还可以靠卖咖啡、提供专业的中介服务和投资。中国的孵化器还有一个特色，就是政府会给运营补贴。其实做孵化器的平台都不会亏太多。作为一个企业，不管你是哪一类的企业，最大的慈善就是挣钱，不管用哪种方式，都要学会挣钱，不管是做孵化器也好，创业团队也好，还是做产品也好，最大的责任就是学会挣钱。

一个创业者从注册公司到税务登记，所有这一套流程都有中介体系，完全不用他自己来解决，我们孵化器全部帮他解决。第二，从他产生想法到付诸实施，我们所有的创业培训会给他一个很有效的辅导方式。孵化器都会用专业的态度来帮他解决这些问题。

以前创业门槛太高了，创业是一件很奢侈的事情。到了今天，社会有更多的专业能力共同去推动，让创业变得更加简单。这个环境的变化，本身就能够让更多的人去参与到孵化器的建设。所以近几年孵化器越来越火，其中有政府支持的原因，也有赶潮流的原因，就好像从全民 PE（股权投资）到全民天使投资，又到现在的全民孵化器。当然，繁华过后一定会有人落寞。到今天，我仍然认为孵化器在中国的生存方式，需要时间来检验。所以，如果把孵化器当做一个投资，或者说一个商业化计划，这是非常难的。因为孵化器产业需要很多方面的资源，包括资金、人脉、技术以及创业各个阶段里的各项服务，这不是一般人能做到的。

麦　刚：互联网时代的到来，创业成本的下降，信息的透明化，以及整个行业各个角色的成熟化，让大批的年轻创业者能够成功，这是孵化器体系成立的很重要基础。标准化的孵化器，我觉得它是一个工业化制造产品。所以我觉得我的孵化器更像一个作坊，体现我个人的一些理念，我的思想和我与伙伴们的情谊。我的孵化器是3.0 时代的一个代表，在早期这几年创业工场，更像我个人的实验室。与此同时，我投资很多早期的企业。所以我觉得这个孵化器是我个人特色的一种孵化器，孵化我的梦想，孵化别人的梦想。

我是天使汇的投资人。天使汇其实还比较多元化，在孵化这方面有一个导师营，我也是其中一个导师，也会经常跟创业者来接触找到合适的匹配。创业者和天使投资人接触之后，会形成一个投资关系，然后还要入驻加速孵化器继续成长。亚杰商会是一个公益组织，它聚集了大批非常牛的导师，比如雷军等等。他们是在产业领域里特别牛，支持的是观察这个产业的方向。而我的孵化器盈利模式，就是投资、回报、退出，包括上市或者转卖给其他投资人或者被并购。

现在孵化器其实是提供了一些标准化的天使投资服务。我觉得到孵化器之后，很多时候可能这个场地是有的，然后有很多的创业伙伴，可能是同一行业或者相关行业的，彼此互动，这些经验交流是很重要的。第三，创业孵化机构经常有一些导师提供一些经验、人脉上的一些帮助。

严格来说，孵化器应该不是一个典型的投资机构，它还是偏服务型。早期的企业或者是成长型企业越来越多。所以我们看到 VC（风险投资）和PE（私募股权投资）都在往前走，天使群体也在崛起，这都是在创造机会给年轻创业者以资金上的支持。

当然，我个人是反对全民创业，全民投资的，我也反对到处都是众筹，到处都是孵化器。孵化器有一种发展趋势，就是交易撮合，或叫融资顾问，它的利益点就是只要能促进双方成交就行了，根本不在乎项目的好坏。这样会导致很多不是高质量的项目也能拿到投资，这对于社会来说是一种资源浪费。

视角二：投资创业如何选项目

私人定制微信表情，这个创业项目可行吗？带着商业计划书，我们来到了车库咖啡。负责人接待了我们。

"像您这样子的，有一个明确的商业计划书，有一个相对成熟的团队，这样就可以加入到我们的会员俱乐部。车库咖啡不直接接受创业项目，创业者有好点子，必须要先在网上填报。不过，如果创业者需要办公场所，只要点一杯咖啡，就可以在这里工作一整天。"

我们又来到了3W咖啡。这里的负责人对这个项目非常感兴趣，我们围绕项目的人群定位、未来发展方向进行了深聊。当然，这只是第一步，接下来是否能拿到投资进入孵化器，还要进行项目审核、面试、以及投资额的谈判。

麦　刚：创业者要联系我很简单，给我发一个邮件或者发一个微信就行。我不会每个消息都仔细看，基本看个几分钟，就可以知道这个创业者是否认真，是否有足够的诚意，是否足够的优秀。比如创业者说要做电子商务，那他就要说明白电子商务各种模式各种业态，为什么自己选择这种业态，是做平台型的还是细分，还是做品牌，选择的方向存在哪些机会，需要解决哪些问题，如何解决，对此，每个创业者所给出的答案都是完全不一样的。

有种类型的创业计划书，描述自己多么勤奋、多么辛苦，所以一定要创业。其实，创业之所以能成功，不仅仅因为这些磨难和精神，而是因为一个严密的商业策划。这种苦情型的创业者，只是在表明决心而已，并不是创业成功的条件。选对人固然是最重要的，选事上也不可马虎，所以我觉得在投资选择上，应该遵循天时、地利、人和。

我倾向于投资的项目应有几点：第一去中心化，第二社会化传播，第三传统行业的互联网化。

秦　君：创业者要联系我，可以跟我们的孵化器平台联系，或者发邮件给我，又或者约见，约见的形式现在更多。**看创业者的商业计划书，我基本从三个点来看：产品模式、客户模式和商业模式。**这三点从商业计划书中是可以看得出来的。其实投资人都是一样的，重点还是要投创业者本人和他的团队，这里应该占 60 分，剩下的 40 分在于商业模式，还有技术。

在投资类别上，我觉得现在智能硬件，包括智能家居、智能工业机器人等等，这些都是我非常看好的行业。或者围绕手机干活的，也是非常有市场的东西。此外，一些新的节能环保类的也不错。还有大健康领域方面在未来也大有作为。

杜　葵：创业者要联系我，首先要先申请，申请以后，我们有一个初筛过程。我们更注重我们能不能在他申请的过程中帮到他。一般来说，我们真正"孵"的项目只有申请的 1/10 左右。我们并不是一开始就直接拒绝，会尽量在这个过程中去帮助申请者更好地完善他的商业计划书。如果修改完后还是不太符合，我们才会拒绝。

创业者申请首先要明白自己到底要做什么，这个问题看似简单，好多大企业都回答不清楚。其次要想清楚客户群，如何把产品带给客户。创业者如果能用很简洁的话把这些问题说明白，我们就知道他基本靠谱。如果说了很多还不着边际，那就不靠谱。有很多创业者都说自己发现一个巨大问题，想用自己的项目改变世界，觉得自己就是对的，别人帮助他是理所当然的。很多年轻人还停留在这个层面。

在投资领域里有这样一个组合，就是人和项目，然后两个维度，靠谱和不靠谱。靠谱的人和靠谱的项目，不用挑。但很多时候都是靠谱的人和不靠谱的项目，但因为投资人更多的是看人，只要这个人靠谱，有潜力有创作性，早晚能找到一个好项目。如果是不靠谱的人，即使现在有一个靠谱的项目，投资人也要谨慎。所以在我们判断中，对人的考量会占更大的比例。

在投资上，我比较看好劳动密集型产业，这主要是跟我们这个组织的使命有关。因为我们重点其实还不是创业，而是通过创业来创造就业，所以我们特别在意这个项目是否能多创造几个就业岗位。第二是新生活服务类，我觉得今天的年轻人，随着他们创新能力的提高，包括各种创业条件的完善，他们更有机会利用互联网手段带给生活更多的便利性。我希望能够利用现在新的科技、新的方式、新的人和知识之间的互动关系，来创造出更好玩的教育，这更多是我的个人理想。

视角三：硅谷的启发

孵化器起源于美国，硅谷大名鼎鼎的孵化器 Y Combinator 创立于 2005 年，Y Combinator 通过向早期的创之后经过三个月的统一培业团队投入约 1.5 万至 2 万美元的种子资金，换取约 7% 的股份，经过孵化，将他们带到下一轮投资人面前。同时，还会对每个创业项目进行导师辅导、路演包装。二十多年来，美国硅谷一直吸引着全世界的目光。那么硅谷的孵化体系，有哪些值得我们借鉴？

秦　君：硅谷有 26 万个真正的天使投资人，小型创业企业有很多，非常活跃。而在中国，"天使"是什么，我个人仍然觉得还有很多值得推敲的地方。

硅谷的孵化器有几个特点，尤其是 YC 这种比较老牌孵化器，其实是没有器，也就是没有房子。另外一个像 500 Startups，也是老牌孵化器，他们的模式跟今天的中关村很多孵化器模式类似。**就硅谷而言，跟中国比起来，它最伟大的其实就是导师团队。**他们的导师分为三类：一类注重行业的创新点；第二类是类似我本人这样的，为了商业投资而去做导师的；第三类其实就是行业的预言家，他们在预言未来的技术、方向，指示创业者沿着这个方向不断去追随。此外，我觉得硅谷还有一点特点，就是它的文化，他们创业者觉得：我每天身边都有成功的企业，每天都有被并购的，如果没有创业，我这一生或许就白活了。

麦　刚：**硅谷之所以成为硅谷，不仅仅是集聚了很多创业小企业，更多是那些立足硅谷放眼全球的巨大企业，他们不断在硅谷并购小公司、团队、产品和创意来维护它的商业帝国。**这件事情在过去的中国是没有的，如果有一天我们中国的企业能够立足中国走向全世界，同时利用它强大的商业帝国来并购周边这些创新能力，给这些创新力量注入循环的支持，这才是整个创业界的福祉。所以这是大家所忽略的一点，硅谷不止是只有小企业，硅谷有非常非常多的全球性的大企业。而且硅谷的天气很好，每个人都想待在那里生活，但我国的中关村是这样吗？此外，硅谷并不是只有科技类人员，也有很多艺术类、文化类的。

杜　葵：西方人也谈孵化器发达的一些创业比较成熟的地方，他们更注重的是软性的东西，比如资源配套、生态、投资环境等等。而我国其实更多的是用了有形的孵化器，因为里面其实有大量的是靠政府的投入。从商业角度来说，把一个很好的位置上的房子租给一个能力还不清楚的新企业，还是租给一个成熟的大公司，这是明显有差异的。这个差异其实是靠政府补贴的。就我看来，**未来中**

国的创业环境要想更好的话，我们都应该更多地在软性方面，诸如创业的文化、氛围、政策等方面加大力度。而且在硅谷还有一个特别重要的，就是对失败的容忍度很高。它并不歧视失败，而是容忍、甚至鼓励失败。

锋汇辞典：

死亡谷： 全球范围内普遍存在的中小企业高淘汰率现象。